Phébus *libretto*

LA FIN DE MA RUSSIE

PRINCESSE
CATHERINE SAYN-WITTGENSTEIN

LA FIN
DE MA RUSSIE

Journal 1914-1919

Édition établie par
MARIA RAZUMOVSKY

Avant-propos et préface de
MARIA RAZUMOVSKY

Traduit de l'allemand par
VERA MICHALSKI-HOFFMANN

Phébus *libretto*

Illustration de couverture :
L'auteur, habillée en homme pour pouvoir fuir
devant les bolcheviks, 1917.

Illustration de couv. et illustrations intérieures :

Titre original de l'ouvrage :
Als unsere Welt unterging

www.phebus-editions.com

Dédié à mes petits-enfants

Vera, Maja, André et Daria
Kyra, Katharina et Gregor
Andrej, Tatjana et Natascha

AVANT-PROPOS

> *«Vous étiez vraiment une jeune fille perspicace, dès la mi-mai 1917, à Petrograd, vous avez exprimé l'essentiel de ce qui m'est apparu après les huit volumes de mon récit...»*
>
> (Lettre du 6 mai 1982 d'Alexandre Soljenitsyne à l'auteur.)

Lorsque la famille princière de Sayn-Wittgenstein s'enfuit devant les bolcheviks en novembre 1918, en traversant le Dniestr vers la Roumanie, la princesse Katia, âgée de vingt-trois ans, emporta avec elle sur le pont dans sa petite valise trois cahiers épais hâtivement et entièrement remplis au crayon : les tomes deux à quatre de son Journal. Le premier volume, qui contient les notes sur son enfance, était resté à Kiev ; le deuxième commence au début de la guerre.

Pendant cent cinquante ans, une branche de la maison des comtes, puis princes sérénissimes de Sayn-Wittgenstein, considéra la Russie comme sa patrie et servit cette patrie fidèlement. Comme on peut le vérifier dans le Gotha, *c'est en 1762 que Christian-Louis-Casimir de Sayn-Wittgenstein entra au service militaire de la Russie. Il atteignit le grade de «lieutenant général de l'armée impériale russe», mais la célébrité et la popularité de son fils, le prince Pierre de Sayn-Wittgenstein, défenseur de*

Saint-Pétersbourg et maréchal de Russie victorieux pendant les guerres napoléoniennes, le poussèrent dans l'ombre. La fortune de la famille remonte à cette époque.

Le maréchal était l'arrière-grand-père de l'auteur de ce journal. Son grand-père, le prince Nicolas Petrovitch, gagna lui aussi une certaine renommée, mais d'un genre différent : la princesse Sayn-Wittgenstein, qui s'enfuit avec Franz Liszt et emmena avec elle sa seule fille, âgée de onze ans, était sa première femme. Il se battit pendant des années pour obtenir le divorce ; le tsar Nicolas Ier le lui refusa. C'est seulement à la mort du tsar (1855) qu'il l'obtint ; en 1857, il se maria pour la deuxième fois et eut, avant de mourir en 1864, deux filles et un fils.

Le prince Nicolaï Nicolaïevitch, le père de l'auteur, avait deux ans à la mort de son père. Grâce aux services rendus par son grand-père, il eut droit à la meilleure éducation et aux hautes charges de l'État. Il fut élevé au corps des pages mais ne voulut rien savoir du service de la Cour et se retira, après ses études à l'académie agricole de Petrovsko-Razumovskoïe, sur ses propriétés du sud de la Russie, qu'il exploita de façon exemplaire. Il construisit des écoles, des routes et des églises, établit des plantations d'arbres fruitiers et considéra de son devoir une collaboration avec les paysans locaux pour l'amélioration du niveau de l'agriculture. Les villages de Grigorovka et Katerinovka ainsi qu'une distillerie d'alcool faisaient partie de la propriété principale de Bronitsa près de Moguilev-Podolski.

Depuis 1888, le prince Nicolaï Nicolaïevitch était marié avec Maria Pavlovna Zouboff, issue d'une vieille famille moscovite. Il est abondamment question de leurs six enfants dans ce livre ; Nathalie (Natacha), née en 1889, morte de la tuberculose à Davos en 1910, Boris (Boba), né en 1890, Tatiana (Tania), née en 1894, Catherine (Katia) – l'auteur de ce journal –, née en 1895, André, né en 1899, et Olga, née en 1900. Un autre personnage important de ce livre est la gouvernante Nadejda Vladimirovna Sokolova, appelée Nadia ou Nouditchka, qui fut engagée comme nurse à la naissance de Natacha et fit depuis lors partie de la famille. L'auteur vécut sa première enfance à Kiev et passa ensuite plusieurs années à l'étranger, car les parents, paniqués, recherchaient la guérison de leur fille aînée auprès de nombreux médecins occidentaux.

La redécouverte de ce Journal est aussi extraordinaire que son destin. Notre mère avait complètement oublié que ces cahiers noirs, écrits en russe et difficiles à déchiffrer, se trouvaient au fond d'un tiroir de notre appartement viennois ; ce n'est que lorsque Alexandre Soljenitsyne lança en 1975 un appel aux émigrés russes de la première génération pour qu'ils lui transmettent leurs souvenirs que ces cahiers lui revinrent en mémoire. Elle en recopia certains passages, les envoya à Soljenitsyne et, lorsqu'il marqua son intérêt (« comme vous l'écrivez avec raison : un Journal n'est pas comme des Mémoires, c'est bien plus précieux. C'est actuel, comme aucune mémoire ne pourra plus le restituer après, surtout pour la relation d'ambiances isolées qui plus tard s'effacent et se modifient... »), elle entreprit le gros travail d'enregistrer tout son Journal au magnétophone. Ce texte fut recopié et par la suite traduit en allemand. Dans cette édition allemande, le texte a été raccourci d'à peu près un quart, tout en gardant les choses importantes et en ne modifiant pas les faits. Ce travail est l'œuvre des filles de l'auteur, mes sœurs Dana et Olga et moi-même nous chargeant de l'essentiel. Nous remercions notre cousine Katharina Ciplea, fille de Tatiana Sayn-Wittgenstein, pour la remise de quelques photographies et informations additionnelles.

Si nous présentons aujourd'hui ce Journal au public, c'est à la demande expresse de notre mère, qui est décédée peu de jours après la fin de la traduction allemande, à l'âge de quatre-vingt-sept ans. Elle qui, tout au long de sa vie, n'avait pas perdu la nostalgie de la « Russie une et indivisible », se sentait obligée de dire « la vérité et rien que la vérité » sur ce qu'elle avait vécu et vu de ses propres yeux, et de le raconter, surtout à la jeune génération « ici et là-bas » en Russie. Dans ce Journal d'une jeune fille, certaines choses sont naïves, certaines opinions sont très subjectives et déplairont à quelques lecteurs, mais elles furent écrites sous l'impression du vécu immédiat et reflètent les états d'esprit et les raisonnements de l'époque. Cette voix basse, venue du royaume des ombres du passé, est un témoignage sur la pensée et les sentiments, la vie et la disparition de l'aristocratie, une couche du peuple russe qui fut si totalement exterminée que les gens d'aujourd'hui peuvent à peine se l'imaginer, et sur laquelle après 1917, et même encore à présent, on a pu dire beaucoup de choses injustes et fausses.

MARIA RAZUMOVSKY
Vienne, octobre 1983

PRÉFACE
À L'ÉDITION FRANÇAISE

Grâce à l'initiative des Éditions Noir sur Blanc, ce témoignage oculaire d'une jeune fille sur l'effondrement de l'Empire russe et l'éclatement de la révolution russe en février-mars 1917 devient également accessible aux lecteurs francophones.

Le texte intégral russe de ce Journal a été publié par YMCA *Press à Paris en 1986. Une version allemande abrégée avait paru chez Siedler à Berlin en 1984. La présente édition française la reproduit plus ou moins fidèlement. Quelques passages utiles à une meilleure compréhension ont été en effet repris de la version originale. En outre, dans la mesure du possible, les fautes ont été corrigées et les faits moins connus commentés.*

Ces dernières années, l'intérêt pour le passé dont est issue notre vie d'aujourd'hui a beaucoup augmenté partout, ce en quoi on met moins l'accent sur les batailles et les mythes héroïques que sur les multiples petits événements de la vie quotidienne qui, rassemblés, constituent ce que nous appelons l'Histoire.

Ce livre relate que quelquefois des événements extrêmement loués et embellis par la postérité n'ont pas été vécus de façon précisément agréable par les intéressés. Cela s'applique surtout aux « grandes révolutions ».

Avec raison, Alexandre Soljenitsyne a attiré notre attention sur les parallèles entre les révolutions de 1789 en France et de 1917 en Russie, et remarqué que les événements se sont déroulés en Russie à un rythme beaucoup plus rapide[1].

L'auteur de ce Journal nous rapporte aussi des événements comparables au soulèvement de la Vendée, notamment la naissance d'une « armée des volontaires » qui, surtout sous la conduite des généraux Denikine et Wrangel, a essayé désespérément pendant trois ans de se confronter, l'arme à la main, à la supériorité numérique des communistes. Grâce à ce Journal, on comprend les raisons pour lesquelles ces tentatives étaient dès leur origine vouées à l'échec.

Au début du livre, des événements connus, par exemple des batailles, sont mentionnés avec des dates différentes de celles qui figurent dans nos livres d'histoire. Jusqu'en février 1918, le calendrier julien – où les dates diffèrent de treize jours par rapport au calendrier occidental – était en effet en vigueur en Russie. L'auteur du Journal a conservé le « vieux style » même après la réforme du calendrier ; la nouvelle datation a été ajoutée entre parenthèses.

La transcription des noms de famille russes a posé un problème particulier. Elle n'a pas été unifiée, car certains compagnons d'infortune de Catherine Sayn-Wittgenstein ont trouvé en France, après les événements tragiques de Russie, un asile et la possibilité d'une activité créatrice. Ils ont fixé pour leur nom une orthographe occidentale qui a évidemment été conservée ici. Ainsi des gens chassés par la révolution tels que Nicolas Berdiaeff, Marc Chagall, Lev Chestov, Vassili Kandinsky, les sœurs Poliakoff, le premier prix Nobel de littérature russe Ivan Bounine ou la poétesse Marina Tsvetaïeva, le premier et jusqu'à présent seul

1. A. Soljenitsyne : « Certy dvuch revoljucij 1789-1917 », *Le Messager*, Paris, n° 153/1988, p. 143-170.

chantre du « Mouvement blanc », ont trouvé en France une patrie et de là ont enrichi la culture du monde. Ce que Catherine Sayn-Wittgenstein décrit ici est aussi leur « histoire ».

MARIA RAZUMOVSKY
Vienne, août 1989

En relisant son Journal, l'auteur a parfois désiré ajouter une information ou préciser un souvenir. Ces compléments figurent en bas de page et, pour éviter toute confusion avec les notes, sont signalés par le signe ❖. (NdÉ)

1914

Bronitsa, le dimanche 3 août 1914, 11 heures du soir

Ainsi, je commence le deuxième cahier de mon Journal. Je me demande : sur quoi écrirai-je quand j'arriverai à sa fin ? Toujours encore sur la grande guerre européenne ? Ou sur une guerre mondiale ? Ce cahier est si épais qu'il y aura beaucoup d'événements avant que je ne le termine. Bons ou mauvais ? Pourquoi chercher à deviner ? Il vaut mieux se mettre à l'écart et observer le courant mouvant de la vie.

Aujourd'hui les journaux sont enfin arrivés, mais ils n'ont pas apporté de nouvelles remarquables. Il y en a certaines bien sûr et comme toujours elles nous sont favorables. Est-ce que cela peut être vrai, quand on ne trouve dans le journal toujours que des bonnes nouvelles ? Notre victoire à Sokal est confirmée officiellement. Nous avons – si je ne me trompe pas – chassé trois régiments ennemis de la ville et les avons forcés à la retraite. Le *Landsturm* s'est enfui en courant avant la fin des négociations et la ville s'est trouvée en notre possession. Apparemment, les Allemands s'efforcent, sans succès depuis une journée déjà, de chasser nos troupes de la ville d'Eydtkuhnen que nous avions occupée. Ce ne sont que de petites escarmouches, rien de sérieux ne s'est encore produit. Mais déjà au cours de l'une d'elles un cosaque s'est distingué et a aussitôt reçu la croix de Saint-Georges. Il a tué onze Allemands à lui tout seul ; il a été blessé par seize coups de baïonnette, mais malgré cela il va déjà mieux. Ce sont vraiment des diables d'hommes, nos cosaques ! Que c'est bien que tous les Sibériens aient été mobilisés, ils pourront en remontrer aux Allemands !

Les armées belge et anglaise se sont alliées. Liège n'a pas été occupée, les Allemands se retirent en direction de Namur. Guillaume a proposé la paix au roi Albert, le roi a repoussé cette offre aimable et en a informé les nations amies. La tentative du *Kaiser* est tombée à l'eau.

Lundi 4 août 1914

Le Japon a posé un ultimatum à l'Allemagne : que les navires de guerre allemands évacuent les eaux japonaises et chinoises ou qu'ils soient désarmés et en outre rendent Kiautschou au Japon sans réparation. Tout cela doit être exécuté d'ici un mois. L'ultimatum est de sept jours. Après cela le Japon se déclare libre d'agir à sa guise. C'est clair et net. Les Japonais ne peuvent s'empêcher d'être insolents, seulement cette fois leur insolence nous sert. Mais cela fait aussi du bien aux Allemands de se rendre compte de ce que c'est que de recevoir des notes du même ton que celle qu'ils avaient produite pour que les Autrichiens la remettent à la Serbie.

Les Allemands ne peuvent rien faire sans tricher. Les fameux navires de guerre *Goeben* et *Breslau*, qui sont restés coincés en Méditerranée, ont été « achetés » par les Turcs, ils auraient pu s'allier avec les Autrichiens, mais le Kaiser pense-t-il à ses alliés, s'il n'y voit pas un avantage direct pour lui-même ? Pour lui, c'était beaucoup plus profitable de donner à la Turquie un gros atout, un joker. Un autre

Le comte, puis prince sérénissime
Peter-Ludwig-Adolf Sayn-Wittgenstein (S.-W.),
feld-maréchal de Russie (1767-1843).

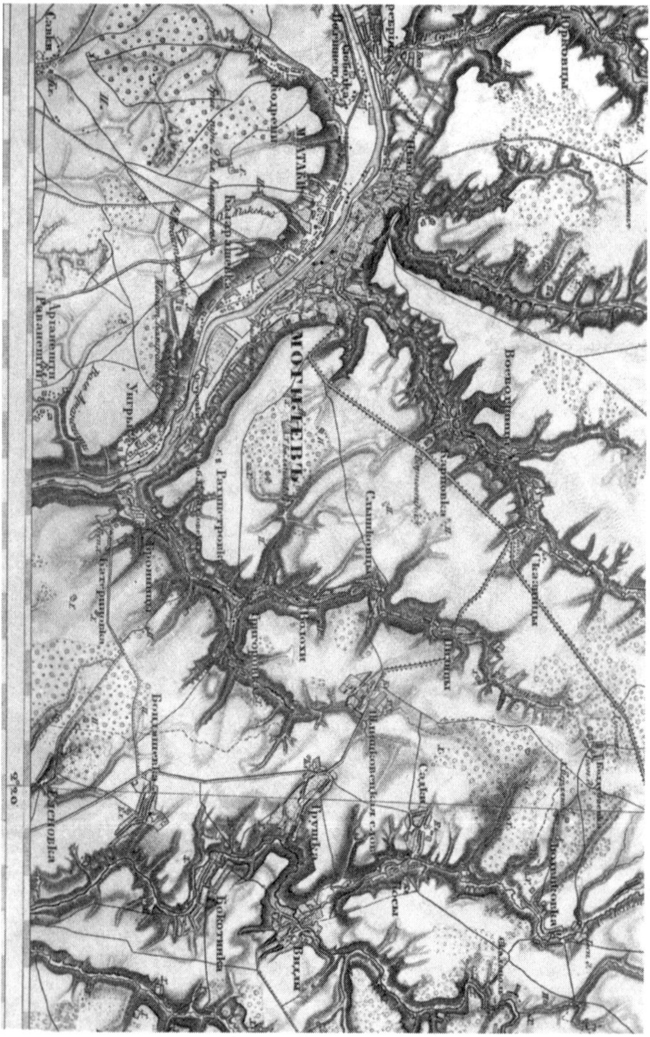

Moguilev-Podolski et ses environs.
Carte géographique, vers 1830.

Le prince sérénissime Nicolaï Nicolaïevitch S.-W. (1862-1934) et Maria Pavlovna Zouboff (1961-1927), les parents de l'auteur, lors de leurs fiançailles en 1888.

La princesse S.-W. et Katia, l'auteur, vers 1897.

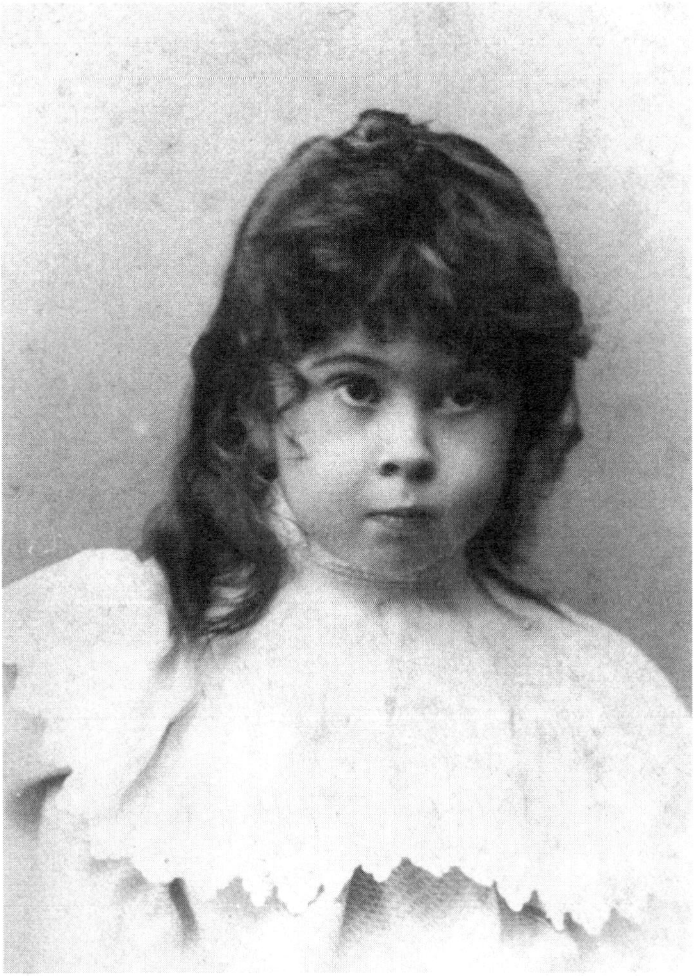

Katia à l'âge de trois ans.

La princesse S.-W. vers 1905.

Le prince S.-W. et Natacha (1889-1910), Davos, 1907.

Le prince et la princesse S.-W., Davos, 1907.

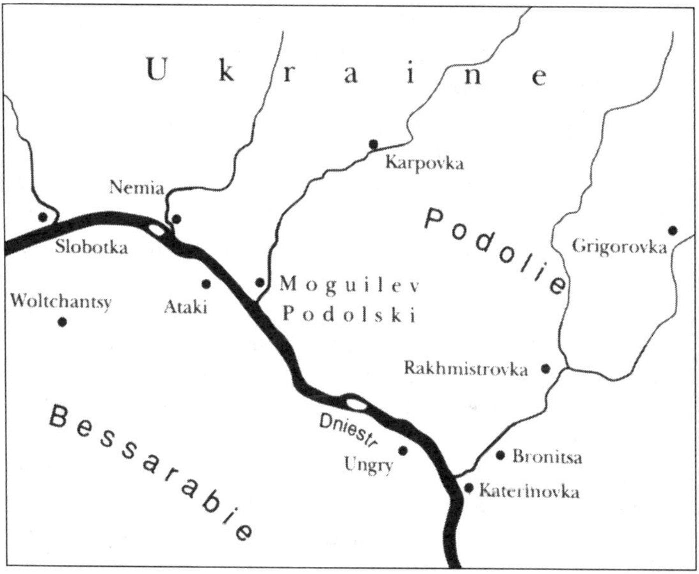

Les environs de Bronitsa,
propriété des Sayn-Wittgenstein, située en Podolie.

avantage est l'accès à la mer Noire et la possibilité de détruire nos ports.

Tout cela était merveilleusement bien pensé et joué de main de maître : les équipages allemands ont adopté, selon des ordres télégraphiques, la nationalité turque; chacun a mis un fez et ils ont traversé le détroit. Mais les puissances de la Triple-Alliance ne tombèrent pas dans le panneau : elles exigèrent de la Turquie un désarmement immédiat des bateaux et un renvoi en Allemagne des équipages, car le droit international interdit aux bateaux des nations belligérantes de mouiller dans des ports neutres. Les puissances de la Triple-Alliance s'accordèrent à considérer ces navires comme allemands et à les traiter en tant que tels. Avant leur arrivée au détroit de Constantinople, le *Goeben* et le *Breslau* furent attaqués par des bateaux anglais; le *Goeben* s'enfuit avec un flanc endommagé et un pont touché. Dommage qu'ils s'en soient tirés à si bon compte!

Chez nous, tout est calme; les Autrichiens n'ont pas encore détruit Bronitsa. Il y a des rumeurs selon lesquelles ils veulent attaquer et prendre Kamenets-Podolski. Alors il ne nous restera rien d'autre à faire que de *prendre la clef des champs** [1].

Nous n'avons toujours pas de nouvelles de Boba, à part le télégramme de Moscou. Mamoulitchka est très inquiète; l'ambiance n'est pas exactement joyeuse. Si nous pouvions avoir un télégramme demain!

Mardi 5 août 1914

Enfin un télégramme est arrivé, suivi de près par une lettre. Le télégramme nous a beaucoup étonnés et inquiétés.

1. En français dans le texte ainsi que tous les mots ou expressions en italique suivis d'un astérisque (*).

On y lit : « Situation éclaircie depuis peu. Pas rencontré régiment, vais à Novgorod bataillon de réserve. Bonne santé. Lettre suit. » Nous étions persuadés que les gardes à cheval ne seraient pas déplacés de Saint-Pétersbourg et maintenant on dit tout à coup Novgorod ? Pourquoi ? Pour longtemps ? Et si on les dirigeait vers la frontière ? Tout ceci n'est pas clair et pour cette raison effrayant. Aujourd'hui nous avons également reçu la lettre de Boba de Moscou. Elle est joyeuse, écrite dans un bon état d'esprit et montre que son humeur n'a pas changé. Il raconte entre autres qu'il s'est entendu plusieurs fois appeler « soldat » et qu'il en est fier. Il dit que plus il s'approche du but, plus il aimerait prendre en main ses nouvelles obligations rapidement. Ceci est très compréhensible et je l'envie terriblement. Il raconte que Tania, Génia et Nathalie Bobrinsky se sont inscrites comme infirmières dans des hôpitaux moscovites. Vais-je encore longtemps rester les bras croisés et regarder les autres travailler ? Jusqu'à maintenant je n'ai pas encore trouvé le courage d'en parler avec Mamoulitchka, car j'ai peur de recevoir une fois pour toutes une réponse négative. Mais je ne peux vraiment pas continuer comme maintenant, j'ai tellement envie de travailler ! Aujourd'hui, j'ai cousu toute la journée du linge pour des blessés, mais ce n'est pas assez ; je sais que je peux faire davantage. Si au moins nous étions maintenant à Moscou !

6 août 1914, 4 heures de l'après-midi

Des rumeurs persistantes sur la prise de Kamenets-Podolski par les Autrichiens continuent à circuler. Le vieux « Pan » se promène le visage sombre et dit qu'il nous faut partir. Nous en arriverons probablement là, car aujourd'hui j'ai entendu très distinctement des tirs de mitraillettes ; je crois que je n'ai pas été la seule. On dirait que tout le monde les a déjà entendus plus d'une fois, mais personne n'en parle, chacun essaie de les oublier lui-même et de tout faire pour que les autres aussi oublient la menace du danger. Tout le monde a un sang-froid étonnant ; je peux assurer la main sur le cœur que je n'ai pas peur et qu'il n'y aura pas la moindre confusion quand on nous dira que nous devons fuir. Personne ne s'effraiera, ou tout au moins on ne le montrera pas. Tant que la guerre dure, tout le monde doit faire au moins un sacrifice. Si les Autrichiens détruisent Bronitsa, ce sera donc notre sacrifice. Nous avons déjà donné Boba, peut-être que ce n'est pas assez. Nous savons que notre front est le plus marginal de tous ; probablement qu'il sera possible aux Autrichiens de s'infiltrer en Podolie. On dirait qu'il n'y a pas du tout de troupes ici.

9 heures du soir

Les Autrichiens ont pris Kamenets-Podolski. Demain matin à l'aube nous partirons vers Rokhny, quatre-vingts verstes[1] en voiture. Tout est sens dessus dessous. Il faut tout cacher. On dit qu'ils seront bientôt ici.

Rokhny, 7 août, 8 heures du soir

Nous sommes fatigués et épuisés. Cette journée a été si riche en impressions que ma tête tourne…

J'ai devant moi l'image suivante : une chambre minuscule à la propreté douteuse avec des murs verts, des meubles en cuir vert et un miroir accroché de travers. Toute la pièce est remplie jusqu'en haut avec nos innombrables valises, sacs, etc. Sur le divan vert du coin, Mamoulitchka et Nadia sont

1. À peu près quatre-vingt-cinq kilomètres.

assises. Elles somnolent toutes les deux. En face de moi, sur un tas de sacs et de valises, Tania est allongée toute tordue et dort. Depuis la pièce voisine, la salle d'attente, on entend tout un chœur de voix; cela empeste le tabac. Là sont assis Papa, André et Olga : les messieurs, parce qu'il n'y a pas de place ici, Olga, parce qu'il y fait trop chaud, probablement plutôt parce qu'elle trouve qu'on s'y amuse plus qu'ici.

Je suis seule éveillée parmi tous les dormeurs et ne puis même pas distinguer les lignes de mon Journal à la lueur glauque de la lampe à pétrole. Le train doit partir à dix heures du soir, mais de toute évidence déjà maintenant il a du retard et n'arrivera pas avant dix heures et demie. Le temps s'écoule lentement, mais malgré toutes les émotions que nous avons vécues, je ne suis même pas fatiguée. Et pourtant j'ai passé la moitié de la nuit dernière debout. Je n'ai pas dormi plus de deux heures et demie et me suis levée à cinq heures, puis j'ai voyagé toute la journée en *lineïka*[1]. Malgré cela je ne ressens aucun besoin de sommeil. Je crois que si l'on avait exigé de moi la même chose en d'autres conditions, on me trouverait maintenant allongée, épuisée. C'est tout simplement l'excitation, l'énorme tension de toutes mes forces qui me procurent cet excès d'énergie.

Je ne sais pas comment nous allons passer la nuit. Peut-être que ce train d'Odessa ne viendra pas du tout; il est aussi possible qu'il soit surchargé. Si nous n'y accédons pas, nous ne pouvons rien faire d'autre que de passer toute la nuit assis ici ou de dormir dans la cour sur nos paquets. Les deux éventualités seraient mauvaises, mais malgré tout j'opte pour la dernière.

1. Voiture à cheval légère.

Kiev, le 8 août 1914, Hôtel de France

Toutes les craintes d'hier se sont révélées vaines. Nous sommes arrivés merveilleusement jusqu'à Kiev, et de plus très confortablement : on a accroché quelques wagons militaires à notre train et pour cela nous sommes arrivés à Kiev à midi au lieu de cinq heures de l'après-midi. À Rokhny, on nous dit qu'il n'y aurait pas de wagons de première ou de deuxième classe ; mais Papa prit quand même des billets de première. Le renseignement se révéla faux et nous conquîmes deux places en première et six places en deuxième. Nous pûmes dormir tout notre saoul et tout le monde fut d'excellente humeur vu qu'un officier nous raconta que l'on avait décidé de reconquérir Kamenets-Podolski, que les formations autrichiennes près d'Uchitsy avaient été chassées et qu'en ce qui concerne Moguilev on n'avait rien entendu de menaçant. Le « baromètre d'ambiance » monta immédiatement beaucoup, et nous commençâmes avec enthousiasme à observer les transports de troupes qui nous croisaient. Nous les rencontrions sans cesse : des wagons avec des fusils-mitrailleurs, des automobiles et des véhicules, des wagons de marchandises pleins de chevaux – tout cela aiguisait notre curiosité. Quelques soldats dormaient sur la paille, quelques-uns buvaient du thé et mangeaient du pain. Tous avaient bonne mine et paraissaient joyeux. Puis on chanta des chansons. En les voyant ainsi on ne pense pas à l'horreur de la guerre.

Pour agréable que fût notre voyage, nous fûmes quand même contents d'arriver à notre hôtel dans une grande chambre luxueuse. Pourtant, nous avons d'abord acheté des verres noircis et regardé la fameuse éclipse solaire dans la rue pendant deux heures. Mais à notre grande déception, le ciel était couvert de gros nuages et, bien que ce fût une éclipse totale, nous ne pûmes observer que son début. Il faisait aussi sombre que pendant la nuit, mais tout l'effet fut détruit car on décida d'allumer les lampadaires. Mais ce fut tout de même très intéressant.

Je ne crois pas que les Autrichiens détruisent Bronitsa. Le moral parmi nous est trop bon pour cela.

Kiev, le 9 août, 9 heures du soir

À une heure du matin nous partirons pour Moscou. Nous serons en route pendant un jour et une nuit. Nous pourrons être contents si nous obtenons des places.

À Bronitsa tout est en ordre pour l'instant. Il y a toujours des rumeurs selon lesquelles nous aurions chassé les Autrichiens et passé la frontière. Ne sommes-nous pas partis un peu trop vite ?

Dans le train, 10 août, 4 heures de l'après-midi

Dans chaque coin de notre compartiment quelqu'un dort. La nuit a été mauvaise. Nous avons un compartiment de première pour sept personnes et ceci aussi Papa et André n'ont pu le conquérir qu'après une longue lutte persistante. Nous y avons dormi à six. Papa a dormi quelque part en troisième classe. André et Tatiana ont bien dormi sur les couchettes du haut ; pour nous, en bas, la situation a été moins bonne. Nous ne nous sommes allongées qu'à trois heures du matin, et j'ai passé la moitié du temps assise. Ce matin j'étais très fatiguée, mais maintenant je me sens bien.

Il fait terriblement chaud et lourd. On ne peut pas ouvrir la fenêtre, à moins de mourir asphyxié par la poussière. Ce n'est pas agréable de voyager en train en été et encore en plus à sept dans un compartiment. Mais nous n'avons pas le droit de nous plaindre – une foule de candidats n'a même pas réussi à monter dans ce train ; des masses de gens ont inondé le couloir pendant toute la nuit et la matinée. Ils ont dormi assis sur leurs bagages à main, chacun là où il a pu trouver un petit coin. Le pauvre Papa était l'un d'entre eux. Le train est vraiment très long, près de cinquante wagons. Il n'y en a qu'un par jour, tout le reste du temps est réservé aux transports de guerre…

À Bronitsa tout est normal. Boba est en bonne santé, et en plus des rumeurs circulent selon lesquelles nous aurions pris Cracovie et Lvov.

Moscou, le 12 août 1914, minuit

Nous sommes arrivés hier et malgré la tristesse que nous ressentions à nous retrouver dans nos chambres familières, nous étions quand même contents de voir notre errance se terminer. La journée d'hier s'est passée calmement. Nous sommes allés à la *banïa*[1] pour la première fois de notre vie. Très amusant ! Puis Génia Lopoukhine est arrivée. Elle a commencé un cours de formation pour infirmières. Elle nous a raconté qu'il était impossible d'y accéder : pour les prochains trois mois, toutes les places libres ont été attribuées en double. De plus, toutes les aspirantes doivent subir un examen médical, que nous ne pourrions pas passer. On exige une grande force physique, de l'endurance, une bonne santé – est-ce que nous remplirions ces exigences ? Mais Tatiana et moi ne resterons pas à la maison à nous tourner les pouces. Nous nous sommes proposées comme surveillantes de jour dans un hôpital militaire. Je ne sais pas encore exactement à quels travaux nous devrons nous plier, peut-être faire de la lecture aux blessés, leur écrire

1. Hammam.

des lettres et ainsi de suite. La directrice est la comtesse Bobrinsky. Je ne peux dire à quel point je suis contente que nous y ayons été admises.

Dès aujourd'hui, nos obligations ont commencé. La comtesse Bobrinsky nous a téléphoné de nous rendre à la gare Alexandrovski. Deux trains de blessés et de prisonniers de guerre y étaient annoncés, mille deux cents hommes. Pour chacun il a fallu préparer un gros morceau de pain avec de la saucisse et un verre de thé. Ce fut un gros travail. Nous sommes arrivées à midi et reparties à la maison à cinq heures. Une salle d'attente de troisième classe était à notre disposition en tant que «cuisine». Tous les participants se tenaient debout au bord d'une longue table et coupaient du pain. Puis on posait de la saucisse dessus. En même temps on préparait d'énormes bouilloires à thé avec de l'eau bouillante et du thé; dans un sac se trouvait le sucre. Les petits pains préparés étaient déposés dans de grandes corbeilles portées chacune par deux personnes. Varvara Nicolaïevna commandait comme un maréchal, et l'ordre était exemplaire. Il y avait deux équipes : celle du pain et celle du thé. Nous appartenions à la première; notre panier étant porté par deux étudiants, Maman, Tania et moi distribuions le pain. Lorsque le train entra en gare, les paniers passèrent le long des wagons et chaque blessé reçut un morceau de pain. Derrière venaient les porteurs de thé qui versaient le thé. Il s'agissait surtout de blessés légers, les blessés plus graves étant restés à Kovno. La plupart étaient joyeux; ils racontaient que nous attaquions Königsberg. Les prisonniers disaient la même chose. Ils provenaient tous de la frontière allemande, de la région de Gumbinnen et Soldau. Ce sont presque tous des Polonais; ils parlent un peu russe et donnent une impression de grande gaieté. Tous des garçons forts, bien bâtis et beaux. Il y a parmi eux aussi des Prussiens, avec des casques enveloppés de haillons kaki. Ils se comportent de façon très arrogante et effrontée, demandent davantage de pain. Les Polonais ont un comportement calme et remercient quand on leur apporte à manger. Nos garçons, André, Gavrilka Bobrinsky et Vladimir Lvoff, ont circulé parmi les wagons avec des cigarettes et des allumettes, ont discuté avec les blessés et ont été très satisfaits. Demain nous retournons à la gare.

(1 heure du matin)

13 août, 11 heures du soir

Aujourd'hui, nous sommes allées deux fois à la gare. Le premier train est arrivé à midi, le deuxième à huit heures du soir. Nous les avons accueillis tous les deux. Maintenant nous sommes fatiguées mais très contentes. Quelle diversité de types d'hommes nous avons pu observer ; que ne pourrait-on raconter, mais maintenant nous sommes si fatiguées que je ne puis écrire ces lignes qu'avec peine. Les blessés et les prisonniers sont des journaux vivants ; ils racontent ce qu'ils ont vu et ressenti – ce sont les soldats mêmes dont nous lisons les actes héroïques dans les journaux.

Quand on les voit, on ne peut que s'étonner de leur humeur incroyablement bonne et joyeuse et de leur détermination de retourner au combat dès leur guérison. Ils racontent les combats de Gumbinnen comme si c'était la chose la plus simple du monde : « Nous avons attaqué tout le temps, "ils" se sont retirés. » « Les Allemands se battent-ils bien ? » L'un dit : « Oui, mais les nôtres sont meilleurs. » D'autres : « Que signifie "bien se battre" ? Ils s'enfuient en courant devant nous ! » « Avez-vous peur des Allemands ? » « Non, en deux jours nous les avons repoussés de quatre-vingts verstes. »

Les prisonniers m'étonnent beaucoup par leur bonne humeur. Ils paraissent se réjouir quand on leur adresse la parole dans leur langue, et ils remercient beaucoup pour la nourriture et les cigarettes. On voit qu'ils ne s'attendaient pas à un traitement pareil. Face à eux, nos soldats ont une étrange attitude : pas l'ombre d'une animosité. Ils traitent les prisonniers avec indulgence, sont amicaux, et nous avec eux. Nous distribuons du thé dans un wagon ; sur le marchepied, un volontaire est assis et nous dit : « Merci, nous en avons tous assez, mais donnez-en encore un peu à notre petit Allemand là-bas, il est gentil. »

Voilà comment se comportent les soldats avec les prisonniers et le public également, et on peut difficilement s'imaginer comment il pourrait en être autrement. Je ne sais pas si c'est bon ou mauvais ; cette mollesse est un caractère de tous les Slaves...

Nous avons reçu un télégramme de Boba. Il est à Novgorod et enfin affecté à son régiment. Les gardes à cheval ont été rappelés à Vilnius pour s'y rétablir. Près de Kauschen, ils ont été les premiers à lancer une attaque à cheval contre une batterie. Il semble qu'ils aient eu beaucoup de pertes. Il y a aussi des morts parmi nos relations : les deux frères Katkoff, le pauvre André Katkoff avec lequel j'avais dansé l'hiver dernier. Un Lopoukhine est mort aussi, un cousin de Tania et Génia. Notre parent Bobrikoff est blessé. Quelle chance, comme je remercie Dieu que Boba n'ait pas été sur place à temps pour participer à la chose ! Je pense avec effroi qu'il pourrait ne plus être en vie. Un délai pour longtemps ? Tout est la volonté de Dieu.

Jeudi 14 août, 11 heures du soir

Nous avons de nouveau parcouru la gare de long en large pendant quelques heures. Là-bas, le désordre augmente de jour en jour. Beaucoup de gens qui n'ont rien à y faire se sont débrouillés d'une façon ou d'une autre pour accéder au quai et ne font que gêner. Aujourd'hui j'ai eu plus à faire avec les prisonniers. Je leur ai donné à manger et à boire, même à un officier allemand grièvement blessé. Il ne pouvait bouger qu'avec peine et gémissait sans arrêt. Je l'ai aidé à boire. Tous les prisonniers blessés me paraissent très à plaindre. Qu'y peuvent ces gens, quand leur Guillaume a décidé de conquérir le monde entier? Nos soldats deviennent de plus en plus joyeux. Seuls peu d'entre eux demandent si on les débarque ici et disent qu'« ils ne peuvent pas continuer leur voyage ».

Aujourd'hui, V. A. Volojskoy nous a rendu visite. Il arrive à l'instant de Saint-Pétersbourg où il s'était rendu pour faire une visite à Bobrikoff blessé. De lui nous avons appris des détails sur la conduite héroïque des gardes à cheval près de Gumbinnen. Ici on avait dit que presque tout le régiment avait été anéanti. Ce n'est pas vrai. Moins de soldats ont péri, mais en revanche de très nombreux officiers. Les gardes à cheval et les chevaliers gardes devaient s'emparer d'une batterie. C'est pourquoi le quatrième escadron des gardes à cheval, sous le commandement de Bobrikoff, devait attirer l'attention de l'ennemi sur lui. Les officiers cachèrent les soldats dans des abris, se saisirent des baïonnettes et s'élancèrent seuls contre l'ennemi qui se jeta alors sur eux. Ce fut le moment où tant de héros moururent. Bobrikoff fut sauvé comme par miracle : il fut blessé à la main et tomba, mais à ce moment-là un volontaire, un comte Gudovitch, s'élança hors de l'abri et le ramena malgré le feu nourri. Et pendant que tout cela se passait, les soldats se jetèrent sur l'ennemi. D'autres forces tombèrent avec acharnement sur la batterie et après une longue bataille animée elle fut conquise ❖.

Cette action héroïque de nos gardes à cheval nous restera longtemps en mémoire. Bobrikoff fut nommé pour le sabre d'or de Saint-Georges, Gudovitch reçut la croix de Saint-

❖ Cette attaque fut commandée par le baron Wrangel. (Complément de l'auteur, 1982.)

Georges. Pour l'instant les deux régiments ont été rappelés pour qu'ils puissent se remettre.

Que vont bien pouvoir nous apporter les journaux de demain ? Pour l'instant, nos armées se trouvent à la frontière prussienne près de Insterburg, de Königsberg, et sur le front autrichien près de Lvov.

L'absence des armées alliées m'effraie. Il est vrai que la majorité des troupes ennemies leur fait face, mais probablement qu'une partie sera jetée contre notre frontière.

Samedi 16 août, minuit

Depuis longtemps je n'ai rien écrit sur les événements historiques qui se produisent en ce moment, et pourtant ils sont vraiment étonnants. Le 4 août, Kamenets-Podolski a été prise par les Autrichiens, le 6 ils se sont montrés à Uchitsy. Le matin du 7 nous partîmes ; le même jour les Autrichiens furent chassés. Ils se sont joints à des unités plus fortes qui ont été frappées à la tête le 8 par nos troupes. Depuis, les Autrichiens sont mis en fuite partout, et Kamenets a été rapidement évacuée. Maintenant, il n'y a plus aucun Autrichien à l'intérieur de nos frontières, en revanche nos troupes stationnent devant Lvov. Seulement douze jours se sont écoulés depuis notre départ de Bronitsa et comme tout s'est modifié ! C'était alors le moment où la mobilisation n'était pas encore achevée et où nous étions inactifs à la frontière prussienne. Depuis que nous avons rassemblé les forces nécessaires et que nous avançons, les journaux rapportent chaque jour de nouvelles victoires. Nous avançons comme l'éclair, prenons sans arrêt une ville après l'autre, chassons l'ennemi devant nous et brisons toute résistance. Un écrivain anglais a dit vrai : « La Russie ne doit pas bouger tant qu'elle n'est pas totalement armée. Quand l'avalanche russe avance, il est impossible de l'arrêter. »

La bataille de Gumbinnen, le 9 août, notre première grande bataille dans laquelle la victoire a été si glorieuse, a élevé le moral de l'armée, de toute la nation, à un point non encore atteint. Elle a montré que les Allemands ne sont pas aussi invincibles qu'ils le paraissaient, et que nous sommes redevenus les mêmes Russes que nous étions anciennement. Nous avons pris Goldap, Soldau, Neidenburg, Ortelsburg, Gumbinnen et d'importants nœuds ferroviaires qui dessinent maintenant la frontière du territoire que nous occupons : Tilsit, Insterburg et Allenstein. Des rumeurs circulent selon lesquelles nous serions directement devant Königsberg, et même que nous l'aurions déjà prise. C'est trop improbable : Königsberg est une forteresse trop solide; on dit que nous ne voulons pas la conquérir maintenant, mais que nous désirons y laisser une saillie et continuer. Mais aujourd'hui figure dans le journal du soir l'information suivante : «Nous informons officiellement que notre avancée en Prusse se poursuit toujours avec succès. De sources dignes de foi nous apprenons que nos succès sont si éclatants que toute la Russie s'incline devant eux.» Cela signifie peut-être que Königsberg sera bientôt entre nos mains? La population des villes conquises s'enfuit paniquée vers Berlin, effrayée par ses autorités qui lui disent que les Russes sont des barbares et qu'il faut se mettre en sécurité devant eux. Ainsi elles étendent la peur et le désordre parmi les habitants devant lesquels la vraie situation est tenue secrète. Guillaume ne s'est-il pas rendu là un bien mauvais service à lui-même?

Dimanche 17 août, 11 heures du soir

Aujourd'hui, nous avons reçu un télégramme selon lequel Papa arrive demain de Saint-Pétersbourg et amène Boba avec lui. Qu'est-ce que ça peut signifier? Peut-être lui ont-ils accordé un jour de congé avant qu'il ne doive s'incorporer au régiment ? Que Dieu fasse que tout soit en ordre !

Pas de nouvelles du théâtre de la guerre. En Galicie, une grande bataille fait rage. Le résultat est incertain. Notre avancée en Prusse se poursuit.

Mardi 19 août, minuit

Boba est arrivé il y a trois jours. Ils lui ont donné deux jours de permission, probablement avant son départ pour la troupe. Il est joyeux, frais et éveillé, et très fier de son nouvel uniforme : pantalon bleu, chemise couleur kaki, ceinture blanche, épaulettes noir et rouge, et le sabre accroché à une dragonne blanche. L'uniforme lui va très bien, il y paraît encore plus grand, un vrai soldat de la garde. Il vit dans un petit village près de Novgorod où se trouvent les escadrons de réserve de tous les régiments de la garde. Ils partiront bientôt pour Vilnius où chacun retrouvera son régiment. Pour l'instant il habite une cabane en bois avec deux autres volontaires et deux soldats. Messieurs les volontaires habitent une moitié de la maison, ils mangent sur un chaudron de campagne, dorment sur le sol alors que la pièce est si petite qu'on ne peut passer qu'avec difficulté quand ils sont allongés. Mais Boba se sent très bien et a bonne mine. Ce matin il est reparti, cette fois pour de bon. Oh guerre, guerre, tu es pourtant grande, mais tu exiges aussi de grands sacrifices ! Quel sera le prochain ? Non, j'ai honte, c'est de la pusillanimité. Nous devons déployer toutes nos forces, nous devons tout sacrifier, même ce qui nous est le plus cher : ceux qui nous sont le plus proches. À quel point ce serait plus facile si nous pouvions nous donner nous-mêmes, donner nos propres forces, nos mains, nos énergies !

Sur le théâtre de la guerre arrive maintenant la première défaite après une série de victoires éclatantes ! La nouvelle du retrait de nos troupes, de la mort du général Samsonoff et des pertes colossales de deux corps d'armée. Ce fut comme un éclair dans un ciel serein, comme la souffrance après la joie. Tous ont un peu perdu courage. N'est-ce pas trop tôt ? Nous étions gâtés par les succès et avions d'une certaine façon oublié que nous combattions un ennemi extrêmement fort, que la chance est capricieuse. Il n'y a pas de guerre sans défaites ni lourdes pertes. Cette défaite n'affaiblira pas les forces de la Russie mais au contraire les doublera. Les événements postérieurs l'ont déjà prouvé. Dans cette bataille, ce ne sont pas les Allemands en tant qu'hommes qui ont gagné, mais l'artillerie lourde, les horribles canons Krupp de quarante-deux centimètres qui ont une portée de vingt verstes. Ce sont ces canons qui ont presque anéanti deux de nos corps d'armée et tué notre talentueux général et plusieurs officiers d'état-major.

Cette défaite a laissé une forte impression, et chacun dirige son regard avec un espoir encore plus grand sur la frontière autrichienne où une violente bataille, qui dure déjà depuis huit jours, est en train de tourner à notre avantage. Le soir, la nouvelle d'une défaite totale des Autrichiens est arrivée. Ce matin, les rumeurs ont été confirmées par un avis officiel : l'armée autrichienne a été coupée de sa base de ravitaillement, la 15e division est anéantie, cent officiers et quatre mille soldats ont été faits prisonniers, il y a une foule de blessés, des drapeaux et plusieurs fusils-mitrailleurs font partie du butin ; le champ de bataille est jonché de morts.

Ces nouvelles nous ont tous réjouis énormément. Mais une autre encore plus réjouissante a suivi : en Prusse nos troupes sont passées à la contre-offensive et ont repoussé les Allemands. Le général Rennenkampf a été le héros de cette affaire difficile et sanglante. Son nom est dans toutes les bouches. L'empereur lui a décerné l'ordre de Saint-Vladimir.

L'annonce de cette nouvelle victoire a immédiatement

Carte politique, 1914,
avant le début de la Première Guerre mondiale.

dissipé toutes les peurs et toute l'agitation. Tout le monde a de nouveau l'air plus gai et aimable. Le peuple russe ne baisse pas aussi vite les bras ; on ne peut pas le faire trébucher aussi facilement, pas même à l'heure d'une épreuve aussi difficile. La force du peuple russe est grande, elle est renforcée par la foi en la justice de la cause et en une fin favorable de la guerre. « Dieu est avec nous ! Comprenez-le, païens que vous êtes, et laissez-vous dominer car Dieu est avec nous ! »

Mercredi 20 août 1914

À nouveau de bonnes nouvelles ! Les journaux parlent de l'anéantissement total de l'armée autrichienne près de Lvov, des nombreux prisonniers et des armes conquises. Il y a même des rumeurs selon lesquelles la forteresse de Lvov serait entre nos mains. Si cela est vrai, la ville sera bientôt forcée de se rendre. Lvov, c'est le bastion de toute la Galicie ; si elle tombe, tous ses environs seront bientôt à nous. Les Galiciens s'en réjouissent beaucoup ; on entend parler de la capitulation de groupes entiers et de déserteurs. Aujourd'hui, on peut lire dans le journal qu'un régiment entier constitué de Slaves – Tchèques et Polonais – a franchi notre frontière et s'est rendu à nos soldats après avoir détruit leur drapeau et aux cris de : « Que Dieu protège le Tsar ! » Ils ont supplié qu'on leur donne des uniformes russes et qu'on leur permette de rouer de coups les Allemands. On va exaucer leurs demandes.

En Galicie a eu lieu encore une bataille, près de Bielaïa Lipa, à la confluence du Boug et d'un petit fleuve quelconque. D'après les Autrichiens, c'était là une forteresse imprenable, mais cela ne nous a pas empêchés de la conquérir et de repousser l'ennemi au loin. Existe-t-il donc pour nos soldats des emplacements imprenables ? On s'attend à de grandes batailles sur la Vistule. Il paraît qu'on veut diriger les armées vers Cracovie.

Les nouvelles de Prusse orientale sont également bonnes. On s'est de nouveau battu près d'Osterode, de nouveau cela s'est bien terminé pour nous. Les Allemands retirent en hâte des troupes du front occidental, mais on dirait que nous ne dormons pas non plus. D'ici, ainsi que de Kiev, un train militaire part chaque heure. Les Allemands ne doivent pas espérer nous chasser de Prusse. Les lettres venant des villes que nous avons conquises portent des timbres russes.

Samedi 23 août 1914

Hier, il y a eu un grand événement dans la guerre européenne : suite à de violentes attaques, nos troupes ont pris Lvov ! Cette victoire a une énorme signification. Nous avons conquis le cœur de la Galicie et avec lui la liberté des Slaves galiciens. Nous avons pris non seulement Lvov mais aussi Halycz, et ces vieilles villes russes appartiennent de nouveau à leur première mère : la Russie.

L'ambiance tendue, l'attente agitée de nouvelles sur ces horribles batailles, se déchargea en une tempête d'enthousiasme dès l'écoute de l'information sur la victoire. Il est difficile de décrire ce qui se passa à Moscou à l'annonce de cette grande joie. Ce fut pendant la nuit du 21 au 22 août, à minuit. Et lorsque la foule en attente vit apparaître brusquement sur le bâtiment de la revue *Russkoïe slovo* les mots :

LVOV CONQUISE

ce fut d'abord le silence qui domina, puis tous se découvrirent la tête et un « hourra » puissant se fit entendre. Ce fut la première nuit où l'on quêta dans les rues pour l'aide aux victimes de guerre. Par hasard, Sobinoff se trouva là avec sa boîte à collecte. Il tint un discours et demanda aux assistants de contribuer. L'argent coula à flots des mains généreuses; en quelques minutes trois boîtes se remplirent. Là-dessus, Sobinoff se mit à chanter «Que Dieu protège le Tsar», la foule s'y joignit et une colonne gigantesque se mit en marche par la rue Tverskaïa jusqu'au monument à Skobeleff. Là, la manifestation prit des dimensions grandioses, l'exaltation et l'enthousiasme n'en finissaient plus. C'est ainsi que Moscou célébra la grande victoire du monde slave.

11 heures du soir

Je crois que j'arriverai bientôt à ce que j'aimerais tellement faire : travailler… Nous savons que nos frères «là-bas» sont exposés à toutes les difficultés et à tous les dangers que la guerre apporte, pour cela nous devons nous aussi faire quelque chose, nous devons travailler pour réprimer, d'une certaine façon, la peur et l'inquiétude. Nous ne pouvons pas ne rien faire, voilà le cri général de l'ensemble de nos relations. Presque toutes travaillent maintenant la journée entière : Génia et Olga Stakhovitch, Sonia et Marina Gagarine, Olga Matveïeff sont auditrices à des cours médicaux et travaillent de sept heures du matin à trois heures de l'après-midi dans des hôpitaux; Nathalie Bobrinsky et Sonia Novosiltseff sont parties sur le front autrichien, avec le train sanitaire. Tous les jeunes hommes sont allés s'engager comme volontaires ❖, soit sur le front soit comme infirmiers. Nous sommes les seuls à rester et nous nous désespérons beaucoup de voir les autres faire quelque chose. Depuis longtemps nous avons laissé tomber notre travail au point de ravitaillement; il y venait

❖ Pas tous. Certains sont restés à la maison par lâcheté, certains «protestataires» pour protester contre le gouvernement. Moscou a toujours été rouge! Même alors on trouvait des gens aussi méprisables. (Complément de l'auteur, 1917.)

tellement d'aides superflues qu'il n'y avait plus rien à faire. Mon rêve serait de devenir infirmière et maintenant je suis plus près de ce but que je ne l'ai jamais été. Le médecin de Mamoulitchka, le docteur Milovidoff, a équipé une clinique privée avec d'autres médecins et cherche des infirmières. Nous avons proposé nos services par l'intermédiaire des Wasilewski, et aujourd'hui le docteur Milovidoff est venu nous voir et nous interroger. Car, lorsqu'il a dit à l'hôpital que deux princesses voulaient venir comme infirmières, on lui a répondu : « On n'a pas besoin de petites mains blanches. » Donc il voulait s'informer si nous en étions ou non. Nous fûmes interrogées avec sévérité ; il nous fit remarquer que nous allions devoir effectuer le travail le plus brutal, sans aucune exception. À cela nous répondîmes que si nous avions nous-mêmes proposé nos services, c'est que c'était bien là notre intention. Il eut l'air content de nous et dit que nous étions acceptées.

Néanmoins tout n'est pas encore réglé. Mamoulitchka est d'accord, mais je ne peux pas comprendre si elle est pour ou contre. Maintenant tout dépend de la façon dont Papa va voir la chose – il revient après-demain de Petrograd[1] (comme c'est étrange d'écrire ce nouveau nom !). S'il le permet je serai très heureuse…

Pas même une minute, je ne me fais d'illusions sur les difficultés qui m'attendent. Je sais qu'il y en aura beaucoup mais je ne reculerai pas. Je ne ferme pas les yeux devant elles, je les fixe avec courage… En avant !

26 août 1914, minuit

Enfin, nous avons atteint notre but ! Tout a si bien marché, on n'aurait pu espérer mieux ! À partir de demain, Tatiana

1. Au début de la guerre, Saint-Pétersbourg a été rebaptisée Petrograd.

et moi irons à l'hôpital de Novo-Iekaterininski où nous ferons comme stage le cours complet d'infirmière. Quand nous l'aurons terminé nous nous rendrons à Bronitsa et y installerons un hôpital – voilà notre programme. Papa l'a arrangé, lui qui a l'air de beaucoup se réjouir que nous voulions travailler…

Ce qui me fait un peu peur, c'est la première épreuve, le premier examen demain. Finalement nous devrons peut-être assister immédiatement à une opération, et nous aurons peut-être mal au cœur ? Je ne peux rien garantir pour moi-même, car je sais que je m'évanouis très facilement. Que Dieu fasse que tout se passe bien !

J'aimerais encore dire rapidement quelque chose sur les événements de la guerre : nos troupes continuent à avancer en Galicie. Nous avons conquis Czernowitz, la capitale de la Bukovine, ainsi que les fortifications de Stryj et de Mykolaïew. Notre cavalerie et l'artillerie de montagne sont déjà dans les Carpates. Papa a d'ailleurs entendu dire à Petrograd que c'est là que se trouvent nos batteries de Moguilev et qu'elles sont parmi les meilleures de l'armée. Il est trop tard, il est temps d'arrêter. Demain nous devons être à dix heures à l'hôpital, après avoir acheté des tabliers et des coiffes d'infirmière, et pour cela il faut nous lever tôt.

27 août 1914

Le premier essai, le baptême du feu ! J'ai des frissons dans le dos quand je pense à cette journée ! Tatiana et moi avons été placées auprès des pansements les plus difficiles, et je m'étonne du courage avec lequel Tatiana a été présente et a aidé tout le temps. Je n'ai pas tenu le coup. Pour le premier pansement appliqué sur un coude fracassé par un tir d'obus, je dus tenir le récipient ; à la vue de l'énorme blessure purulente et des débris d'os que le médecin jeta dans le récipient, j'eus mal au cœur et je m'évanouis profondément. Je me souviens que je donnai le récipient à quelqu'un, m'éloignai et m'appuyai au mur; puis je voulus quitter la salle des pansements pour m'éloigner davantage de l'odeur lourde; je sortis dans le couloir – puis je perdis connaissance. Il s'avéra que je tombai sur la porte de la salle des pansements qui s'ouvrit de telle façon que je retombai avec bruit dans cette salle. Probablement un spectacle très amusant!

Je revins à moi et me retrouvai allongée sur un lit dans une chambre de malade avec autour de moi plusieurs femmes de ménage, des infirmières et un médecin. On me donna des gouttes de valériane et on m'ordonna de rester allongée tranquillement. J'avais mal au cœur et je me jurai de ne plus retourner dans cette horrible chambre. Mes pensées s'embrouillèrent et je me demandai avec effroi : « Comment sommes-nous arrivées ici? Pourquoi sommes-nous ici? » Lorsque je revins complètement à moi, je commençai à avoir honte. Malgré le bourdonnement dans ma tête et ma faiblesse, je me levai et sortis dans le couloir. Il était vide. Je voulais trouver Tatiana et savoir comment elle allait, mais elle était invisible. Je marchai tranquillement le long du couloir pour apprendre à connaître l'hôpital. Lorsque je vis tous ces gens souffrants, je fus saisie par le repentir : j'avais peur de ne pouvoir leur être utile et de ne pas pouvoir alléger leur douleur. Je m'étais ressaisie et j'avais décidé de retourner dans la salle des pansements lorsque je tombai soudainement sur Olga Bronislavovna Iversen qui me proposa de me montrer la salle d'opération. Je fus assez bête pour accepter.

Dans la salle d'opération, une pièce équipée d'après les dernières découvertes scientifiques, une foule de gens se pressait autour d'une table; tous portaient les mêmes blouses blanches. Lorsque je m'approchai, je vis un homme à plat ventre et deux médecins qui se penchaient sur lui. Ils lui faisaient quelque chose dans le dos mais je ne vis que leurs mains sanglantes qui tenaient je ne sais quels tendons foncés. Je vis du noir devant les yeux, je commençai à chanceler. « J'ai l'impression que vous avez mal au cœur ? » demanda Olga Bronislavovna en me saisissant à la taille. Mon seul désir était de disparaître le plus loin possible d'ici.

« Allons-y, partons d'ici », dis-je à mon accompagnatrice, et nous quittâmes cet enfer. J'échappai à Olga Bronislavovna et m'assis sur un petit divan vert sur le palier. Ici, il faisait frais et l'air était plus pur. Bientôt Tatiana apparut ; elle me cherchait. Elle avait aidé tout le temps aux pansements et se sentait très bien. Sitôt après elle y retourna et mon étonnement sur son héroïsme ne connut pas de bornes ! Je la suivis d'un regard plein d'envie.

Je commençai à avoir honte et décidai, advienne que pourra, de retourner dans la salle des pansements. Courageuse, j'ouvris la porte et je m'arrêtai : j'avais peur, peur comme un enfant qui craint d'entrer dans une chambre sombre. Mais une future infirmière ne peut se laisser aller de cette façon. J'entrai.

Là, l'application des pansements se poursuivait. Tatiana y était et me regarda sévèrement. Elle tenait une main avec une blessure grave ; on pouvait voir l'os. Heureusement, la main était justement en train d'être pansée ; on nous chargea, Tatiana et moi, de conduire le malade dans la salle et de le mettre au lit.

Lorsqu'il se fut allongé dans le lit, il me pria d'écrire une lettre pour lui. Lorsque j'en eus terminé, je me rendis à nouveau dans la salle des pansements et, bien que je fusse obligée de me réfugier plusieurs fois dans l'escalier, je restai en salle jusqu'à ce que tous les pansements fussent appliqués. Là on nous dit que Tatiana et moi serions admises dans le groupe des infirmières de chambre, c'est-à-dire pas seulement comme spectatrices. Nous fûmes très fières de cette nomination.

Le temps n'en finissait plus de s'écouler. Je voulais tellement me libérer de la terrible atmosphère de l'hôpital et respirer l'air pur. Enfin, Mamoulitchka arriva et, après en avoir obtenu l'autorisation de nos supérieurs, nous ramena à la maison. Maintenant je me sens fatiguée, moulue et je pense – pourquoi le nier? – à la journée de demain avec effroi.

Vendredi 28 août 1914

Je suis très fatiguée et ne peux écrire longtemps. Je m'endormirais volontiers pour oublier toutes ces images affreuses!

La journée d'aujourd'hui fut nettement meilleure que celle d'hier : j'ai assisté à tous les pansements, même à deux opérations, et tout s'est bien passé.

L'une des opérations fut bénigne et ne dura pas plus de deux minutes : l'extraction d'une balle qui s'était logée très superficiellement dans la partie molle de la main. Je tins la tête du patient – c'est un des «miens» de ma salle de malades – et ne regardai pas comment le docteur Feigengold incisa. Je fus étonnée de la rapidité avec laquelle la chose se passa. La deuxième opération fut très grave, mais évidemment le patient était sous anesthésie : on ôta des débris d'os du dos d'une main fracassée. Je ne vis qu'une partie de cette opération et Tatiana rien du tout. Nous prîmes la décision de ne pas regarder et nous nous éloignâmes dès que le malade fut endormi. Elle alla dans sa salle et lut le journal à son Nicolas; je restai inactive dans le couloir mais finalement me décidai quand même à retourner à l'opération. Lorsque je revins, la main était déjà entaillée; je fus étonnée par tout ce sang. À l'aide d'une pince, le docteur retirait de la blessure des éclats d'os; ils craquaient si terriblement que le cœur vous en faisait mal. Malgré les regards compatissants et moqueurs de mes collègues je restai dans la salle, et bien que je fusse obligée de sortir trois fois dans l'escalier pour reprendre haleine, je retournai chaque fois immédiatement et restai jusqu'à la fin. J'assistai également aux pansements. Je suis très fatiguée, moins physiquement que mentalement, et suis contente de moi.

Samedi 29 août 1914

Aujourd'hui, notre travail commença par une opération. C'était un pauvre petit officier de vingt ans qui avait reçu une balle entre les côtes, ce qui avait entraîné une infection et d'autres complications. Nous nous réunîmes dans la grande salle d'opération et, dans l'attente du patient, érigeâmes une tribune : deux longs bancs de hauteurs différentes, du haut desquels on pouvait très bien suivre l'opération. Enfin, on amena le malade – un véritable enfant ! Nous l'avons aidé à s'allonger sur la table d'opération. On voyait qu'il avait très peur, mais il essayait de plaisanter et de rire ! Il s'endormit aussi paisiblement que s'il avait été dans son lit.

L'opération dura trente minutes et tout au long le médecin – je crois que c'était le professeur lui-même – expliqua chaque manipulation ; ce fut comme un cours. Ils firent deux incisions et un drainage mais ne trouvèrent quand même pas la balle… Finalement on incisa la plèvre et il s'avéra qu'elle était pleine de pus sanguinolent. Les médecins se regardèrent d'un air entendu et hochèrent la tête. Je dus penser à la dame éplorée que j'avais vue dans la chapelle de l'hôpital, sa mère, et, incapable de contempler encore davantage le visage mortellement pâle du malade, je quittai la salle d'opération. Je n'avais qu'une envie : pleurer. Je me retins et revins juste au moment où la porte de la salle s'ouvrait et où Tatiana et quelques autres sortaient le malade. Je les suivis. À la porte de la chapelle se tenait sa mère qui pleurait amèrement ; elle regarda notre procession d'un air apeuré et douloureux. Je regrettai beaucoup de ne rien pouvoir lui dire pour la consoler.

Nous couchâmes le malade dans son lit et restâmes à trois auprès de lui. Il se réveilla tout aussi paisiblement qu'il s'était endormi. Tatiana et moi laissâmes notre collègue auprès de lui pour nous rendre à la seconde opération.

Le blessé arrivait à l'instant d'un autre hôpital avec une main cassée et une artère déchirée. La perte de sang avait été effrayante, sa vie ne tenait qu'à un fil. L'artère fut recousue et le pouls se remit à battre dans la main blessée. Mais les médecins craignant une nouvelle hémorragie, quelqu'un doit le veiller constamment. Tatiana et moi avec encore une collègue serons à son chevet la nuit de minuit à six heures. Ce sera difficile car demain à neuf heures il y a une nouvelle opération, mais de cette façon nous apprendrons à connaître une chose de plus de la vie d'une infirmière : la garde de nuit.

30 août, 3 heures de l'après-midi

Nous venons de nous lever et de terminer notre petit déjeuner. Je me sens magnifiquement bien, pas le moins du monde fatiguée après cette longue nuit et je regrette seulement que Mamoulitchka ne nous ait pas permis d'aller aujourd'hui aussi à l'hôpital...

(Suit la description de la première garde de nuit.)

31 août, après-midi

Aujourd'hui, j'ai fait une expérience très désagréable; c'est pourquoi je suis maintenant couchée. Depuis le matin je ne me sentais pas bien. Tatiana non plus d'ailleurs, mais évidemment nous nous sommes quand même rendues à l'hôpital. Il y avait des blessures graves à panser; à une occasion j'eus mal au cœur. Je commençai à avoir de fortes douleurs à l'aine, au point de pouvoir à peine tenir debout. Il ne me resta rien d'autre à faire que de rentrer à la maison. J'allai chercher Tatiana ; elle était assise sur le divan du couloir, le visage blême, directement à côté de la porte de la salle vingt. J'avais vraiment mal au cœur, mais je voulus quand même vite voir comment allait mon patient de la nuit précédente. Nous y allâmes toutes les deux. Le pauvre petit lieutenant était assis dans son lit, faible et pâle. Il me reconnut immédiatement et se réjouit beaucoup de me voir. Sa mère, qui, j'ai l'impression, n'a aucune idée de la gravité de l'état de son fils, était également là. Il commença immédiatement à lui raconter que j'« étais l'infirmière qui l'avait veillé pendant la nuit » et ajouta : « Quelle sorte d'infirmières est-ce donc qui ne soignent les malades que la journée ? C'est à elles qu'on devrait attribuer une médaille ! » Sa mère me remercia tellement que j'en avais presque honte : au fond qu'ai-je donc fait de si remarquable ?

J'avais tellement mal au cœur que je ne pus regagner le divan qu'avec difficulté, et là j'eus la nausée. Pendant que Tatiana courait chercher de l'eau, je crus vraiment que j'étais appelée dans un monde meilleur. Je n'ai qu'un souvenir, obscur comme un cauchemar, de notre voyage de retour. Probablement les passants se sont-ils étonnés de voir deux infirmières dans un fiacre, l'une sans chapeau et à moitié morte, couchée sur l'épaule de l'autre qui la protégeait avec inquiétude.

À la maison, notre apparition causa un grand émoi. On me mit immédiatement au lit où je me trouve encore, d'humeur sombre. Comme c'est ennuyeux que les humains soient ainsi faits qu'ils se fatiguent tout le temps et ne puissent accomplir ce qu'ils prévoient de faire. Demain je devrai probablement rester à la maison.

1er septembre 1914

Je suis couchée, quel ennui ! Je pense sans cesse à l'hôpital et à mes malades. Comme c'est mal de ne rien faire et d'être couchée dans un lit douillet ! Demain je retournerai certainement à l'hôpital. Tatiana y est allée, mais est revenue avec une migraine terrible. Ils ont eu quatre opérations...

17 novembre 1914

Deux mois et demi ! Je me suis convaincue que ce sont les oisifs ou les gens très travailleurs et consciencieux qui peuvent tenir leur Journal. Ces derniers temps, je n'appartiens plus à la première catégorie et je n'ai jamais appartenu à la deuxième ou à la troisième. Mais quand même, laisser passer deux mois entiers, surtout des mois pareils, c'est inexcusable !

Dès la minute où j'ai mis ma coiffe d'infirmière pour la première fois, c'est-à-dire depuis le moment à partir duquel il aurait fallu écrire tous les jours, j'ai rangé le cahier dans un tiroir et l'y ai laissé jusqu'à aujourd'hui. Bien sûr pas par paresse, mais parce que je n'ai pas eu une minute de libre ou pas de minute où je n'étais pas trop fatiguée pour me concentrer, penser ou écrire. Je n'ai fait que manger, tricoter et dormir, la dernière chose le plus fréquemment.

Ce fut une période difficile. Combien d'épreuves, d'impressions bouleversantes, de déceptions, de travail en salle d'opération, de veilles – et toujours la même image renouvelée de la souffrance humaine affreuse, muette, qui nous tourmente et qu'on n'a pas la force d'adoucir ! Combien de douleur, mais, aussi, à côté combien de joie ! Le premier sourire d'un malade très atteint, sa gratitude, un changement de pansement bien fait, et finalement l'amour, l'attachement et la confiance illimitée des malades en nous et en nos capacités – n'est-ce pas assez pour oublier la fatigue et toutes les difficultés ? La colossale popularité dont Tatiana et moi jouissons auprès de nos blessés, leur amour pour nous ont beaucoup facilité notre parcours difficile d'infirmières « néophytes » terminant leurs travaux pratiques en clinique.

Maintenant que nous avons fini notre formation et que nous avons atteint une certaine position, notre travail est devenu plus facile et plus agréable. Il est apprécié des médecins et des malades. Lorsque nous nous préparâmes, après les six semaines de cours, à être mutées dans un hôpital militaire privé, on ne nous laissa pas partir ; on nous força, comme très peu d'élues, à rester à l'hôpital. Je le dis sans me vanter : nous et encore deux autres infirmières, nous passons pour les meilleures infirmières de l'hôpital, et il y en avait en tout plus de deux cents ❖ !

J'ai désappris à écrire ; maintenant je n'écris que parce que j'ai été malade et que je ne vais pas à l'hôpital pour l'instant. En temps de guerre, il est insupportable d'être malade. Il n'y a rien d'autre à faire que de tricoter des bas. C'est aussi une aide, mais qu'est-ce en comparaison de ce que je pourrais accomplir !

Boba était chez nous ces derniers jours. Son régiment est affecté à la surveillance du quartier général, près de Moguilev-Gubernski. Papa voudrait le placer dans le corps des officiers, pour qu'il puisse passer l'examen d'officier. Mais maintenant le régiment part en campagne et Boba avec eux, évidemment. Cette fois c'est sérieux.

❖ Parmi les deux cents candidates-infirmières de la clinique universitaire, on en garda cinq : une aide médicale, la fille du professeur Aleksinsky, une jeune Cosaque énergique et intelligente, et nous deux – Tania et moi. (Complément de l'auteur, 1981.)

28 novembre 1914

Les journées se traînent monotones, mais l'ambiance s'est modifiée. Nous rôdons tous dans la maison comme si on nous avait jetés à l'eau. Cela fait maintenant dix jours que Boba nous a quittés et nous n'avons aucune nouvelle de lui. Les gardes à cheval sont partis de Baranovichi, sinon il aurait certainement écrit depuis là-bas, mais nous ne savons pas où ils ont été transférés. Probablement dans la région de Varsovie où un combat terrible fait rage en ce moment même. Les Allemands ont rassemblé sur ce front la presque totalité de leurs forces ; ils les ont jetées ici depuis le front occidental. Nous sommes évidemment en position de force grâce à nos victoires précédentes ; nous savons que le résultat de cette bataille décidera de beaucoup de choses ; mais que se passera-t-il si nous ne tenons pas ? Surtout que les Allemands ont repris Lódz !

J'ai une consolation : l'hôpital. Aussitôt que j'entre dans le long couloir, je me retrouve plongée dans cette vie qui m'est tellement familière ; j'oublie tout, sauf les intérêts de mes malades. J'ai maintenant l'expérience et les connaissances, beaucoup de bonne volonté, beaucoup d'amour, mais il me manque une chose indispensable et importante : les forces. Je suis morte de fatigue. Avant, cela ne m'arrivait jamais d'être épuisée tout le temps, la journée et même la nuit. La faute en revient aux deux angines que j'ai eues l'une après l'autre. Le seul moment où je ne ressens pas cette fatigue, c'est pendant le travail à l'hôpital. Là-bas je cours, je conduis le chariot, je transporte des malades, je fais des pansements, j'aide aux narcoses, je dégauchis les nouveaux, je commande les infirmiers, je prépare des bains et des massages, sans rien sentir, mais dès que tout est terminé, je peux à peine remuer les pieds.

Mon travail est ma consolation, mais la pauvre

Mamoulitchka n'a même pas ça... Cela me semble si étrange qu'un jour nous ayons pu vivre paisibles, heureux et sans soucis, que c'était alors l'été et qu'il n'y avait pas de raison d'avoir peur pour qui que ce soit. Pendant ces quatre mois de guerre, j'ai vieilli de quatre ans.

17 décembre 1914

Le 20 je pars. Comme c'est bête! Je ne me suis jamais imaginé qu'il faille s'en aller en plein hiver pour se reposer. Je n'ai jamais pensé que je n'aurais soudain plus assez de force pour poursuivre ce que j'avais commencé et que je devrais tout laisser tomber pour aller à Bronitsa retrouver des forces et de l'énergie.

J'avais en moi un moteur de dix chevaux, mais je l'ai forcé à brûler l'énergie de douze chevaux. D'abord il travaillait parfaitement, vite et bien, et ne se plaignait pas. Si j'avais été prudente et si j'avais limité son travail à huit chevaux, tout se serait peut-être bien passé. Mais je ne l'ai pas fait. Maintenant il cogne et fait des efforts mais je n'attends qu'une chose : qu'il s'arrête totalement. En un mot : je vais très mal. Je traîne les pieds. Je suis épuisée et ne peux me retaper, je dors mal, j'ai des palpitations, j'ai perdu beaucoup de poids. Je ne peux continuer ainsi. Mamoulitchka m'expédie à Bronitsa. Nous partons à deux, André et moi; il se traîne lui aussi, et cela lui fera du bien, de se reposer à l'air frais.

Ici, j'abandonne tout : Mamoulitchka, mes patients, mon travail. C'est dur, mais il faut se faire une raison. Je sais qu'il est impossible de continuer ainsi, je n'en peux tout simplement plus. Si je veux travailler, je dois d'abord me reposer. Là-bas je dormirai, je me reposerai, je mangerai, je me promènerai, je m'occuperai des chiens...

20 décembre 1914

Je fais ma valise, j'ai la tête qui bourdonne terriblement. Tout est en désordre, je dois encore ranger ma chambre, nous partons à huit heures. André me consacre déjà toute l'attention qui s'impose et s'adresse surtout à moi comme si nous nous trouvions déjà ensemble dans le train. Olga fait grise mine et dit qu'elle s'ennuiera sans moi mais que pour se consoler elle ira au théâtre pour Noël. Tatiana a mal à la tête et malgré cela affirme que je suis plus fatiguée qu'elle, que je dois me reposer.

Aujourd'hui je suis allée à l'hôpital pour prendre congé de mes patients. Ils m'ont tous dit au revoir si gentiment, m'ont souhaité beaucoup de chance et m'ont priée de revenir bientôt. C'est étrange qu'ils se soient tous tellement attachés à moi.

1915

Bronitsa, le 1er janvier 1915, minuit et demi

Maintenant la nouvelle année n'a qu'une demi-heure, et l'année 1914 avec tous ses événements, joies et douleurs s'est terminée. La nouvelle année, celle pour laquelle on a prédit de grands événements et catastrophes, a commencé. Mais ces catastrophes se sont déjà produites en 1914. Peut-être atteindront-elles leur point culminant et apporteront-elles cette année une transformation totale de l'Europe ? Peut-être ébranleront-elles toute l'humanité ?

Et que nous apportera cette nouvelle année ? Combien de chagrins, combien de joies ? La question brûlante de l'avenir ne se pose jamais avec autant d'acuité que pendant la nuit du Nouvel An. Jamais on ne ressent aussi fortement cette peur oppressante devant le sombre abîme de l'incertitude. Je porte mes yeux sur cet abîme et j'ai la tête qui tourne, je me heurte à un mur. Tout est entre les mains de Dieu !

Moscou, le 1er avril 1915, 4 heures de l'après-midi

Le 1er avril : quelle date pour recommencer à tenir mon Journal ! Tout ce que j'écrirai aujourd'hui ne sera tout de même pas mensonge, tricherie ou plaisanterie ? Nous verrons, je ne sais pas encore ce que j'écrirai.

Sur les événements ? Depuis trois mois je n'ai plus touché ce cahier et pendant ce temps trop d'événements, ou peut-être trop peu, se sont produits pour les décrire ici. Ou sur mes états d'âme ? Ces derniers temps j'ai eu peu d'émotions. J'ai mené une vie vide et bête. Je me lève tard, me couche tôt et ne fais rien de la journée. C'est particulièrement étonnant après cet hiver où je me suis enthousiasmée, où j'ai investi des forces et de l'énergie dans mon travail qui me les a restituées, où je me suis excitée, efforcée et amusée et où j'ai été heureuse. Maintenant, je ne ressens pas de grandes émotions, je suis calme, rien ne me touche et en même temps il y a en moi une insatisfaction diffuse ; je suis malheureuse. Tant que je travaillais, j'étais contente et le plus petit plaisir, la plus petite distraction comptaient double ; maintenant que je reste assise à ne rien faire, je ne sais plus moi-même ce que je veux...

Je vais essayer d'expliquer comment cette triste situation s'est instaurée. Mes dernières notes sont du 1er janvier à Bronitsa. Bien que je sois revenue ici fraîche, reposée et avec six livres de plus, cela n'a duré que deux semaines, puis tout ce que j'avais atteint avec tant d'effort fut de nouveau terminé. Le 2 janvier au matin, je suis rentrée, le soir je suis allée au théâtre voir *Le Tsar Fedor Ivanovitch* et le lendemain à l'hôpital. Tatiana était alors malade : elle avait été opérée des amygdales. Après dix jours, je me trouvais au même point qu'avant mon voyage à Bronitsa. Cela allait de mal en pis : tous les soirs j'avais de la fièvre, des médecins vinrent, puis deux semaines de repos au lit, interdiction totale d'aller à l'hôpital, finalement les consignes d'un sanatorium.

Depuis qu'on m'a ôté la possibilité de faire quelque chose d'utile, je me trouve dans l'état d'esprit que j'ai décrit plus haut. Que peut-on dire de plus ?

Cette situation bête va certainement cesser bientôt. On

nous envoie, Tatiana et moi, à Bronitsa, dans cette Bronitsa salvatrice où tout guérit, toutes les blessures se cicatrisent, tous les désagréments s'oublient. Tatiana a continué à travailler à l'hôpital et est éreintée. Et moi ? De toute façon je me réjouis d'aller à Bronitsa.

Alors, est-ce que ce que j'ai dit plus haut est « mensonge, bluff ou blague » ? Je ne le sais pas.

Moscou, le 2 avril 1915, ma chambre

Aujourd'hui j'ai passé tout l'après-midi à ranger et trier nos affaires. Certaines iront à Bronitsa, d'autres à Petrograd. Je n'ai pas encore écrit que nous allions déménager à Petrograd et y habiter. La raison : André entre au lycée Pravovedenie et Olga fréquentera le lycée Obolensky. Nous quittons Moscou pour longtemps, peut-être pour toujours. Je n'ai jamais éprouvé de tendresse particulière pour Moscou, mais maintenant que nous partons j'ai l'impression d'apprécier Moscou et de regretter de quitter cette ville. Les hommes sont bizarrement faits.

Tatiana et moi partons le 12, dans dix jours, et j'ai l'impression de partir au paradis sur terre. Par exemple : il a neigé ici cette nuit ! Maintenant la neige a déjà fondu, évidemment, mais est-ce donc agréable quand il neige en avril ? La glace sur la Moskova n'a fondu qu'hier. Au même moment, à Bronitsa les premières petites feuilles vertes pointent déjà sur les groseilliers et il y a certainement déjà de l'herbe verte et fraîche ! Dans deux semaines nous y sommes !

Post-scriptum : Boba a été promu sous-officier. Il écrit qu'il y a, chez eux au front, une telle boue qu'on ne peut rien faire. On se contente de petites escarmouches et de patrouilles. Son régiment se trouve maintenant non loin de Mariampol, tout au nord du rayon de défense prussien.

Second post-scriptum : J'ai oublié d'écrire que les

Autrichiens se sont approchés à nouveau de Bronitsa. Cette fois, ce fut plus sérieux que la première. Ils voulaient atteindre Khotine, arrivèrent avec des forces puissantes et voulurent faire une percée dans notre arrière tout à l'extrémité du front, vu que, comme le leur ont certainement raconté les juifs à leur service, nous n'y avions pratiquement pas de troupes. On dit que nous y avions aussi déplacé des forces puissantes et que nous avons donc pu les repousser. Malgré cela, Nouditchka nous écrit qu'à Bronitsa la terre tremble à cause du feu des canons. Sans en tenir compte, les préparatifs pour notre départ se poursuivent. Je n'ai pas peur des Autrichiens ! Même si on entend la canonnade, ils ne s'approcheront pas. Et dans le pire des cas, on pourra toujours fuir de nouveau à Rokhny.

Samedi 11 avril 1915, 5 heures de l'après-midi

Demain nous partons. Les Zouboff et tout le monde s'étonnent de nous voir partir seules ; plus rien ne me surprend. Il y a deux ans nous ne sortions jamais seules dans la rue, l'année dernière rarement, et cette année nous allons partout à deux ou toute seule ; maintenant nous partons pour Bronitsa à deux. C'est l'influence de la guerre…

Bronitsa, le 28 avril 1915

Pourquoi donc le désir de faire la moindre chose me quitte-t-il dès que je suis à Bronitsa ? La journée est emplie d'occupations magnifiques, importantes. Par exemple, la journée d'hier : nous nous sommes levées, Tatiana et moi, à huit heures et demie, dans la fraîcheur du matin ; nous nous sommes habillées et avons pris un petit déjeuner qui ressemble par sa profusion à un *English breakfast*. Jusqu'à onze heures nous nous sommes promenées dans le parc, nous avons regardé comment fleurissent les pommiers, si les abeilles volent et si les muguets ont déjà commencé à s'ouvrir. Nous avons écouté les rossignols et nettoyé un canal pour qu'une flaque d'eau puisse s'écouler. À onze heures, nous avons bu du lait puis nous sommes allées récolter des asperges. Les champs d'asperges sont l'endroit le plus chaud de Bronitsa. Nous nous sommes rapidement fatiguées, d'abord nous nous sommes assises sur la terre chaude et sèche, puis allongées ; finalement, nous n'étions plus en état de nous lever, et y sommes restées une bonne heure. Au déjeuner, je pus à peine garder les yeux ouverts et suis allée dormir après. À quatre heures je me suis levée, nous sommes allées nous promener, avons mangé, j'ai écrit une lettre à Mamoulitchka et me suis à nouveau mise à l'horizontale. Je n'ai pas besoin de souligner plus explicitement que j'ai dormi comme une morte. Voilà un exemple du déroulement de notre convalescence.

Bronitsa, le 16 juin 1915

Que dois-je écrire ? J'ai laissé de côté beaucoup trop d'événements et de sentiments pour les faire revivre dans mon souvenir ; j'ai trop vécu, trop repensé. Tout ceci est parti loin, loin là d'où rien ne revient plus – dans le passé.

Quelles pensées peut-on avoir en une époque aussi inquiétante que celle que nous vivons ? Où l'on doit préparer ses bagages et être prêt à chaque minute à quitter la maison, à abandonner Bronitsa et tout ce que nous aimons en sachant exactement que pas une pierre de notre nid ne sera intacte à notre retour. Il y a des choses dont on ne parle pas et j'ai même du mal à écrire là-dessus. Que peut-on ressentir quand Boba est tout le temps en mission, en danger et que Mamoulitchka est malade et se sent chaque jour plus mal ?

Naturellement, les Autrichiens avaient déjà franchi notre frontière précédemment et s'étaient avancés jusqu'à proximité de Bronitsa, mais alors cela avait été tout différent. C'étaient de courts insuccès, nous avions fini par vaincre. Et maintenant, mon Dieu ! Ces batailles, ces revers, l'abandon de la Galicie, la reddition de Przemysl et Lvov ! Tout cela me fait aussi mal que si l'on m'entaillait la chair à vif.

Bronitsa, le 18 août 1915

Un mois s'est écoulé depuis la dernière fois que j'ai écrit, un mois entier d'un calme magnifique. Bien que, chaque jour, à chaque courrier, de nouveaux coups soient arrivés, les bulletins de guerre n'ont pas modifié notre vie. Si l'on nous avait dit, il y a un an, que les Allemands allaient conquérir Varsovie, je crois que cette nouvelle nous aurait tellement étourdis que nous aurions abandonné nos habitudes pour longtemps et que notre humeur serait descendue au plus bas. Maintenant, de telles nouvelles arrivent presque chaque jour et nous pouvons aller dans les champs et en forêt ramasser des champignons, nous promener, monter à cheval, jouer au croquet, rire…

La dernière lettre de Boba remonte au 6 juillet, depuis pas un mot. Que se passe-t-il avec lui, où est-il ? Nous n'en savons rien. Papa a télégraphié à son régiment il y a plusieurs jours pour apprendre quelque chose ; jusqu'à maintenant aucune réponse n'est arrivée. Est-ce étonnant que les pires pensées nous passent par la tête ? Et pourtant, quoi qu'il en soit, pourvu qu'il ne soit pas tombé prisonnier de ces monstres !

Il y a aussi d'autres douleurs. Nous avons appris hier que les Allemands avaient pris Luck ; cela se trouve sur la route directe pour Kiev. Bientôt, aussi bien Bronitsa que Starostintse seront isolées. Il est impossible de rester ici ;

déjà maintenant nos parents et amis ne peuvent comprendre ce que nous y faisons encore. Ils ne savent pas qu'avec la perte de Bronitsa et de la récolte de cette année nous perdrions tout ou presque tout. Et où devrions-nous aller ? On dirait que Petrograd est en voie d'évacuation ; on n'en reçoit plus de journaux, pas même de télégrammes. On n'attribue plus de places réservées de Kiev à Petrograd. Si la supposition sur Petrograd était vraie, ce qui est bien possible, puisque nous n'avons plus un seul bastion pour défendre la ville, où aller alors ? Ces derniers temps, chacun de nous se pose cette question.

Une autre question : que faire si un appauvrissement total nous attend ? Tatiana et moi ne pouvons quand même pas rester assises, nous croiser les bras et ne rien tenter pour éviter ce malheur ? Mais comment aider ? Comment puis-je gagner ma vie ? Je n'ai terminé aucune école ; il n'y a aucun domaine dans lequel je dispose d'une formation complète. C'est-à-dire que je ne peux pas devenir institutrice ou gouvernante comme Katia Zouboff. Je ne peux pas devenir dame de compagnie ou secrétaire, car je fais souvent des fautes en langue russe. Je parle quatre langues étrangères, mais je ne les maîtrise pas assez bien. Je joue du piano, mais pas assez bien pour donner des leçons. Je suis une dilettante, au sens total, authentique de ce mot. Je sais faire beaucoup de choses superficiellement mais en fait, véritablement, je ne sais rien faire. Je suis capable de parler politique, musique, mécanique, art, histoire, littérature mais au fond je ne comprends rien à toutes ces choses. Que dois-je donc faire ? La seule chose que je tienne pour possible serait d'accepter un poste fixe et rétribué dans un hôpital militaire, mais même là il y a deux obstacles : mon nom et ma faiblesse physique…

Post-scriptum : Si l'on nous avait dit il y a un an que nous pourrions observer depuis Bronitsa comment, de l'autre côté du fleuve, on creuse des tranchées, nous aurions été inquiets. Mais maintenant voilà déjà deux semaines que nous regardons tous les jours ce spectacle avec intérêt. Ils creusent des tranchées en Bessarabie, derrière Ungry, et bientôt ils creuseront aussi de ce côté du Dniestr – dans nos champs et dans notre parc où c'est paraît-il plus facile. Le premier jour, la vue de ces travaux a provoqué une impression désagréable. On commença à parler de notre départ, à Tatiana et moi. Il y a encore peu de temps il y avait un plan selon lequel nous resterions toutes les deux, et seulement Papa, Maman, André et Olga partiraient. Le 1er et le 3 septembre, leurs cours commencent. Mais à la façon dont se développent les choses, je crois que nous non plus ne resterons pas longtemps ici. Reverrons-nous jamais Bronitsa ?

Le même jour, 11 heures du soir

Une joie inattendue ! Nous sommes assis à boire du thé, soudain Nouditchka entre en trombe et s'écrie que Boba est en train de gravir la montagne en voiture ! Nous nous levons d'un bond, nous précipitons vers le portail par l'allée, et le voilà qui vient déjà à notre rencontre dans son manteau vert à épaulettes rouges. Mamoulitchka et Nadia pleurent, moi aussi j'ai du mal à me retenir de pleurer. Il est vivant et en bonne santé et il a deux semaines de congé ! Le télégramme envoyé il y a deux semaines n'est pas encore arrivé. La journée commencée si tristement s'est terminée dans une joie inattendue. Nous avons même oublié les Autrichiens et notre départ. Boba est confiant et a bonne mine. Il est effrayant de penser dans quels dangers il s'est trouvé, mais Dieu l'a protégé. Seulement sur deux doigts de sa main droite il y a des cicatrices blanches – une balle l'a effleuré.

La maison des S.-W. à Bronitsa.
Photo de l'auteur vers 1915.

Olga à l'âge de douze ans, 1913.

Babouchka E. K. et Nouditchka, Bronitsa, 1914.

André à l'âge de quinze ans, 1914.

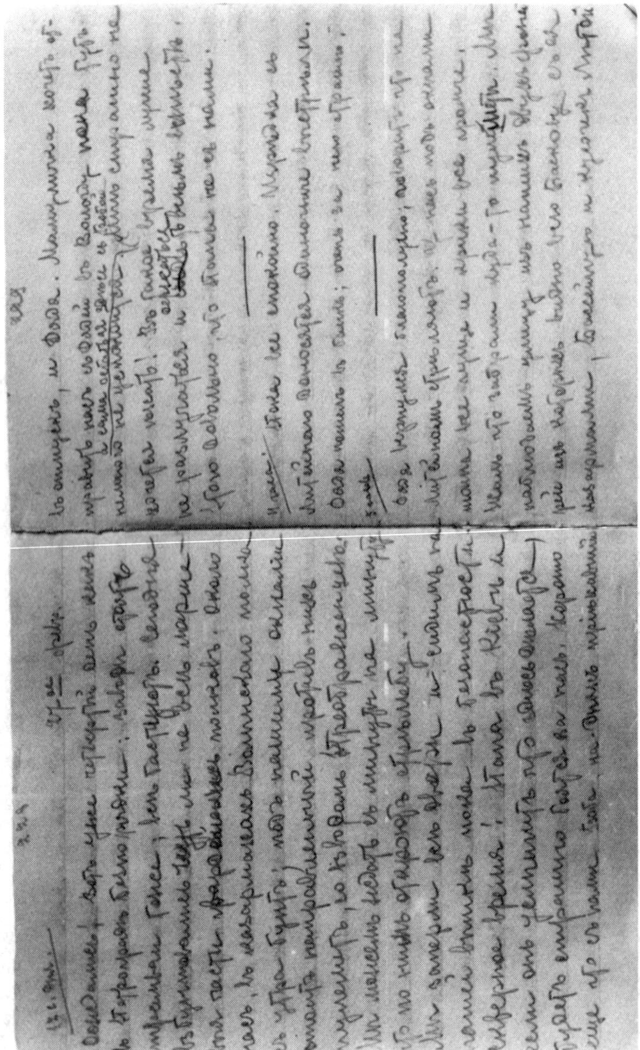

Extrait du Journal.

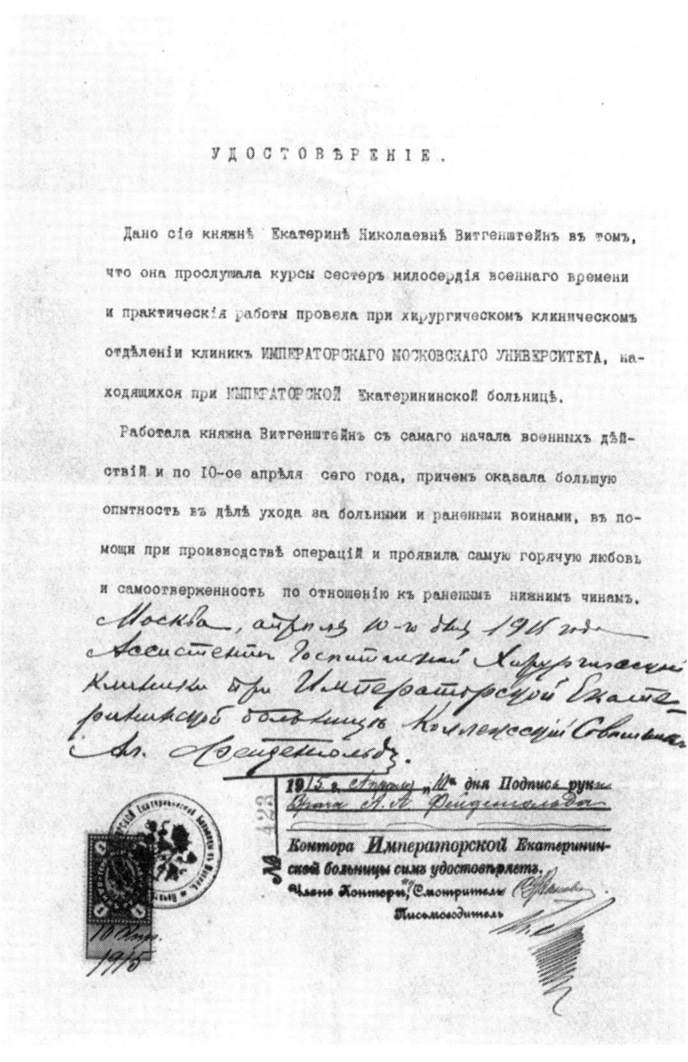

УДОСТОВѢРЕНІЕ.

Дано сіе княжнѣ Екатеринѣ Николаевнѣ Витгенштейнъ въ томъ, что она прослушала курсы сестеръ милосердія военнаго времени и практическія работы провела при хирургическомъ клиническомъ отдѣленіи клиникъ ИМПЕРАТОРСКАГО МОСКОВСКАГО УНИВЕРСИТЕТА, находящихся при ИМПЕРАТОРСКОЙ Екатерининской больницѣ.

Работала княжна Витгенштейнъ съ самаго начала военныхъ дѣйствій и по 10-ое апрѣля сего года, причемъ оказала большую опытность въ дѣлѣ ухода за больными и ранеными воинами, въ помощи при производствѣ операцій и проявила самую горячую любовь и самоотверженность по отношенію къ раненымъ нижнимъ чинамъ.

Москва, апреля 10-го дня 1915 года

1915 г. Апреля „10" дня Подпись руки

Контора Императорской Екатерининской больницы симъ удостовѣряетъ.

Членъ Конторы, Смотритель

Письмоводитель

Certificat de l'hôpital impérial Catherine attestant le travail d'infirmière de l'auteur jusqu'au 15 avril 1915.

Insigne d'infirmière appartenant à l'auteur.

Katia et Rex à Bronitsa, 1916.

Tatiana (en uniforme d'infirmière) et Olga Zouboff devant l'institut Nicolas à Moscou, automne 1916.

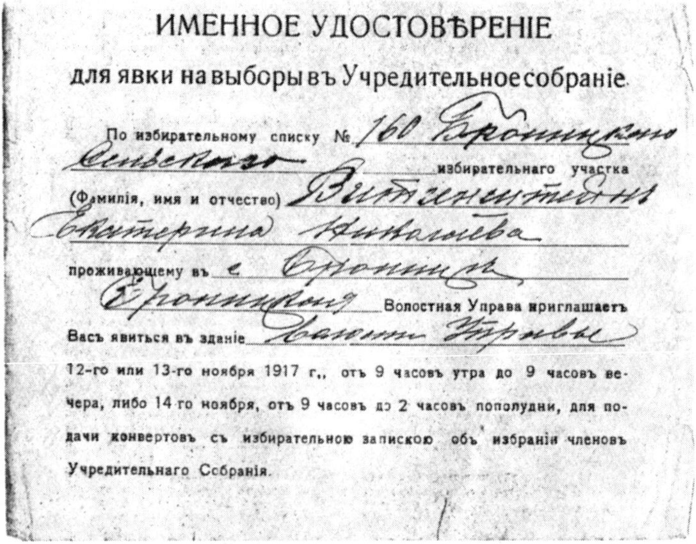

ИМЕННОЕ УДОСТОВѢРЕНІЕ

для явки на выборы въ Учредительное собраніе.

По избирательному списку № 160 Бронницкого
Сельского избирательнаго участка
(Фамилія, имя и отчество) Витгенштейнъ
Екатерина Николаевна
проживающему въ с. Бронницы
Бронницкой Волостная Управа приглашаетъ
Васъ явиться въ зданіе Земской Управы
12-го или 13-го ноября 1917 г., отъ 9 часовъ утра до 9 часовъ вечера, либо 14-го ноября, отъ 9 часовъ до 2 часовъ пополудни, для подачи конвертовъ съ избирательною запиской объ избраніи членовъ Учредительнаго Собранія.

Carte d'élection pour l'Assemblée constituante,
les 12 et 13 novembre 1917,
au nom de Witgenstejn Ecaterina.

Vendredi 19 août 1915

Le tableau a changé de nouveau : au dîner nous avons reçu un télégramme urgent de Papa, de Starostintse : « Se préparer immédiatement, le 23, départ pour tous. » Qu'a-t-il donc pu se passer ? Nos troupes se retirent-elles de Galicie ? De toute façon nous avons trois jours devant nous, ce ne sera pas une pagaille et une fuite à l'aube comme l'année dernière. Nouditchka reste et a l'intention d'évacuer d'ici autant de choses que possible par charrois successifs et de chasser le bétail. Je ne crois pas beaucoup que ce plan soit réalisable. Le meilleur, le plus beau, le plus cher, j'ai nommé Bronitsa elle-même, on ne peut pas l'emmener !

Bronitsa, le 20 août 1915

Nous partons demain, à trois heures du matin, tous sauf Papa et Nouditchka. Ce n'est pas bien qu'il faille rester cinq jours à Kiev pour obtenir des places assises, qui sont réservées pour le 28. Puis nous nous rendrons à Moscou où Tatiana et moi resterons chez la tante Zouboff ; les autres vont à Petrograd. La raison de notre départ avancé est la panique qui s'est emparée de Kiev et de notre région. Les Allemands ont pris Luck et avancent vers Kiev. Nos troupes se retirent de Galicie. Peut-être seront-ils bientôt ici. Pour l'instant, tout est encore calme. Les travaux des champs continuent, pourtant les rumeurs les plus fantastiques circulent chez les « indigènes » ; la plus persistante est que les tranchées d'Ungry ont déjà été prises, par des Roumains ! D'où ces Roumains seraient apparus et pourquoi, personne ne le sait, en tout cas ils disent tous que la situation est mauvaise. D'autres racontent que l'ordre a été donné d'emporter tout le cuivre de Moguilev. Cette dernière rumeur provient du fait que l'église du régiment militaire a été évacuée à Vinnitsa; les icônes et les cloches ont été transportées ailleurs. Probablement notre départ déclenchera-t-il la panique.

Kiev, le 23 août 1915 – Hôtel de France

Chaleur. Calme. Obscurité. Depuis le perron on peut voir les contours vagues de trois voitures; deux lanternes brillent, à proximité quelques personnes se disent au revoir. Tout autour, où qu'on regarde, des contours connus, des silhouettes aimées. Ils se diluent dans le noir, mais l'œil averti cherche et trouve leurs formes. Et le cœur bat sourdement et fait mal dans la poitrine.

Tout autour de nous, de l'activité. On transporte et remise des choses dans les voitures; les chiens sont réveillés, se pressent contre nous, aboient comme s'ils comprenaient qu'ils ne nous verront plus jamais. Secrètement, j'embrasse leurs petits museaux et serre encore une fois contre moi mes préférés perdus à jamais. Mais il est temps de partir : nous montons en voiture et démarrons lentement. On n'entend pas d'«au revoir» de la part de ceux qui restent, aucun mot de notre part. Tout est tranquille, les gens, l'air, le paysage, notre triste tour. Seules les roues de nos voitures disent lentement «pour la dernière fois, pour la dernière fois...» et le cœur répète sourdement ces mots. Et le ciel regarde calmement ce tableau comme il a déjà regardé pendant de nombreuses années les joies et les peines de nos aïeux et de notre famille. À travers les nuages qui se déchirent de temps en temps, les étoiles brillent avec indifférence. Sur la montagne, un dernier au revoir à la masse noire du parc et à la tour qui disparaît, le dernier long regard, et tout disparaît dans le noir. Je ne peux retenir mes larmes, personne ne les voit dans l'obscurité. À côté, Olga se penche hors de la voiture de l'autre côté et regarde aussi en arrière. Seule une pensée, une prière, mobilise l'âme : « Mon Dieu, sois clément, sauve et protège notre Bronitsa ! » Et les roues répètent : « Pour la dernière fois... »

Cette image me poursuit, et même si je devais vivre encore soixante ans, je ne l'oublierai jamais !

Kiev, le 24 août 1915

À Kiev, la panique règne. Tout le monde fait ses bagages, se prépare, s'enfuit. Dans les rues et dans les tramways tout le monde est soucieux, on n'entend que des conversations sur où s'enfuir et comment obtenir des billets. La dernière chose est difficile ; à la gare on passe presque trois jours à faire la queue. Toute la gare est pleine à craquer de réfugiés, depuis les quais en passant par toutes les salles d'attente jusqu'aux marchepieds des trains. Pleine à craquer au sens littéral du terme, car cette quantité innombrable de vieillards, enfants et femmes, est couchée en tas sur ses baluchons, à même le sol. Nous sommes arrivés à Kiev à neuf heures et demie du soir. La majorité de ces malheureux dormait épuisée et cela leur était totalement égal que nous les enjambions. Le jour de notre arrivée, dix mille personnes sont parvenues à Kiev ! Ce sont des réfugiés de la zone des combats : de Rovno, Vladimir-Volhynsk, Kamenets, Proskurov et Moguilev-Podolski ! Bien sûr aussi de beaucoup d'autres endroits, mais ces noms que je tiens du journal touchent tout particulièrement mon cœur. Car bien que la catastrophe prochaine soit inévitable, on pense malgré soi : peut-être que non ? Peut-être que Bronitsa restera intacte quand même ? Non, c'est une pensée inutile, et plus on espère plus la déception est amère. Peut-on donc attendre quelque chose d'impossible, se consoler avec des utopies ? Attendre un miracle ? Nous n'en sommes pas dignes.

Élisabeth Mikhaïlovna Kartseff a de bonnes relations

avec beaucoup de personnalités et de militaires importants, et aussi le commandant du district, le général Mavrine. Il lui a dit que, «paraît-il», il sera inévitable d'abandonner toute la région sud-ouest y compris Kiev. Je crois qu'avec l'expression «paraît-il» il n'a fait qu'enjoliver cette décision terrible. Abandonner Kiev, la mère des villes russes, avec tous ses lieux saints, avec le monastère de Sainte-Laure, avec tout ce qui est cher au cœur russe? Abandonner Kiev, la première ville russe, Kiev la sainte – quelle horreur, quel cauchemar!!! Qu'ils détruisent donc nos domaines, qu'ils fassent de nous et de milliers d'autres des mendiants, mais Kiev doit être défendue! Peut-on, après un tel coup qui va ébranler toute la Russie, croire encore à quelque chose, espérer? Dieu peut tout faire, il n'est donc pas possible qu'il ne sauve pas les sanctuaires de Kiev? Ou sommes-nous vraiment punis ainsi pour nos péchés?

Kiev, le 26 août 1915

Nous sommes allés avec Mamoulitchka au couvent de Pokrovski, à Sainte-Laure, et avons longé la rue Dionisew. Pendant les dix années qui se sont écoulées depuis que nous habitions ici dans notre maison et que nous nous promenions dans les jardins du couvent, rien n'a changé, tout est encore comme avant. Seulement, au cimetière il y a davantage de tombes et les arbres ont grandi jusqu'à former une forêt. La vue du mur rose, de l'allée de peupliers, du vieux clocher et de tous ces bâtiments, cette image que j'avais eue si souvent devant les yeux aux beaux jours heureux de mon enfance m'a donné une impression d'oppression. Là tout est resté en l'état; mais moi je suis devenue une étrangère pour ce coin paisible. À notre place y vivent maintenant d'autres gens… Tout ceci est du passé, rien ne revient en arrière! Je me souviens, comme si c'était hier, comment nous les enfants sortions en courant par le portail, jouions dans la neige, cherchions les premiers brins d'herbe verte ! Et Natacha était encore parmi nous ! Belle époque passée depuis longtemps !

Moscou, le 4 septembre 1915, Institut Nicolas[1]

Pour l'instant, nos épreuves semblent avoir touché à leur fin : les pauvres réfugiés ont trouvé un « toit protecteur » dans leur famille. La tante et les cousines Zouboff sont très gentilles et aimables avec nous et nous sentons à peine notre isolement... En ce moment ne vivent ici que tante Olia, Lena, Macha et Kolia, de telle façon que Tatiana et moi ne prenons pas trop de place. Mais l'oncle Kolia reviendra bientôt de Petrograd, Olia et Volodia de la campagne et Katia de Crimée. Alors je crains que nous ne soyons un lourd fardeau.

Le même jour

Tous ces derniers temps, je ne suis tout simplement pas en mesure d'écrire sur les divers événements politiques, sur la guerre en général et ce qui s'ensuit. Je ne peux même pas y penser, lire sur ce sujet ou en parler. Je suis d'une certaine façon figée et mon cerveau refuse de penser. Les

1. L'« institut Nicolas de Moscou pour les orphelins mineurs » *(Maloletnoe otdelenie Moskovskovo Nicolaevskovo Institula)*, fondé en 1879, était l'orphelinat de Moscou. En ce temps-là, le directeur en était Nicolas Pavlovitch Zouboff, l'oncle de l'auteur. L'institut se trouvait dans une partie de l'hôtel qui avait appartenu jadis aux comtes Razumovsky. Le comte Alexis, fils aîné du *Hetman* Cyrille Razumovsky, y fit construire par l'architecte M. F. Kazakov, entre 1800 et 1802, l'un des plus beaux palais privés de Moscou qui existe encore aujourd'hui.

changements au haut commandement[1], tous ces désordres à la Douma et finalement son ajournement – une série de coups ! On dirait que la Russie ne pourra pas s'en relever !

Nous avons appris l'ajournement de la Douma encore hier soir. Nous fûmes atterrés par cette nouvelle : qu'en sortira-t-il ? Le mécontentement sera naturellement général, et Dieu sait quelles conséquences cette décision imprudente et dénuée de sens va causer. Déjà maintenant plus un tramway ne circule dans Moscou et on parle d'une grève générale. Tout va s'arrêter, tout va se terminer, et nous ne saurons rien des nôtres à Petrograd. Que va-t-il se passer, que va-t-il donc se passer ?

5 septembre 1915

La grève ne s'étend pas. Les tramways ne circulent pas, et il paraît que dans certaines usines les machines sont arrêtées, mais tout le reste fonctionne encore pour l'instant.

L'ambiance est très mauvaise. Il est affreux de s'imaginer ce qui est en train de se passer. Les machines qui devraient travailler pour l'armée sont arrêtées justement maintenant où chaque jour, chaque heure compte. Et ceci signifierait que les ouvriers sont conscients de l'importance de l'instant, qu'ils veulent aider l'armée à battre l'ennemi ? Il n'est pas possible qu'ils soient aussi aveugles ; probablement qu'il se sera trouvé quelques traîtres qui paient ce troupeau pour faire la grève. Les incidents de Moscou vont ébranler la confiance de l'armée et ils ne remonteront certainement pas son moral !

1. En août 1915 l'empereur avait démis de ses fonctions de commandant en chef le populaire grand-duc Nicolas Nicolaïevitch et pris lui-même le commandement suprême.

6 septembre 1915

Aujourd'hui, mis à part le *Ranneïe utro*, une mauvaise petite feuille de chou rouge, aucun journal n'a paru. On y lit que demain tout fonctionnera à nouveau, qu'une délégation d'ouvriers s'est présentée chez Tchelnokoff et a discuté avec lui. Ils admettent que ce n'est pas le bon moment pour faire la grève ; mais ils n'ont pas d'autre possibilité d'exprimer leurs protestations contre la fermeture de la Douma, et pour cette raison ont décidé de se mettre en grève pour trois jours. Si tout cela pouvait se terminer rapidement ; j'aimerais tellement aller travailler à l'hôpital, mais sans tramway on ne l'atteint pas ❖.

8 septembre 1915

Enfin, les tramways circulent et les journaux reparaissent. Nous avons appris cette joyeuse nouvelle hier soir. Évidemment, Tatiana et moi nous nous sommes levées aujourd'hui à huit heures et nous nous sommes rendues à l'hôpital.

Petrograd, le 13 décembre 1915

Aujourd'hui, j'ai fait le rêve suivant : je parcours une rue large et je sais que je dois me dépêcher pour arriver chez moi, mais je ne sais pas où se trouve cette maison ; quelque part très loin. Je m'approche d'une ville quelconque ; sur ses bords on construit un clocher gigantesque ; haut, très haut je

❖ J'aimerais ajouter que Tatiana et moi avions recommencé à travailler dans notre hôpital de Iekaterininski dès notre arrivée à Moscou. Dans nos chambres de malades, beaucoup de choses avaient changé, au point que nous en étions très déçues. (Complément de l'auteur, 1981.)

vois des ouvriers qui travaillent joyeusement et s'appellent l'un l'autre. Avec effroi, je vois que ce clocher penche comme la «Tour penchée», et je m'arrête pour observer comment on essaie de le redresser à l'aide de poteaux et de roues ; je vois qu'on le tire et le retire et mon cœur déborde d'agitation et d'attente. Et tout à coup tout se modifie, commence à osciller et l'énorme bâtiment s'écroule du côté de la rue qui me fait face. Avec horreur, je m'éloigne de la catastrophe en courant et je pense aux malheureux ouvriers qui, à l'instant, discutaient encore joyeusement pendant leur travail. Je continue à courir, longtemps, longtemps, et me retrouve soudain sur le lieu de la catastrophe, seulement de l'autre côté, là où la tour s'est écroulée. Par curiosité ou par compassion, je m'approche et je m'arrête : devant moi il y a un énorme tas de tuiles rouges et partout gisent des cadavres, des cadavres effrayants et affreux d'hommes écrasés. Et là où peu de temps auparavant tout était plein de vie, il y a maintenant un cimetière silencieux. Fascinée par ce spectacle atroce, je reste là et j'essaie de ne pas voir cette image effrayante. Et tout le temps je répète à voix haute : «Mon Dieu, merci que la tour ne soit pas tombée de mon côté!» Je m'imaginais comment moi aussi j'aurais pu être allongée là, tout écrasée... Puis je continuai ma route.

Et tout à coup une sensation étonnante s'empara de moi : c'est pourtant mon désir le plus cher, le plus honnête de mourir maintenant que je suis encore jeune, alors pourquoi ai-je été aussi effrayée par cette mort? Je me rends quelque part «à la maison», mais mon but est si éloigné et je suis si fatiguée! Et ces ouvriers ont déjà atteint leur but et ne doivent plus aller nulle part, ils sont déjà «à la maison». Et ma route, ma vie, s'étire comme un parcours sans fin, sinueux et rempli de tant d'événements, de dangers et de souffrances! Pourquoi ai-je peur de quitter immédiatement cette route, de terminer ce voyage dont le but est si éloigné?

C'est donc bien quand même parce que je ne suis pas digne de ce but éclatant et tentateur, car il faut surmonter toutes les difficultés de ce long chemin ? Et tout à coup les dangers commencèrent : différents êtres effrayants, hommes ou singes, m'attaquèrent ; il faisait sombre, j'étais fatiguée. Je revis devant moi l'image des malheureux ouvriers – et là j'enviai les ouvriers ensevelis !...

J'ai rêvé tout ceci exactement ainsi cette nuit et maintenant je ne puis oublier ce rêve. Si je croyais à la signification des rêves je devrais y réfléchir – mais en fait je ne suis pas arrivée aussi loin ! Est-ce que cela signifie qu'une très longue errance en ce monde m'attend encore ? Le plus étonnant c'est que dans mon rêve j'ai réfléchi exactement comme dans la réalité et que mes pensées étaient étonnamment claires. Un rêve étrange.

Petrograd, le 17 décembre 1915

Hier j'étais à un concert d'Enery. J'aime beaucoup Chopin, mais il est admirable qu'une fille qui a trois ans de moins que moi joue d'une telle façon ! Ce matin je suis restée assise une heure et demie au piano à m'exercer, ce qui fait très mal dans une chambre aussi froide.

Ces derniers temps, le froid est un des côtés les plus désagréables de la vie à Petrograd. Partout, dans la rue et à la maison il vous poursuit et vous accable. J'en ai assez de ces températures de moins vingt degrés Réaumur et en dessous, accompagnées d'un vent fort et de la peur de voir se geler quelque partie du corps *y compris** le nez. Comme je les hais, ce froid dans les chambres, cette façon de s'envelopper dans des châles, cette manière de se chauffer près du poêle, ces pieds gelés qui ne se réchauffent même pas au lit ! La place près du piano est la plus froide de l'appartement : près de la fenêtre où le seul moment sans courant d'air est quand la fenêtre est gelée. Je suis complètement raidie par le froid quand j'y reste assise longtemps.

Ce froid est une des particularités de Petrograd. Nous le vivons pour la première fois et je ne peux pas dire que ce soit agréable. Mais maintenant, en raison d'un manque de combustible dû à la guerre, le froid est encore un ajout supplémentaire aux queues qui se forment pour le sucre ainsi que pour d'autres choses, aux tramways qui fonctionnent mal, aux prix qui montent, et ainsi de suite. On dirait vraiment qu'il ne fait aussi froid que pour parfaire le désordre et la pagaille à Petrograd, comme si la nature avait décidé de se moquer des pauvres habitants et des « pères de la ville ». Nous avons plus de chance que beaucoup d'autres : nous avons un appartement où l'on trouve du bois ; tous les autres que nous connaissons ici meurent presque de froid. Dans la chambre à coucher de la pauvre *grand-tante**, il ne fait que huit degrés. Nous avons acheté un poêle à alcool et nous le transportons de pièce en pièce mais cela n'aide pas beaucoup non plus. Tatiana et moi disposons de tout un « appartement » : la chambre à coucher est chaude, il y fait de douze à treize degrés, dans le salon il fait plus froid, de huit à dix degrés, et la pièce en saillie est une glacière. Pour s'y tenir, il vous faut une bonne dose de courage. Quelquefois la glace fond sur les fenêtres le matin – il y en a cinq dans la glacière – et tombe comme une avalanche, mais à quoi les pauvres habitants de Petrograd ne se sont-ils pas encore habitués ! De toute façon, il vous faut beaucoup d'énergie pour vivre ici.

Toutes les forces sont nécessaires dans la lutte pour le pain quotidien ; il faut employer toutes les ruses guerrières possibles et tenir les positions conquises si l'on veut obtenir de la viande, du pain et du lait. On se dispute dans les magasins, sur le marché, dans les tramways. On fait la queue pendant des jours pour de la viande, du pétrole et des bougies. Dans le magasin dans lequel les proches des gardes à cheval peuvent acheter, il faut se faire enregistrer pour avoir la permission le lendemain de faire la queue pour une livre de farine ou de gruau. Lorsqu'il n'y avait pas de sucre, tout le monde était épouvanté; maintenant il n'y a pas seulement des queues pour le sucre mais aussi pour la farine, le savon, le gruau, le riz, les pâtes et ainsi de suite. Les prix sont tout à fait incroyables : une boule de fromage hollandais coûte six roubles, une livre de beurre plus de deux roubles, de la langue deux roubles soixante et cela continue ainsi pour tout. Et ces marchandises trois fois plus chères ne valent de loin pas autant que ce qu'elles coûtent. Il serait intéressant de savoir de quoi est fait le lait que nous buvons avec le café. C'est un liquide insipide qui modifie à peine la couleur du café et forme à la surface des anneaux de graisse. La crème est un lait aqueux que personne à Bronitsa n'aurait même regardé. Ce n'est pas pour rien qu'il y a eu récemment dans le *Vetchernoïe oremia* un article intitulé : « Combien de lait le lait de Petrograd contient-il ? » Nous l'appelons « petite eau de la Néva ». Tous ceux qui le peuvent combinent autant que possible; tous profitent sans honte – c'est choquant ! Les cochers de fiacre vous roulent, de même que les commerçants; tout le monde s'enrichit.

Seuls les tramways n'ont pas changé. Et ils en ont bien l'air ! C'est contre les tramways que les gens rouspètent le plus. Vraiment, nulle part ailleurs que dans le tram on n'utilise autant d'énergie ni on n'est autant agacé. Cela commence ainsi : quand une voiture double finit par arriver, des grappes de passagers supplémentaires y sont agrippées aux marchepieds. Sans en tenir compte, le public qui attend passe à l'assaut; une courte mêlée se déclenche; ceux qui désirent entrer poussent, pestent, ceux qui sortent crient et repoussent ceux qui sont debout sur les marchepieds. Le wagon démarre – le tramway de Petrograd n'attend pas du tout ! Maintenant, des grappes encore plus grosses de passagers sont suspendues au wagon, les heureux qui ont réussi à monter sur les marchepieds ou la plate-forme commencent à rassembler les parties endommagées de leur corps, puis ils poussent patiemment et fermement vers l'intérieur. Par les cahots du tram, le public est peu à peu «secoué ensemble»; il y a un peu plus de place. Là-dessus, ceux qui sont suspendus aux marchepieds essaient eux aussi d'entrer. Des voix se font entendre : «Messieurs dames, avancez s'il vous plaît, il y a encore énormément de place à l'intérieur!» Les êtres les plus à plaindre sont les contrôleuses : elles sont tellement coincées qu'elles ne peuvent bouger, ce dont le public profite pour voyager à l'œil. Trois à quatre arrêts avant de sortir on commence à pousser vers la sortie. Tous se donnent du mal, rentrent leur ventre et ceux qui veulent sortir poussent vers la porte, le visage crispé par la peur. Souvent ils ne réussissent pas à passer et ils continuent un ou deux arrêts plus loin que ce qu'ils voulaient.

Voilà les agréments d'un voyage en tram à Petrograd. Moi-même je n'ai rien contre, je n'ai pas peur de cet entassement. Au contraire, ces trajets sont même souvent très amusants avec beaucoup d'événements excitants et inattendus. De toute façon, la vie ici est tout à fait particulière et n'est comparable à rien d'autre.

24 décembre 1915

La nuit de Noël! Combien de sens il y a dans ce mot, quels souvenirs resurgissent! J'aime nos grandes fêtes religieuses, je les aime pour leur simplicité, pour la paix qui coule à travers tout mon être, pour la lumière et le silence qui vivent en moi durant ces journées.

D'aussi loin que remontent mes souvenirs, j'ai attendu cette fête avec des sentiments de joie, et ces sentiments se sont renforcés avec les années. Dans mon enfance je me réjouissais de l'arbre de Noël, des cadeaux, des vacances, mais après tout a changé de sens. Quels magnifiques sapins de Noël nous avions toujours, des goûters d'enfants, des montagnes de cadeaux! Dans notre maison de Kiev, dans la grande salle, le sapin magnifiquement décoré jusqu'au plafond, plein de bougies. Nous les enfants, heureux, joyeux, endimanchés au milieu d'une foule de cadeaux, n'avions rien d'autre en tête que de nous amuser et de nous réjouir.

Puis le tableau se modifia. Je me souviens des fêtes de Noël passées à Davos, loin de la Russie où les trois premières années il n'y avait même pas d'église russe. Là-bas aussi nous étions heureux mais différemment. Pour Noël, Papa et Boba arrivaient de Kiev. Nous vivions en cercle familial très étroit et là résidait notre bonheur. Les jours de fête se passaient calmement mais aussi avec des préparatifs joyeux, il y avait également un arbre de Noël; il était certes plus petit et modeste, mais décoré avec autant d'amour et de soin par Mamoulitchka et nous. Nous étions alors encore six, nous ne pressentions rien de la terrible douleur à venir et nous étions heureux. Puis une église fut construite grâce à l'énergie et à l'amour inépuisables de Mamoulitchka et de Maria Alexandrovna Kraigher. Combien nous avons alors tous participé au moindre détail pendant la construction de notre petite église, et comme nous l'avons aimée de tout notre cœur!

Noël 1909 fut la première fois où je compris la grandeur et la joie spirituelle de cette journée. Avec quels sentiments nous avons chanté durant l'office de Noël et la messe. Ce fut le dernier Noël de mon enfance. Les fêtes qui l'ont suivi sont parmi mes pires souvenirs; quatre mois seulement s'étaient écoulés depuis la mort de Natacha. Nous nous trouvions à Vevey, Papa, Olga et moi, les autres étaient déjà à Nervi. La veille de Noël, lorsque nous rentrâmes de l'église, nous trouvâmes dans notre chambre sur une table recouverte d'une nappe blanche un petit arbre de Noël blanc et argent avec des bougies blanches allumées. Il m'a fait une impression de tristesse – notre douleur était encore si fraîche et le présent si sombre. Je ne peux décrire quel sentiment de tristesse et de douleur, face à mon enfance perdue à jamais, envahit alors mon cœur.

Avec le début de la guerre, tout avait évidemment changé à nouveau. Il ne pouvait être question de fête familiale ; André et moi nous rendîmes à Bronitsa, Tatiana décora un sapin pour les blessés à l'hôpital, et tous s'efforcèrent de divertir les malades qui ne pouvaient rentrer fêter chez eux. Nous étions très heureux à Bronitsa. Nouditchka passait avec nous le temps libre que lui laissait la conduite du ménage et André et moi étions inséparables. La veille de Noël, nous allions avec Nouditchka distribuer sur le grand traîneau des paniers de cadeaux aux familles de nos employés mobilisés et quand nous rentrions nous allumions dans la salle à manger les bougies sur un petit arbre de Noël à peine plus grand qu'un samovar. Nous n'étions que trois et c'était très amusant. André était tout triste quand il quitta Bronitsa. Au moment du départ – je partais deux jours plus tard – il me fit un baisemain. J'étais très émue et j'eus du mal à me retenir de lui dire à quel point je l'aimais.

Cette année, nous avons un Noël triste. André est malade et personne ne sait ce qu'il a. Ils sont tous allés à l'église, je reste seule à la maison, car je ne me suis levée qu'aujourd'hui. Bien que je me sois trouvée malade ici pour la première fois, j'ai passé quatre jours au lit avec une maladie mystérieuse. Je m'inquiète beaucoup pour André et je suis fatiguée. Ce ne sera pas un Noël joyeux cette année.

25 décembre 1915

Je suis quand même allée à l'église, mais je suis très fatiguée. André est très malade et j'ai peur pour lui. J'ai pleuré longtemps, mais heureusement ça ne se voit pas. Le médecin est venu et a dit que cette fièvre élevée était due à une tumeur au menton…

26 décembre 1915

Nous sommes allés voir *Aïda* le cœur pas très léger. Quand on a le cœur aussi lourd, on n'a pas envie d'aller au théâtre ; quand une telle chose se passe au moment des fêtes, c'est encore bien plus triste. En partant nous n'avons pas vu André, mais au retour nous fûmes accueillis par l'heureuse nouvelle qu'il allait bien mieux et que la fièvre était tombée. Ce fut comme si tout à coup tout avait fondu ; nous avons passé la soirée dans la meilleure ambiance, nous avons discuté d'*Aïda* et même ri, ce qui n'avait pas été le cas ces jours derniers.

Depuis le *Narodnyj dom* (Maison du peuple)❖ nous sommes rentrés à pied ; il n'y avait pas un seul fiacre, pas la moindre place debout sur le marchepied d'un tramway. Cela nous a pris une heure et vingt minutes de trajet.

❖ Le *Narodnyj dom* fut, je crois, construit par la ville de Saint-Pétersbourg pour lutter contre l'alcoolisme. C'était un théâtre où l'on jouait des pièces, des ballets et des opéras. On n'y vendait pas d'alcool du tout, seulement du kwas et des boissons sans alcool. C'était si bon marché que tout le monde pouvait participer à ces représentations pour que tout le peuple en ait vraiment quelque chose. C'est pour cela qu'il s'appelait Maison du peuple. S'y sont produits aussi très souvent de grands chanteurs et acteurs. (Complément de l'auteur, 1981.)

1916

6 janvier 1916

Je n'ai rien écrit cette année le Jour de l'An. Je n'en sentais pas la raison. Je n'aime pas le Jour de l'An ; cela vous rappelle toujours à quelle vitesse le temps passe, comme les jours heureux s'écoulent vite. Tout autour on n'entend parler que des frayeurs de l'année passée ; moi, cependant, cette année me laissera une bonne impression. L'année 1915 ne nous aura rien apporté de particulièrement mauvais ; nous avons vécu tout aussi tranquillement, paisiblement et amicalement que les années précédentes. J'aime beaucoup trop cette vie, je n'ai peur qu'à la pensée que cela ne puisse plus continuer longtemps ainsi, pas jusqu'à ma mort. Je ne veux pas d'autre bonheur, de bonheur où il n'y aurait pas Mamoulitchka et les autres que j'aime. J'ai peur de l'avenir, peur de la vraie vie, peur de l'inconnu ; surtout j'ai peur de survivre ne serait-ce qu'à un seul de mes proches. Mon plus grand désir est de mourir maintenant, quand je ne connais pas encore les attraits de la vie qui me pousseront peut-être à penser autrement. Car j'aime la vie quand même, je ne suis pas de ceux qui ne pensent qu'aux choses dissimulées derrière les nuages. Il y a des choses que j'aime tant que même mon cœur bondit, surtout la musique et particulièrement le théâtre. J'aime tout ce qui est beau, la beauté sous toutes ses formes ; je ne peux l'observer avec indifférence : la nature dans son infinité, de beaux tableaux, de belles personnes, que ce soient des hommes, des femmes ou des enfants, de beaux animaux, de beaux bâtiments ou de belles œuvres d'art – c'est tout ceci que j'aime plus que tout au monde.

Mais ce que j'aime le plus, c'est la musique... Oui, j'aimerais mourir maintenant, quand cette ivresse est pour moi la chose la plus importante du monde.

Petrograd, le 19 février 1916

J'écris vraiment ce Journal avec esprit de suite ! De nouveau une interruption de plus d'un mois ! Nous nous trouvons au milieu de la *maslenitza*[1], nous mangeons des blinis, André et Olga n'ont pas d'école et – ce qu'il y a de mieux – nous sommes allés au théâtre ! Deux jours de suite ! Nous avons vu Sobinoff...

(Suit une description de la représentation.)

Nous sommes rentrés tard, de très joyeuse humeur. Elle fut atténuée par le fait que la pauvre Mamoulitchka se sentait si mal qu'elle n'a pu venir avec nous.

J'aime tellement les opéras que je me jette la tête la première dans la musique et m'y dissous complètement. Mais ce qui dérange l'impression d'ensemble pendant des représentations exceptionnelles de Sobinoff, ce sont les « sobinistes ». Ces dames d'âge plus ou moins jeune qui se précipitent vers la rampe avec des cris hystériques « Sobinoff-Sobinoff », jettent des fleurs sur le plateau, applaudissent et hurlent à chaque scène, exigent la répétition de chaque aria,

1. *Semaine du beurre*, c'est-à-dire la dernière semaine avant le début du grand carême de Pâques.

crient pendant l'action, l'appellent sans cesse – tout ceci est bête, désagréable et surtout ridicule. Pendant ces deux représentations où Sobinoff est de passage ici, les « sobinistes » ont fait du bon travail. Quelles bécasses repoussantes ! Elles ne font que nuire à l'ensemble ! Bientôt Chaliapine viendra ici. Je vais « intriguer » pour qu'on prenne des billets pour aller l'écouter. Il est seulement dommage que lui aussi chante au *Narodnyj dom*. On dirait que les célébrités se sont mises d'accord et se sont disputées avec la direction du Théâtre impérial. Peut-être seulement cette saison ?

8 mars 1916

Encore le théâtre, mais pour la dernière fois. Hier nous sommes allés voir *Faust* avec Chaliapine – mon Dieu, jamais je n'avais imaginé qu'on puisse jouer ainsi sur une scène ! Pas même une minute on ne voit Chaliapine, on voit Méphistophélès vivant, Satan, le véritable diable en personne ! Il marche, bouge, regarde, s'assoit, chante, tout de manière diabolique ; pas une minute on ne penserait que c'est là un simple être humain... À chacun de ses gestes et mouvements on reconnaît qu'il ne maîtrise pas seulement la scène mais aussi les nombreuses personnes assises devant lui, en tant que Méphistophélès que tous craignent et devant qui tous s'inclinent. Il est persuadé du succès de chacun de ses gestes... Il est le diable et rien d'autre, il ne reste pas une ombre de Fédia Chaliapine...

On peut à peine s'imaginer ce qui se passa lorsqu'il eut terminé. Je n'ai jamais entendu de tels cris et piaillements, des applaudissements aussi tumultueux. Moi-même j'ai applaudi comme une folle, bien que je ne le fasse pas d'habitude... Comme c'est étrange qu'un homme aussi antipathique et laid puisse être aussi génial !

Petrograd, le 25 avril 1916

J'ai totalement oublié comment on écrit un Journal.

Petrograd, le 1er juin 1916

Oui, toujours encore Petrograd. Nous ne nous sommes pas encore mis en mouvement, mais il paraît que nous allons maintenant bientôt quitter Petrograd qui est si accueillante que nous ne pouvons nous en séparer. Mais au fond, cela m'est égal ! Nous n'allons pas encore à Bronitsa – là-bas la situation ne s'est consolidée que la semaine dernière, depuis que nos troupes sont passées à l'attaque et ont chassé les Autrichiens. Mamoulitchka doit absolument faire une cure à Staraïa Roussa, et Papa y a trouvé un logis pour nous, alors que notre destination n'était pas encore déterminée du tout. Ainsi nous, c'est-à-dire Maman, Tatiana, Olga et moi, nous rendrons à Staraïa Roussa ; Papa reste ici, pour poursuivre son travail dans l'organisation d'entraide de la grande-duchesse Maria Pavlovna, André est déjà à Bronitsa depuis un mois – l'heureux homme ! – et Boba sera élevé au rang de cornette[1] dans deux jours et retourne dans son régiment près de Dwinsk. Chacun dans une autre direction. C'est, je crois, la première fois que nous nous éloignons ainsi les uns des autres. Nous sommes restés ici aussi longtemps, parce que nous voulions attendre la promotion de Boba qui aura lieu après-demain. Il a été soldat un an et neuf mois ; ce sera étrange de le voir maintenant en uniforme d'officier.

Encore plus étrange qu'il doive se rendre à nouveau auprès des troupes combattantes, là où il fut souvent en si grand danger. Hier nous avons pris congé de Sacha Zouboff

1. Officier porte-drapeau.

qui se rend au front ; bientôt Kolia partira aussi ; Volodia est entré aujourd'hui dans un cours accéléré pour être accepté dans le corps des pages. Quand tout cela se terminera-t-il ? Ils ne convoqueront quand même pas aussi mon petit André ? Plutôt ne pas y penser déjà !

Petrograd, le 3 juin 1916

La promotion a eu lieu : depuis aujourd'hui Boba est officier, un cornette de la garde du corps des gardes à cheval. Il a revêtu son uniforme avec les épaulettes scintillantes et jouit du plaisir de se pavaner en long et en large dans toute sa splendeur. Il est certainement l'un des plus beaux de son régiment, il est vraiment fabuleux dans son uniforme ! Il reste ici encore une semaine, puis il se rendra au front. Nous partons le 5 juin.

Staraïa Roussa, le 3 juillet 1916, dans le parc

Évidemment, je dois recommencer, avec ça que nous sommes ici depuis un mois déjà, mais que je n'écris qu'aujourd'hui. Ma paresse est en effet insurmontable.

Staraïa Roussa n'est pas du tout un trou perdu comme les cousines Zouboff voulaient nous le faire croire, mais plutôt une station thermale très élégante et très fréquentée, avec le public thermal typique et tous les loisirs habituels : deux fois par jour une fanfare joue, au théâtre il y a des représentations trois fois par semaine, des artistes connus donnent des concerts. Deux courts de tennis et de croquet sont continuellement occupés par la jeune génération. Le parc est immense, et ses recoins cachés et petits sentiers servent, paraît-il, à l'éclosion des flirts qui prospèrent ici. Le public n'est toutefois pas très élégant, assez mélangé ; il se compose presque uniquement de petits-bourgeois, qui s'habillent à la dernière mode et regardent fièrement tout le monde de haut.

La première impression ne fut pas précisément des plus agréables : une chambre sale dans notre *datcha* avec des meubles douteux et des lits sans deuxième matelas, avec des rideaux de tulle déchirés aux fenêtres, des housses de meubles déchirées, un aspect vraiment bon marché et «vulgaire». Ce ne fut pas un *welcome* très agréable. Puis il s'est avéré que nos chambres étaient densément peuplées de cafards et même de punaises ! Nous avons passé la première journée à acheter de grandes quantités d'insecticide. Nous en avons répandu partout, lavé les sols – un luxe presque punissable puisqu'il faut ici acheter l'eau et qu'on n'en reçoit pas plus d'un seau par jour –, nous avons sorti nos propres nappes et serviettes et en avons recouvert les horribles tables. Notre datcha rappelle des chambres meublées minables – tout au moins c'est ainsi que je me les imagine. La chambre de Mamoulitchka dans l'établissement thermal est propre et claire ; elle nous est apparue comme quelque chose d'incroyablement beau. Plus tard tout s'est mis en place, les punaises furent anéanties, on posa nos propres matelas sur les lits ; nous nous sommes accoutumées et pas mal habituées. Nous passons la plus grande partie de la journée dans le parc et ne rentrons à la maison que pour manger et dormir. J'ai découvert ici, malgré différents inconvénients, une grande consolation et une grande satisfaction : l'orchestre thermal qui joue quatre heures par jour, de onze heures à une heure et de cinq à sept heures de l'après-midi. Je ne rate pas un jour et j'essaie toujours d'arriver à l'heure au concert, bien que Tatiana s'en soit souvent plainte. Même si le *signor* Armando Zaniboni, je crois, n'est pas un chef d'orchestre excellent, ils ne jouent pas mal. Bien entendu pas des choses très sérieuses, mais j'ai découvert ici beaucoup de choses dont j'ignorais tout auparavant…

Mamoulitchka et moi prenons des bains en baignoire; Mamoulitchka un jour un bain de boue, le lendemain un bain d'aiguilles d'épicéa puis une journée de repos. Moi, je prends un bain d'aiguilles d'épicéa tous les deux jours…

Dans le même jardinet que nous vit un vieux prince Golitsyne avec son petit-fils. Comme c'est étrange qu'eux et nous soyons les seuls représentants du «monde titré» et que nous habitions directement à côté d'eux. Nous ne le connaissons pas, en fait nous n'avons ici pas de relations et sommes toujours seuls. Probablement, tout le monde nous prend pour des gens très fiers. Ça m'est égal!

17 juillet, salle du casino

Aujourd'hui il fait mauvais temps, je suis allée seule au parc. Le docteur Werman était chez nous et je suis venue ici écouter de la musique immédiatement après. Depuis une semaine déjà je ne prends plus de bain à cause de ma hanche qui m'avait souvent fait mal à Petrograd et à laquelle je n'avais jamais prêté attention. Le médecin a dit que cet hiver j'avais fait une petite pleurésie, bien que je n'aie pas même eu de rhume! En principe, cela me serait égal, si seulement Mamoulitchka ne s'énervait pas ainsi.

Je n'ai pas peur des maladies, j'ai l'impression que je ne peux pas vraiment tomber gravement malade. Mais en même temps, je ne sais pas pourquoi, je suis convaincue que je ne vivrai pas très longtemps. Je n'ai pas peur du tout de la mort, j'ai bien plus peur de la vie. C'est probablement le comble de la lâcheté. Mais d'une certaine façon, cela est en moi depuis que j'ai appris à penser et à réfléchir.

Et malgré tout je pense parfois comme c'est beau d'être au monde! D'avoir une famille, un mari, des enfants, d'être ce qu'est chez nous Mamoulitchka – comme c'est beau! Mais je crois que je ne suis pas digne d'un tel bonheur.

Je suis presque convaincue que je ne me marierai pas, que cela ne m'est pas destiné depuis ma naissance. Pourrais-je donc, moi qui n'ai pas pour un sou de volonté, mener une maison, élever des enfants, aider mon mari et généralement entamer la lutte avec la vie ? Certainement pas. Je dois changer tout à fait pour servir au moins à quelque chose. Mener une vie différente ? Mais laquelle ? Je ne peux pas gagner ma vie moi-même, je ne sais rien faire du tout. N'apprendrai-je vraiment jamais à être une personne vraie, active, utile ? Probablement pas, c'est bien pour cela que j'ai peur de la vie.

Mais ce que je crains plus que tout, c'est de survivre à un de mes proches. Une vie sans Maman, sans les autres, est impossible. Je ne peux vivre, si quelqu'un ne m'aime pas... J'aimerais mourir maintenant, mais malheureusement cela ne se produira pas, car mon désir est un exemple d'égoïsme comme il en existe certainement rarement. Les gens qui souhaitent mourir tôt et ne pensent pas à l'horrible peine que provoque leur mort sont de méchants égoïstes. J'en fais partie aussi. Il ne me restera donc rien d'autre à faire que de vivre, lutter et supporter avec le plus de courage possible tous les coups et tempêtes de malheur que Dieu nous envoie. Alors, lorsqu'on a honnêtement rempli son lourd devoir sur terre, on a le droit de souhaiter un repos bien mérité et d'en faire la demande. Pour moi, c'est maintenant un péché. Et il me semble que je ne vivrai plus longtemps – tout est la volonté de Dieu et nous devons être heureux de nous y conformer.

Staraïa Roussa, le 23 juillet 1916

J'ai un rhume terrible, pour cela tout me paraît ennuyeux et insupportable. Je me sens si mal. Ma tête est comme remplie de plomb, j'ai un bruissement dans les oreilles, j'ai du mal à respirer. Et nous sommes en été, en juillet ! Le temps est à confondre avec celui de septembre, froid, humidité ! J'en ai par-dessus la tête de Staraïa Roussa, de son public obscur, du bruit et de tous les désagréments qui vont avec une station thermale. Je me sens à nouveau aussi mal qu'à Petrograd. Nous devons rester ici encore deux semaines, puis environ quatre jours à Petrograd, puis Bronitsa ! C'est affreux de se trouver à Petrograd maintenant. Il n'y a rien à manger, tout est sens dessus dessous…

Staraïa Roussa, le 11 août 1916

Demain nous partons ! Enfin ! Qu'y a-t-il de pire que les derniers jours et heures à passer dans une station thermale qui vous dégoûte au dernier degré ? Et maintenant, nous devons vivre tout l'ennui de cette attente qui va durer encore vingt-huit heures. Nous restons cinq jours à Petrograd, juste le temps d'acheter des billets et de refaire nos valises, et puis on va directement à Bronitsa… Jamais encore je n'avais eu une telle nostalgie pour Bronitsa que durant cette année. La dernière fois que nous l'avons vue, c'était ce 21 août lorsque nous en avons pris congé comme si nous l'avions perdue à jamais. Alors, nous n'espérions plus revoir Bronitsa – et maintenant nous y revenons ! Là-bas c'est tranquille et paisible, plus personne n'y parle des Autrichiens ni du danger de destruction ; on n'entend plus le grondement lointain des canons. À vrai dire, des Autrichiens prisonniers travaillent aux champs mais ils ne sont plus des ennemis ; ils ne sont, comme l'écrit Papa, « pas venus pour détruire Bronitsa, mais pour aider ». Sans eux, il serait impossible cette année de rentrer la récolte, car la main-d'œuvre est devenue hors de prix, et la récolte est très bonne. Bien que l'été ait été frais et pluvieux, on a réussi à tout rentrer à temps quoique avec un grand retard.

Petrograd, le 16 août 1916

Il est étrange de revenir dans notre appartement si « plein de caractère », après la datcha de Richter tellement laissée à l'abandon. J'ai inspecté avec un plaisir particulier toutes les pièces, ébahie par leur propreté et leur aspect correct. Nos meubles, notre vaisselle, tout l'appartement m'ont plu cette fois plus que d'habitude. Mais ce qui m'a procuré une joie toute particulière, c'est notre, « mon », comme je le dis toujours, Steinway. Comme il me paraît beau après la fameuse « galoche » de Staraïa Roussa sur laquelle j'ai quand même joué tous les jours. Que pourrait-il y avoir de plus agréable pour moi que sa tonalité douce, tendre, qui donne le son de quelque chose de vivant sous les doigts lorsqu'on effleure ses touches ? J'aime « mon » Steinway, et ce sera une triste journée pour moi quand la tante E. A. le réclamera.

Il est également étrange de parcourir maintenant les rues de Petrograd. Elles sont toutes vides. Après la cohue de l'hiver, on est étonné par ce vide inhabituel et ce silence relatif. Les rues paraissent encore plus larges. J'aurais beaucoup de choses à régler, mais nous avons le temps typique de Petrograd : il pleut à verse, il fait humide et froid. Ici c'est l'automne ; à Bronitsa, le soleil brille certainement et il fait chaud. J'ai du mal à croire que je vais encore avoir chaud cette année. À Staraïa Roussa, d'après moi, il n'y a pas eu d'été.

À observer la carte – comme nous devons aller loin et comme cela va durer longtemps ! Nous quittons Petrograd à cinq heures vingt du soir, dormons, roulons toute une journée, puis encore une nuit et nous nous trouvons à six heures du matin à Kiev. Nous y restons une journée entière jusqu'à quatre heures de l'après-midi. Puis nous dormons encore une fois dans le train et arrivons à Moguilev à sept heures du matin. La dernière étape est Moguilev-Bronitsa. Ces dix verstes, nous les achèverons en un peu plus d'une heure, si la route est bonne, puis nous serons à la maison ! Comme c'est encore long jusque-là !

Dans le train, le 18 août 1916

Que la ligne Windau-Rybinsk est ennuyeuse ! Et en plus notre wagon est très vieux et laid. Malgré cela, j'aime le mouvement. Pendant nos déplacements à l'étranger, nous avons tellement voyagé que le voyage n'est pas pour moi un épouvantail aussi terrible que pour beaucoup d'autres. Nous avons merveilleusement bien dormi la nuit dernière et de toute façon nous sommes d'humeur joyeuse. Depuis le matin, le soleil brille, dans l'air on trouve une chaleur et une douceur telles que nous ne les avons plus vécues depuis longtemps.

Cette ligne de chemin de fer est, tout comme notre ligne Sud-Ouest, une importante voie de communication militaire. Avec nous se déplacent presque exclusivement des officiers ; nous en connaissons déjà beaucoup de vue... Ils ont tous l'air très correct car ils arrivent de Petrograd et partent probablement au front de Galicie. Ce matin à quatre heures, nous avons traversé Moguilev-Gubernski où se trouve actuellement le quartier général. Dans la forêt, pas loin de la gare, nous avons vu quelques rangées de tranchées et d'abattis de barbelés. À n'importe quel autre moment ceci aurait grandement attiré notre attention, mais maintenant j'observe tout ceci avec détachement : nous verrons cela quotidiennement à Bronitsa. À la gare de Moguilev, nous vîmes Igor Constantinovitch. Il ressemble beaucoup à Gabriel C.❖. Ce Moguilev s'appelle « Moguilev

❖ Le grand-duc Igor Constantinovitch était le frère des deux grands-ducs Joann et Gabriel, avec lesquels nous étions très amis à Davos. (Complément de l'auteur, 1981.)

sur Dniepr». Notre «Moguilev sur Dniestr» est encore très loin.

Kiev, le 19 août 1916

C'était impressionnant d'arriver à nouveau à Kiev. Nous avons observé ce matin, avec un sentiment tout à fait personnel, le splendide panorama du majestueux Dniepr avec ses hautes rives vertes sur le sommet desquelles s'étend le monastère de Sainte-Laure. Le soleil se leva et ses premiers rayons éclairèrent les coupoles dorées des églises, qui commencèrent à briller et brûlèrent comme si elles étaient de feu. Et je me souvins de la soirée de l'an passé, qui était tout aussi tranquille et paisible que ce matin, lorsque, au moment du départ, nous n'espérions plus revoir Kiev. Alors pratiquement personne ne doutait de la prochaine chute de Kiev. C'étaient les cercles militaires eux-mêmes qui semaient la panique❖, conseillaient à tout le monde de s'en aller et d'emporter avec soi le plus de choses possible. Maintenant, à la vue de ce tableau tellement connu et aimé, je me suis souvenue de ces cinq affreuses journées, de ma visite au monastère, de mes prières dans la cathédrale et à Sainte-Laure pour la sauvegarde des lieux saints de Kiev. Comme il y a longtemps de cela, et malgré tout comme c'est court!

Bronitsa, le 2 novembre 1916

Deux mois et demi ont passé depuis que nous sommes à Bronitsa. – Que ces deux premières semaines, lorsque nous

❖ Le commandant du district militaire de Kiev en personne fut le responsable principal de l'éclatement de la panique à Kiev. (Complément de l'auteur, 1917.)

avons été accueillis par les nôtres avec tant de joie, ont été belles! Leur départ fut décalé d'une semaine et nous avons passé ces quinze jours sans nous séparer. Nous avons visité ensemble tous nos endroits préférés et nous nous sommes promenés le soir au clair de lune. Nous avons eu beaucoup de sujets de conversation et je m'y suis retrouvée avec mon cher André, avec toutes ses conceptions de la vie, que pourtant nous ne connaissons tous pas encore de près... Lorsqu'ils partirent, nous prîmes congé d'eux avec un énorme regret, comme si nous n'allions pas les revoir avant longtemps. Ceci s'est révélé juste, mais nous ne savions pas encore alors que nous resterions ici aussi longtemps.

Puis je suis tombée malade. Et puis j'ai lu par hasard dans le *Novoïe vremia* ce qu'ils voulaient tous me cacher : qu'Alexandre B. avait été tué. Pourquoi n'a-t-on pas voulu me le dire? Mamoulitchka a-t-elle pensé que je l'aimais vraiment? Non, heureusement, ce n'est pas vrai, mais ce fut quand même un coup. Il est la première personne que je pleure depuis le début de la guerre. Ce furent de mauvaises journées; je ne pouvais tout simplement plus voir ces encadrés noirs sur la première page du *Novoïe vremia*. Tous ces «Mort des braves», «Tué dans l'accomplissement de son devoir», «Mort pour la patrie» – et tant parmi les gardes à cheval; d'innombrables colonnes, la fleur de notre jeunesse!

Depuis cette journée grise et chaude où, assise toute seule sur le banc de pierre du «bout du monde», je pleurais cet homme tout à fait étranger à moi, beaucoup de temps a passé, mais je fais tous les jours deux choses : je prie pour le repos de son âme et je lis la liste de tous les morts dans le *Novoïe vremia*. Étrange, ma consolation était alors que je mourrais peut-être bientôt aussi. Mon Dieu, que se serait-il passé si je l'avais vraiment aimé?

Boba est arrivé tout à fait à l'improviste; notre bonheur en a été d'autant plus grand. Ma plaie ouverte et douloureuse s'est refermée grâce à cette joie. Boba a passé six jours ici. Il rentrait du grand quartier général quand il rencontra à Kiev le général Skoropadsky, commandant de la 1re division des gardes à cheval ; il se présenta à lui et demanda une permission de huit jours. Le 6, il est parti à Kiev avec Mamoulitchka et Papa, le 8 Boba s'est rendu de Kiev au front en passant par Rovno, Papa et Maman à Petrograd. Tatiana et moi sommes restées seules avec Nouditchka. Nous vivons calmement et paisiblement, nous avons à faire ; nous ne savons pas ce que c'est que l'ennui – nous allons très bien.

Depuis le 20 octobre, je suis légèrement malade. C'est la même chose que d'habitude, tous les jours une légère fièvre, le soir une grande faiblesse, de temps en temps des douleurs dans la hanche. Ça ne me vexe pas spécialement... Je suis presque persuadée que je ne vivrai pas longtemps. Pour la première fois, j'ai voulu mourir le jour de la mort de Natacha. Le 1er décembre j'aurai vingt et un ans, juste l'âge qu'elle a atteint. Elle est morte seize jours après sa majorité. Lorsque Tatiana s'est trouvée confrontée au même anniversaire, j'ai eu un peu peur et me suis franchement réjouie que cette année se soit bien passée. Maintenant, c'est mon tour.

Bronitsa, le 22 novembre 1916

Probablement, Dieu a voulu me punir car, le lendemain de mes dernières notes dans mon Journal, nous avons appris qu'Olga avait attrapé la scarlatine ; André a été isolé et habite Sestroretsk. Ce fut si inattendu que j'ai complètement perdu la tête et que je me suis imaginé les choses les plus sombres : la scarlatine est une mauvaise maladie, suite à laquelle il y a toujours une quelconque complication avec les poumons, les oreilles, l'estomac et ainsi de suite. Ce n'est pas le fait qu'Olga soit tombée malade qui est inquiétant – c'est une fille en bonne santé et robuste – mais qu'il n'y ait personne pour la soigner à part Mamoulitchka. Le soir où nous avons reçu la lettre, j'ai prié pour voir en rêve si André était aussi tombé malade. La même nuit j'ai rêvé qu'il était malade. La réponse à notre télégramme arriva relativement vite. Je ne m'étais pas trompée, Mamoulitchka répondit qu'André était également tombé malade.

Enfin, arrivèrent deux lettres adressées à Papa, qui n'était pas encore là. Nous ne savions rien. Le 20, après tous ces jours d'attente, Papa arriva enfin. Ce fut comme si après une froide journée d'hiver un petit air chaud s'était levé. À part sa présence, Papa nous apporta toutes les nouvelles des nôtres que nous avions attendues avec tant de désespoir. Il nous lut les lettres de Mamoulitchka et apporta enfin à nouveau dans notre maison tranquille et vide cette atmosphère familiale, sans laquelle nous avions dû vivre deux mois. Il n'est resté que deux jours avec nous, a mis de l'ordre dans les affaires de Bronitsa et est parti aujourd'hui avec la promesse de revenir le 27. Le 30 nous partirons ensemble, resterons quelques jours à Kiev, et puis en route pour Petrograd où sont les nôtres !

Pendant tout ce temps, Tatiana et moi nous sommes passionnées pour Alexandre Dumas. *Les Trois Mousquetaires*, *Vingt Ans après*, *Le Vicomte de Bragelonne*, en tout et pour tout neuf livres. Cette histoire si longue avec un nombre infini de péripéties et d'intrigues est si intéressante qu'on ne peut absolument pas s'en détacher. À notre époque oppressante il est agréable de tout oublier et de se plonger très loin de la guerre du XXe siècle, dans les profondeurs de l'Histoire – Athos, Porthos et Aramis, d'Artagnan, et ainsi de suite me servent à peupler et à remplir de vie notre grande maison silencieuse où je me trouve presque toujours seule la journée ; ils sont mes amis et camarades. Il peut paraître étrange qu'après le *Novoïe vremia* et la *Kievskaïa mysl*, après la Douma et Bucarest, après Protopopov, Stürmer et autres crises semblables[1], après les enterrements de François-Joseph, Sienkiewicz, Verhaeren, Jack London et d'autres, j'aime me plonger dans l'éloignement neutre du XVIIe siècle, le plus loin et le plus profondément possible, et séjourner le plus longtemps possible dans cette époque pour me reposer du présent. C'est de la pusillanimité, mais c'est une réaction.

Le 3 décembre 1916, entre Kiev et Petrograd,
1re classe du wagon international

C'est notre quatrième jour de voyage. Ce serait amusant si ce n'était assez fatigant. Nous voyageons avec tellement de luxe et toutes les commodités, d'une façon que plus personne aujourd'hui ne pratique ; c'est pourquoi nous sommes en bonne forme et pas du tout fatigués. Depuis la minute où nous nous sommes installés dans ce wagon à Kiev, notre calvaire était terminé, puisque nous voyageons comme nous y sommes habitués depuis des années. Mais de Bronitsa à Kiev, ce fut plus varié ; nous avons mis trente-six heures à parcourir la distance pour laquelle nous mettions neuf à dix heures en temps de paix. Bien que nous nous soyons trouvés seuls dans un grand wagon de première bien verrouillé, le voyage fut trop long. Notre wagon fut accroché à un convoi de transport militaire ; nous pouvions nous estimer heureux que ce n'ait pas été un train sanitaire,

1. Au printemps le tsar avait démis de ses fonctions le ministre expérimenté des Affaires étrangères S. D. Sazonoff et l'avait remplacé par B. V. Stürmer, et en septembre il avait nommé A. D. Protopopov ministre de l'Intérieur. Ils étaient tous deux des favoris respectivement de l'impératrice et de Raspoutine, et n'étaient pas à la hauteur de leur tâche. En août, la Roumanie était entrée en guerre du côté des Alliés, mais avait été vaincue en quelques semaines par les Puissances centrales. Fin novembre Bucarest avait été occupée par les troupes allemandes.

car cela aurait duré encore plus longtemps. Les convois de transport et sanitaires sont maintenant les seuls à fonctionner dans notre région.

À Kiev, le 1er décembre, j'ai célébré ma majorité. Malgré mes efforts pour être joyeuse, ce fut terriblement triste et ennuyeux sans la famille, entre gens étrangers. Mon cher Papoulitchka avait arrangé les choses de façon que nous allions au théâtre ce jour-là, en plus dans la loge du gouverneur général. On donnait *Koniok-Gorbunok* [1], et au fond c'était très beau, seulement nous fûmes observés tout le temps à la jumelle, et les artistes nous saluèrent tout particulièrement.

Nous avons bien dormi toute la nuit à l'Hôtel Rossia, bien que les lits y soient exécrables. Le 2 nous avons déambulé dans Kiev, le soir à neuf heures nous sommes allés au cinéma Schanzer, à onze heures nous nous sommes rendus à la gare.

Demain, nous serons à Petrograd auprès des nôtres ! Que c'est bien !

1. *Le Cheval magique* (littéralement : « le petit cheval à la petite bosse ») : conte très populaire de P. P. Erchov (1815-1869).

1917

Petrograd, le 12 février 1917

Naturellement, je n'ai rien écrit tout ce mois et quand on pense qu'il faudrait s'asseoir pour décrire tout ce qui se passe, on n'en a vraiment pas envie. Tout est si dégoûtant, gris, désagréable : plus on y pense, plus on a le cœur lourd. On aimerait fermer les yeux, ne rien voir, ne rien penser, ne rien savoir ; on aimerait oublier, détourner son esprit pour en terminer le plus rapidement possible avec ce moment. Plus cela dure, plus la situation empire. Un nuage noir se tient au-dessus de la pauvre Russie et personne ne peut imaginer comment il se déchargera. Nous vivons une époque affreuse ! Évidemment il est beau de prêcher qu'il faudrait avoir honte de perdre courage, qu'il faut envisager le futur courageusement et joyeusement, que tous les pessimistes sont des lâches mais nous ne sommes quand même pas aveugles ! Nous voyons que tout autour de nous tout s'effondre, que nous nous dirigeons tous vers un précipice, que seul un miracle peut nous sauver.

En Russie, maintenant, tout est fait pour détruire la Russie. Chaque pas du gouvernement va dans cette direction. Je crois qu'il n'y a encore jamais eu une telle décomposition interne que maintenant. Certainement que tout se décidera dans un futur proche, et cette décision sera une catastrophe. On dit que le 14 février, jour de l'ouverture de la Douma, des grèves et des troubles éclateront. Le plus terrible de tout est que ce n'est pas maintenant le bon moment. Pour l'armée il est absolument nécessaire que la paix et l'ordre règnent à l'arrière. Elle a besoin d'aide et de support aussi bien matériels que spirituels. Notre armée est tout aussi forte et inébranlable qu'elle l'était auparavant mais son soutien, l'arrière, est pourri et à deux doigts de s'effondrer, et ceci ne sera que trop dans l'intérêt de nos ennemis. Je n'ai jamais été une pessimiste, et même maintenant je ne dirais jamais tout ceci à un étranger, mais tout le monde peut penser ce qu'il veut. Chacun doit même regarder les événements en face sobrement, et personne n'a le droit de se faire d'illusions !

23 février 1917

Chez nous on ne parle presque pas des désagréments de l'époque actuelle. Tous ont l'air d'éviter les conversations sur les sujets d'actualité. La mode, cette saison, c'est la musique en général et surtout l'opéra. Si quelqu'un lisait mon Journal, il comprendrait que c'est là de loin mon atmosphère préférée. Cette prédilection a été encouragée par l'achat d'un gramophone. Depuis, écouter de bons disques est devenu notre occupation favorite. À la suite d'un accord général et pacifique, nous avons décidé qu'aucune romance tzigane n'aurait le droit de figurer à notre répertoire et que nous achèterions nos arias d'opéra préférées. À mon grand chagrin il n'y a pour l'instant aucun disque de Sobinoff. En revanche nous avons beaucoup de disques de Chaliapine, Smirnoff, Caruso et Nejdanova. Je possède même en propre trois disques de *Lohengrin* que je passe tout le temps, pour écouter au moins ainsi mes chères mélodies de Wagner.

Nous vivons dans une telle paix et un tel bonheur qu'il va certainement arriver quelque chose de désagréable pour tout détruire.

27 février, midi

Nous y sommes! Depuis quatre jours déjà il y a des troubles à Petrograd; les machines sont arrêtées dans les fabriques, les tramways également, tout le monde est en grève. Aujourd'hui, presque tous les bataillons des régiments de la garde se sont rebellés. À côté de chez nous, dans la caserne du régiment de Volhynie, c'est la mutinerie depuis ce matin, sous nos fenêtres stationne une section du régiment Preobrajensky et elle a pointé ses mitrailleuses sur la caserne. Nous pouvons nous attendre à ce qu'on ouvre le feu de minute en minute.

Nous avons fermé à clef toutes les portes et nous nous tenons pour l'instant dans notre tour. Quelle méchante époque! Papa est à Kiev; lorsqu'il apprendra ce qui se passe ici, il aura terriblement peur pour nous. Au moins, c'est bien que Boba qui est arrivé en permission il y a quelques jours et aussi l'oncle Kolia soient chez nous. Mamoulitchka veut nous envoyer à Vologda avec l'oncle jusqu'à ce que les choses se calment quelque peu ici; elle-même veut rester ici avec Boba. Je n'aimerais vraiment pas y aller! Il est mieux de ne pas se séparer par les temps qui courent, mais bien au contraire il faut rester ensemble. Cela suffit déjà que Papa ne soit pas ici.

4 heures de l'après-midi

Pour le moment, tout est calme. De temps en temps on entend des coups de feu isolés depuis le Liteiny Prospekt.

L'oncle Kolia est allé à la banque; nous avons très peur pour lui.

5 heures

L'oncle Kolia est revenu sain et sauf. Il dit qu'on tire sur le Liteiny Prospekt. Sous nos fenêtres, la foule est de plus en plus dense et on hurle de plus en plus fort. Dommage qu'on ait emporté la mitrailleuse. Nous observons la rue depuis les fenêtres en saillie de notre chambre desquelles on peut voir toute la rue Baskov avec les casernes, la rue Basseinaïa et une partie du Liteiny Prospekt. Dans les rues, des masses de soldats et de «camarades» encerclent les officiers et leur arrachent leurs sabres. Nous avons vu un soldat à cheval s'approcher d'un officier et viser directement son visage. Des voitures remplies de soldats avec des fusils et des drapeaux rouges circulent dans les rues. La foule se précipite à leur rencontre et braille : «Hourra!»

Tout ceci est répugnant et on a peine à en croire ses yeux. Nous téléphonons et on nous appelle pour entendre ce qui se passe dans les différents quartiers de la ville. Partout se produit la même chose. Dans la rue Zachariev, le tribunal du district est en feu; l'administration principale de l'artillerie a été détruite; tous les détenus ont été libérés de prison et la prison brûle. Ce matin la Douma et le Conseil d'État ont été dissous; mais on vient de nous dire qu'une réunion extraordinaire a lieu à la Douma. En ville, circulent les rumeurs les plus incroyables propagées par téléphone. Certaines parlent d'un «ministère responsable» dirigé par Mikhaïl Vladimirovitch Rodzianko, d'autres que Protopopov a été appelé comme dictateur, les troisièmes que le général Alexeïev a été nommé président du Conseil et ainsi de suite. D'autres, qui n'ont absolument aucune relation avec la Douma ou le Conseil d'État, racontent les bêtises les plus incroyables, par exemple qu'une femme a traîné une mitraillette hors d'une maison et tiré n'importe où, soit dans la foule, soit sur les soldats, ou qu'à quatre heures un aéroplane s'est approché tout près de la Douma. Le soir, quand Rodzianko rentrera chez lui après la réunion de la Douma, l'oncle Kolia l'appellera ; alors nous apprendrons quelque chose de plus précis. Boba dit que les bataillons de marche de toute la 1re division sont arrivés à Petrograd la nuit dernière. Au moins c'est bien que la 1re division elle-même n'ait pas été déplacée ici comme cela avait été décidé à l'origine, sinon Boba devrait maintenant patrouiller à cheval dans les rues de Petrograd et tirer sur la foule ! Horrible !

9 heures

Il fait noir, mais une foule de gens longe encore la rue Basseinaïa. De temps en temps on entend de bruyants coups de feu. Nous n'avons rien appris de nouveau jusqu'à maintenant. Nous nous tenons dans notre tour comme dans une forteresse. Ce serait bien si au moins aucune attaque surprise ne se livrait contre cette forteresse. Quelle sorte de nuit nous attend ? Nous avons descendu toutes les jalousies et dans les chambres qui n'ont que des rideaux nous avons allumé de petites lampes.

Il est difficile de croire que nous ayons à vivre des moments pareils !

11 heures

Les dernières nouvelles : un « comité exécutif » composé de douze membres de la Douma a été élu ; la présidence va à M. V. Rodzianko. Ceci nous a été communiqué au téléphone par Anna Nicolaïevna Bobrinsky. Tout le présidium est dans le comité et les autres sont « tous des gens honorables et connus », comme dit Anna Nicolaïevna. Kerenski et Tchkheidzé ont aussi été élus ; mais ils ont, paraît-il, refusé. Ceci est très dommage, car de cette façon Mikhaïl Vladimirovitch ne pourra contrôler leur activité. La journée d'aujourd'hui a été remplie d'événements divers, je suis très fatiguée. Lorsque je ferme les yeux, je vois clairement la rue devant moi avec une foule noire et chaotique. Les autres se sont déjà couchés ; peut-être que nous ne dormirons pas beaucoup. « *On se couche tôt les jours d'émeute* * », dit Victor Hugo. Nous faisons de même.

2 mars 1917

Ces deux jours, je n'ai vraiment pas pu me forcer à écrire. Et il y aurait eu tellement à dire ! Ce 28 février a été la pire journée que nous ayons jamais vécue. Cette longue nuit du 27 au 28 février, où il paraissait que sous le bruit des coups de feu un horrible monstre du nom de Révolution se traînait dans les rues, dans le noir. Mais si la nuit me parut horrible, la journée suivante fut encore bien pire. Depuis le matin des coups de feu ininterrompus et puis la première visite du « peuple révolutionnaire et de l'armée » ❖...

❖ Je vois qu'alors, le 2 mars, je n'ai plus poursuivi mon récit. Je me souviens que nous étions assis dans notre salon lorsqu'on martela soudain fort la porte et que des cris horribles se firent entendre. L'oncle Kolia ouvrit la porte et nous eûmes l'impression que toute la cage d'escalier était emplie d'une foule déchaînée et criarde, beaucoup étant en veste de cuir noir avec des cartouchières sur l'épaule ; ils étaient tous armés, et voulaient pénétrer dans notre appartement. L'oncle Kolia réussit à ne pas laisser entrer plus de dix personnes. Ils coururent à travers toutes les pièces et avaient l'air de chercher quelque chose ; ils dirent que des mitrailleuses qui tiraient sur le peuple révolutionnaire se trouvaient sur notre toit. Je ne sais pas si on tirait vraiment depuis notre toit ; de toute façon nous vîmes soudain un blindé prendre position devant notre mai-

Petrograd, le 14 mars 1917

Il ne m'a pas été possible de prendre des notes sur ces journées qui vont entrer dans l'Histoire; les temps ont tout simplement été trop durs. C'est bizarre de dire «ont été», vu que ça continue encore, mais maintenant, d'une certaine façon, nous nous sommes habitués à cette nouvelle situation et également à ne plus nous étonner de rien. On peut s'habituer à tout. Après la première frayeur, les premières journées de la révolution, on avait vraiment l'impression que quelque chose de nouveau commençait, que quelque chose de grand s'était produit. Mais cet enthousiasme s'est rapidement évanoui; il resta, à part la déception, un profond dégoût devant les événements.

En ce moment, toute la Russie, son bonheur, son avenir, son honneur se trouvent entre les mains d'une bande de bandits incultes et brutaux qui n'ont rien d'autre en tête que d'exciter une couche de la population contre une autre, l'autonomie des juifs, la partition de la propriété foncière, la journée ouvrable de huit heures et d'autres choses du

son et pointer ses batteries contre nos fenêtres. Entre-temps, nous nous efforcions d'observer prudemment ce que faisaient les révolutionnaires qui avaient pénétré chez nous. Je me souviens que j'étais assise et que j'observais mes mains qui s'étaient tout à coup couvertes de petites gouttes de transpiration à cause de la peur. Personne ne bougeait de sa place. Nous nous tenions tous assis et nous taisions. Plus tard je m'aperçus que ma montre avait disparu de ma table de nuit; puis il s'avéra qu'il manquait quelque chose à chacun. Je ne me rappelle pas combien de temps tout cela a duré; nous avons dû réussir relativement vite à nous débarrasser de ces gens et ils nous quittèrent avec des cris et des insultes. Mais ce ne fut là que la première rencontre avec les masses révolutionnaires. Ceci s'est alors répété journellement, quelquefois même plusieurs fois par jour et toujours ils hurlaient les mêmes slogans, que nous cachions des officiers, qu'on tirait depuis nos fenêtres et évidemment ils nous menaçaient qu'ils nous arrêteraient et nous emmèneraient. (Complément de l'auteur, 1981.)

même genre. Le «soviet des ouvriers et des soldats» a dans ses mains tout le pouvoir. Il contrôle le comité exécutif et les ministres.

Je ne décrirai pas tous leurs *faits et gestes**, car le seul fait d'y penser me dégoûte. Chaque journée apporte des nouveautés outrageantes. Dans leurs deux semaines de gouvernement, ces messieurs dames ont déjà apporté infiniment de mauvaises choses à la Russie et créé tant de désordre que ce malheur ne sera certainement plus jamais réparable. Ils ont réussi à tout détruire; mais il est extrêmement douteux qu'ils édifient jamais quelque chose de nouveau et de meilleur.

Le mécontentement croît chaque jour; mais on n'en parle qu'à voix basse entre soi, puisqu'on peut maintenant exprimer son opinion moins librement qu'auparavant. La vie à Petrograd est devenue si dure que tous ceux qui le peuvent essaient de s'éloigner. Tout le monde vit de rumeur en rumeur. À la moindre nouvelle apaisante tout le monde s'épanouit, se réjouit; puis viennent de mauvaises nouvelles et tous sont à nouveau abattus sous l'impact de la triste réalité. Dans ces minutes-là, tout paraît encore plus désespéré. Tout le monde est terriblement nerveux.

En ce moment, Petrograd est en grand danger en raison de l'avance allemande. Il y a des provocateurs qui affirment que les Allemands prendront la capitale dans un mois. S'il régnait dans nos forces combattantes autant de désintégration et de baisse de la discipline que dans les régiments de la garde, cela ne serait pas étonnant, mais ce ne semble pas encore être le cas. Il est vrai que les matelots de la flotte de la Baltique ont, après avoir tué la plupart des officiers et les meilleurs d'entre eux, trahi tout le front nord et Petrograd mais peut-être reprendront-ils leurs esprits quand viendra le printemps et penseront-ils quand même à se défendre contre les Allemands. Pour l'instant, les escadres de la Baltique sont commandées par un matelot du nom de Sizov auquel on n'a même pas donné ici la permission de prendre la parole à la Douma, car il était saoul. Ceci n'est qu'un exemple pour illustrer les circonstances actuelles.

Il y a trois jours, nous avons pris la décision définitive de quitter Petrograd. La vie ici est vraiment devenue trop difficile. D'abord nous irons à Kiev et y attendrons des temps meilleurs. Toutes nos relations d'ici s'en vont, sauf les Lvoff, mais ils se rendent auprès de parents et de relations à Moscou. À Kiev, nous serons près de Boba, qui est parti au front hier, et de Papa. Papa *fera alors la navette** entre Bronitsa, Starostintse et notre propriété nouvellement acquise – très mal à propos – de Korjevoï Kut, que Papa a achetée au nom de Tatiana et au mien.

Quelque part très loin se dessine l'agréable perspective que nous irons à Bronitsa quand tout sera calme.

Petrograd, le 15 mars 1917

Il s'avère qu'il est beaucoup plus difficile de s'en aller que nous ne le pensions. Le chef de gare a promis de nous donner des billets s'il recevait trente roubles de pourboire par billet. On dirait que la milice l'a attrapé, et sous le prétexte que Papa voulait le provoquer, il a rendu l'argent et refusé de nous procurer les billets. Puis Papa et l'oncle Kolia ont essayé d'obtenir des billets par le ministère des Transports mais ceci a également échoué.

Maintenant Vladimir s'est rendu à la gare pour se procurer par de sombres moyens au moins des billets isolés pour des jours différents. D'une façon ou d'une autre nous essaierons de gagner chacun pour soi notre point de ralliement : Kiev.

Aujourd'hui on m'a arraché une dent et la moitié de la tête me fait mal. Nioura Lvoff nous quitte à l'instant et nous a raconté que Chaliapine était chez eux hier et leur a chanté le nouvel hymne qu'il a composé lui-même. À en croire Nioura, il est fantastique ! Bien entendu je sais que

Chaliapine ne peut rien composer de mauvais ; il a bien trop bon goût pour cela.

Puis il a imité devant les Lvoff un soldat saoul et une vieille femme qui chantent *La Marseillaise* pendant une réunion. Les Lvoff en sont presque devenus fous d'enthousiasme. Je crois qu'il va revenir chez eux dans quelques jours et peut-être arriverai-je alors à y aller aussi et à entendre le nouvel hymne ❖...

❖ Il se révéla impossible de quitter Petrograd tous ensemble – il n'y avait pas de billet. Il fut décidé de voyager en petits groupes, dans n'importe quelle direction. Le premier groupe se composait de Tania et moi, le deuxième de Maman et André, le troisième de Papa et Olga. Les deux premiers devaient se débrouiller pour arriver à Moscou, le troisième à Kiev. Le but final pour tous : Bronitsa.

Je me souviens comment Papa, Maman et André nous ont accompagnées à la gare de la ligne Nicolaïevski. Là, des centaines de gens essayaient tout comme nous de quitter Petrograd. Je ne me rappelle pas si nous avions des papiers ou des billets. Nous nous tenions sur le quai, chacune avec sa valise, lorsque après une attente infinie le train pour Moscou fut amené en gare. Bien qu'il ne dût être assemblé qu'en gare de Petrograd, tous les wagons, plates-formes et marchepieds étaient déjà bondés. Je me souviens que, en sautant sur ma valise ou celle de Tania, j'essayai de pénétrer dans le wagon en passant par la fenêtre : de l'intérieur quelqu'un me tirait pour m'aider, sur le quai quelqu'un poussait la valise du pied pour m'en empêcher. Je ne me rappelle plus les détails, mais finalement Tania, moi et les deux valises, nous nous retrouvâmes dans le même couloir, empli à l'extrême, d'abord debout, puis assises sur nos valises. Ce fut la première nuit que je passai au milieu d'une foule dans le couloir saturé d'un wagon.

Nous arrivâmes à Moscou le matin. Il nous sembla alors que tout était resté intact : personne ne courait, personne ne tirait, sur la place devant la gare se trouvaient des fiacres. Ce fut probablement à la suite des événements que nous avions surmontés et de notre nuit blanche dans le wagon que nous n'avons pas pris de fiacre mais un chariot à marchandises pour bagages lourds ; nous posâmes nos deux valises sur la plate-forme, nous nous assîmes à côté et c'est de cette façon pittoresque que nous fîmes notre entrée dans l'appartement de l'oncle et de la tante Zouboff, derrière l'Arbat.

Je me souviens peu et mal de notre séjour dans l'appartement des Zouboff. Il y eut des discussions et des disputes avec des amis, des relations et des parents. L'« esprit de Moscou » se manifestait dans le fait que cette

Bronitsa, le 27 juin 1917

La Russie périt! Est-il possible qu'un être humain raisonnable et pensant ne voie pas cet état de fait? Personne de ceux qui ont quelque chose à dire ne parle plus de pays natal, de patrie, de Russie. Tout ceci n'existe plus. Il y a les «prolétaires de tous les pays», l'«Ukraine libre», la

ville s'était toujours efforcée de ne pas être «rouge» mais bien «rose», de telle façon que Tania et moi étions alors avec quelques exceptions les seules monarchistes.

Nous attendions tous les jours la venue de Maman et d'André. La semaine sainte vint. À la maison, il n'y eut, je crois, pas d'office religieux de semaine sainte, pas même une table pascale. Tout juste avant Pâques, Maman et André apparurent. J'étais seule à la messe de minuit pascale. Tania et André partirent immédiatement par Koursk pour Kiev, un trajet qui était nouveau pour nous. Maman et moi les suivîmes tout de suite après, également par Koursk. Nous partîmes tout à fait normalement de Moscou. Le train était bondé, mais nous avions des billets et des places assises. Je me souviens comme si c'était aujourd'hui que c'étaient les deux premières places près de la porte d'entrée d'un wagon. Je ne sais pas depuis combien de temps nous roulions tranquillement lorsque le wagon se mit à tanguer fortement et un gros nuage de poussière passa devant la fenêtre. Une partie du train avait déraillé. Maman et moi, nous nous levâmes d'un bond, rassemblâmes nos valises et courûmes vers l'avant. Nous réussîmes avec beaucoup de difficultés à atteindre la plateforme du premier wagon encore debout, à y jeter nos lourdes valises, à y grimper et même encore à occuper deux places assises. Entre-temps de plus en plus de passagers hurlants affluaient depuis les wagons abîmés. Les nouveaux passagers se tenaient même assis ou couchés sur les toits. Je me souviens exactement à quel point c'était inquiétant d'entendre leurs pas et leurs jurons sur le toit du wagon.

Dans la maison de la tante Mania Tchernitskaïa, la sœur aînée de mon père, qui vivait à Kiev, nous rencontrâmes Papa et Olga. Olga avait attrapé quelque part la scarlatine et était couchée à demi inconsciente avec une fièvre terrible. Nous trois – Tatiana, André et moi –, on nous envoya illico plus loin à Bronitsa.

À la gare de Moguilev nous attendait comme toujours notre cher équipage familier avec les chevaux. Le cocher nous salua comme toujours. On aurait dit que rien n'avait changé. Ce fut notre dernier retour à la maison de Bronitsa. (Complément de l'auteur, 8.10.1981.)

Finlande, la Sibérie, la Crimée, le Caucase et environ vingt autres républiques autonomes. Mais il n'y a plus de Russie. Théoriquement l'union de toute cette organisation s'appelle « Russie libre », mais personne ne sait où se trouvent la liberté et la Russie. Ce qui s'appelle « République russe » n'a ni président, ni Parlement, mais à leur place le « Conseil des délégués des ouvriers et des soldats ». Il n'y a pas de ministères responsables, à la place une administration qui se fait appeler « gouvernement provisoire », c'est-à-dire une assemblée de gens qui n'ont pas de pouvoir, pas de force et pas non plus le savoir pour, conformément à leur nom, gouverner et exercer leur puissance. M. le ministre pour « l'Éducation du peuple », le professeur Manuiov, en est un exemple excellent. Il a déjà accompli des réformes importantes et sages, qui ont mutilé toute l'orthographe de la langue russe[1]. Le ministre de l'Armée et de la Marine Kerenski est une exception réjouissante ; il s'est placé lui-même le 18 juin à la tête de l'assaut des soldats. Mais maintenant des rumeurs circulent selon lesquelles il aurait été touché dans le dos par une balle félonne et serait blessé ou mort.

Nous n'avons plus d'opinion publique, plus que les cris des bolcheviks et des léninistes. Il y a « le grand peuple travailleur » et tous ceux qui n'en font pas partie, c'est-à-dire les gens qui ne vivent pas exclusivement de leur travail manuel, sont des *bourjoui*[2], qu'il faut persécuter, dépouiller et éliminer. Il n'y a presque plus d'armée, mais à sa place deux millions ou plus de déserteurs ; il n'y a pas de tribunaux, à leur place la justice de lynchage des masses ; il n'y a même plus une fraction de l'ordre qui existait sous « l'ancien régime ». Au lieu de cela c'est le règne de la provocation

1. Il s'agit là de l'introduction de la nouvelle orthographe russe simplifiée.

2. Mot créé phonétiquement d'après « bourgeois ».

totale, de la décomposition, en un mot de l'anarchie. C'est là une faible description des circonstances actuelles ; elle ne rend pas un dixième de ce que nous vivons en ce moment. Les événements se précipitent avec une hâte vertigineuse ; et il s'écoulera à peine plus de quelques mois avant que nous ne tombions tous dans un abîme duquel nous ne sortirons plus.

Le pire de tout, l'irréparable, c'est que la Russie s'est à jamais couverte de ridicule devant le monde entier par cette maudite et folle politique de notre gouvernement actuel, celui des bolcheviks et des socialistes. Depuis déjà presque quatre mois on mène sur notre front des « pourparlers de paix séparée ». Durant tout ce temps, ils n'ont pas remué le petit doigt pour empêcher les Allemands de déplacer toutes leurs forces sur les fronts de nos alliés. Face à nos alliés, nous nous sommes comportés de façon ignoble et horrible. Nous ne les avons pas soutenus, nous les avons vendus et livrés aux Allemands ! Les maudits « camarades » exigent la conclusion d'une « paix séparée », ils exigent une vérification de l'accord secret avec l'Angleterre et la France et le slogan « Paix sans annexion ni contribution », qui a été adopté par le gouvernement provisoire et tous les hooligans russes, n'est pas non plus de nature à améliorer la renommée de la Russie.

Et tout ceci dans cette guerre à laquelle les gens étaient vraiment partis pour combattre et mourir pour la gloire et l'avenir de la Russie ! Il n'y aura rien à lire sur ce départ patriotique dans la future histoire de la Russie, on dira au contraire fièrement que la Russie était indifférente au soldat russe, qu'il avait fraternisé avec les Allemands pour que l'Internationale triomphe – c'est-à-dire par bêtise et lâcheté – et que sous le même prétexte il s'était enfui en courant des tranchées.

L'Histoire est impartiale : elle montrera au monde entier ce comportement ignominieux de la Russie et cet opprobre nous restera à jamais. Quel sens y a-t-il pour nous à survivre à cette époque, à être les témoins de cette honte qui retombe sur nous ? Nous avons été élevés dans l'amour de la Russie ; depuis notre enfance nous étions habitués à considérer le patriotisme et l'amour du pays natal comme un idéal élevé. Maintenant tout s'est effondré. La patrie que nous avions considérée comme grande a été déshonorée et piétinée dans la boue devant nos yeux ! Que ne donnerais-je pas pour sauver notre patrie, l'élever à une hauteur encore jamais atteinte et montrer au monde entier que la Russie vit encore, que son honneur et sa force n'ont pas péri sous les bottes sales des camarades.

Pour l'instant, nous ne pouvons rien faire d'autre que d'observer comment tout ce qui nous est sacré est traîné dans la boue, recouvert de crachats de graines de tournesol et souillé de mégots.

Bronitsa, le 19 juillet 1917

Je ne tiens plus mon Journal, car on ne peut écrire que si on se sent un peu plus calme, ce qui arrive maintenant très rarement. Depuis mes dernières notes, peu de temps s'est écoulé mais nous nous sommes bien approchés de l'abîme. Je crois qu'il n'y a pas dans toute l'Histoire du monde un deuxième exemple d'une traîtrise telle que celle que viennent de commettre notre armée du Sud-Ouest ou tout au moins quelques régiments, les VIIe et XIe armées. Lorsqu'ils se sont trouvés sous le feu des Allemands, ils ont tout simplement pris la poudre d'escampette vers l'arrière-pays et ont abandonné leurs positions pourvues de tout leur équipement technique ; ils ont laissé à l'ennemi je ne sais combien de pièces d'artillerie, de dépôts de munitions et de ravitaillement, de divisions sanitaires et ainsi de suite. Ils ont abandonné Tarnopol, un des points stratégiques les plus importants de Galicie, qui était en notre possession depuis le début de la guerre. Les déserteurs courent comme un troupeau de bétail, laissent tout derrière eux et pillent la population. Ils arrêtent des trains, éjectent tous les voyageurs, entrent de force et suppriment tous ceux qui essaient de les arrêter ou de les raisonner. C'est un écroulement général.

Et, naturellement, les Allemands n'attendent pas ; ils avancent et poussent ce troupeau de traîtres devant eux. La patrie peut-elle encore être sauvée de cette catastrophe ? La peine de mort pour trahison réintroduite par Kornilov peut-elle encore aider à quelque chose ? Cela peut-il encore aider que Lénine se soit caché en Allemagne, que Zinoviev, Kamenev et d'autres types de ce genre aient été arrêtés ? Le changement au gouvernement provisoire et la victoire des cadets peuvent-ils encore aider ? Ou l'interdiction de la *Pravda*[1] ?

Non, camarades, trop tard ! Vous ne pouvez plus ramener ce qui existait, ressusciter ce qui est mort ! Vous ne pouvez plus faire d'un tas de traîtres et de déserteurs la grande armée russe courageuse ; vous n'en extirperez plus la propagande bolchevique ; vous ne l'amènerez plus à reconnaître les officiers que vous avez déshonorés et traînés dans la boue ! Maintenant il est trop tard ! Vous ne pouvez plus, de paysans qui sont devenus des bandits sans scrupules, refaire les travailleurs honnêtes d'avant ! Là aussi les bolcheviks ont déjà allumé la mèche et dit aux paysans : « Prends ce qui ne t'appartient pas, vole ce qui a été volé, tu es le seul homme qui ait le droit de vivre ; prends le domaine des autres et eux, pends-les et brûle-les ! » Peut-on après des promesses aussi attrayantes redevenir un homme correct ? Un ouvrier, qui domine maintenant la Russie, passe tout son temps à

1. Du 16 (3) au 18 (5) juillet, les bolcheviks firent une tentative de coup d'État réduite à néant par le gouvernement Kerenski. Lénine dut se cacher en Finlande.

des réunions et à des défilés armés et qui perçoit pour cette occupation de fortes sommes d'argent russe et allemand, peut-il vraiment redevenir un homme honnête et bon ? Un écolier peut-il étudier avec zèle quand on le persuade qu'il est inutile d'apprendre à lire et à écrire ? Un officier peut-il comme avant partager fraternellement toutes les difficultés avec les soldats, quand ces soldats ne cherchent qu'à le railler et à le tuer ? Un propriétaire terrien peut-il comme avant honorer et apprécier les paysans quand ceux-ci ne pensent qu'à la meilleure façon de le dépouiller ou de lui montrer leur pouvoir par leurs brutalités et leurs coups de force ? Non, non et encore non ! Camarades, vous pouvez être fiers de vous ! Vous avez réussi à réduire la Russie à néant avec toutes les lois de votre art socialiste ! Naturellement la question de savoir qui devra un jour construire une nouvelle Russie ne vous inquiète pas. Ce ne sera certainement pas vous, vous « le pouvoir révolutionnaire », « l'éruption révolutionnaire », « la démocratie révolutionnaire », le « peuple ». Tout ce qui était « révolutionnaire » a déjà maintenant trouvé un champ d'action approprié. « La révolution est en danger, sauvez la révolution, sauvez la liberté ! » Non, et là vous pouvez me croire, il n'y a que vous-mêmes qui puissiez sauver la liberté et la révolution. Ne les avez-vous pas détruites vous-mêmes ? Pas une seule personne décente ne remuera le petit doigt pour sauver cette liberté et cette révolution. Avez-vous donc cru aux slogans du socialisme, brillant comme un feu d'artifice, que vous prêchiez ? Non, vous vous êtes seulement pris la liberté, la liberté d'être des crapules encore pires que celles que vous étiez avant, et la révolution vous l'avez utilisée pour vous adonner à vos vices et humeurs.

Si quelque chose sauve maintenant la Russie, ce sera la contre-révolution, la réaction contre laquelle vous mettez les citoyens en garde sans vous rendre compte que vous les mettez en garde contre vous-mêmes. Et quand commencera cette liberté nouvelle, éclatante et véritable, pour qui sera-t-elle là? Ceux qui luttent pour elle laissent leur vie dans les réseaux de fils de fer barbelés; ils meurent parce qu'ils essaient de retenir les déserteurs; ils périssent des mains des traîtres et des meurtriers engagés. Ce sont des officiers, des enfants de ces bourjoui qui croyaient encore il y a quatre mois à la «grande révolution russe» et qui les ont envoyés défendre cette révolution dans l'armée. Maintenant l'armée est devenue internationaliste, les bourjoui des vampires, et leurs enfants les officiers, des martyrs.

Je n'ai pas écrit tout cela pour l'envoyer à un journal – la liberté de parole et la liberté de la presse n'existent qu'en théorie – mais seulement pour vider mon cœur empli de douleur. Cette douleur morale est parfois si grande que j'ai la sensation de ne pouvoir la supporter. Comment tout cela se terminera-t-il?

Bronitsa, le 22 juillet 1917

Les Allemands avancent : apparemment ils ont pris Khotine et Kamenets. Nous fuyons dans un train sanitaire.

Bronitsa, le 2 août 1917

C'est redevenu plus calme. L'avance allemande s'est arrêtée, nous ne bougeons plus d'ici. On peut s'habituer à tout, aussi aux situations les plus folles. Ces deux dernières semaines ont été terribles : nous dûmes observer de près ce que nous craignions plus que l'occupation allemande – notre propre armée en déroute. L'armée n'est pas arrivée jusqu'à nous, seulement son rebut a fait son apparition : des régiments de réserve, célèbres pour leur manque de discipline, des détachements sanitaires, des trains. Moguilev a immédiatement pris l'aspect caractéristique d'une ville d'étape : l'état-major de la VIIIe armée y fut évacué depuis Kamenets, ainsi qu'un détachement d'aviation, de nombreux détachements sanitaires, des hôpitaux militaires, des bases pour automobiles et ainsi de suite. Moguilev n'a jamais vu autant de circulation et de gens. Sur les routes de campagne se déplaçaient des trains, les entrepôts de pièces de rechange furent installés dans les villages. Là nous avons découvert le plaisir de vivre à l'arrière du front. Des bandes de soldats qui traînaient par là, pieds nus, en loques, arrogants, firent leur apparition dans notre parc et surtout dans le verger. Ces bandes devenaient de plus en plus grandes et, comme les sauterelles, détruisaient tout ce qu'elles trouvaient : fruits, légumes et ce qu'elles ne pouvaient pas manger; des citrouilles de la taille du poing, des variétés hivernales de pommes et de poires furent arrachées ou piétinées. Ils pensaient que cela n'avait pas d'importance, les Allemands prendraient tout de toute façon. Chaque nuit ils essayaient de mettre les ruches en morceaux, mais ces attaques furent brillamment repoussées par notre milice volontaire qui se compose de nos deux vieux Lavron et Maxime, de Cyrille et du soldat Ivan Sundjuk. Mais une fois ils ne purent l'empêcher : une grande quantité de «camarades» détruisit deux ruches.

Ces jours-là, nous nous tenions dans la maison et n'en bougions pas. Quand Papa et André sortaient pour parler aux soldats qui réclamaient une fois du pain, puis à nouveau de l'alcool, ils avaient des revolvers dans leurs poches. Sous nos fenêtres flânaient des soldats avec des géraniums rouges de nos plates-bandes à leurs boutonnières.

Que faisions-nous enfermés chez nous dans des conditions pareilles? Nous étions tous très calmes et très occupés. On faisait quantité de projets et on discutait beaucoup : faut-il partir, faut-il rester et attendre les Allemands comme les seuls à pouvoir mettre de l'ordre? Depuis le début de l'avancée allemande, Papa a pris la résolution de ne pas partir, et Maman a dit qu'elle voulait rester auprès de lui. Nous autres ne pouvons pas rester. D'abord Papa et Maman voulaient que nous essayions de parvenir à Moscou ou Kiev. Mais dans les villes c'est le règne de la faim et de l'anarchie. La seule possibilité de rester dans les environs, pour pouvoir rentrer immédiatement quand tout se calmera, était de se faire admettre dans un détachement ou un convoi sanitaire et d'y rester jusqu'à ce que la situation s'éclaircisse.

Le chef du détachement sanitaire et le principal plénipotentiaire de la Croix-Rouge à la Ire et à la VIIIe armée se sont déclarés prêts à nous admettre. Papa est allé les voir à Moguilev et dans notre fabrique où ils ont leur quartier. Au cas où nous ne pourrions rester ici, nous serons immédiatement admis à la station d'évacuation de Moguilev : Tatiana et moi comme infirmières chargées des pansements, André comme aide du plénipotentiaire et Olga comme aide-infirmière.

Ces jours-là Maman, Olga et moi avons cousu des uniformes à toute vitesse. Tatiana et moi possédons encore nos robes des lointaines journées de l'hôpital Iekaterininski ; pour Olga, tout dut être fait à neuf. Anton Tschaïkovsky, un de nos prisonniers autrichiens, a très rapidement confectionné pour André une chemise d'uniforme et des pantalons. À cause de ces travaux urgents, j'ai complètement oublié les désagréments de ces journées.

Il y eut une journée où nous avons décidé à l'unanimité de disparaître le lendemain direction Moguilev. L'appartement que Papa y a loué est, il est vrai, à moitié occupé par des aviateurs, mais je crois que des gens honnêtes se serreraient certainement pour nous faire de la place. Cette journée fut pire que toutes les précédentes. Des soldats du 86e régiment de réserve cantonné à Bronitsa se promenaient en bandes sous nos fenêtres. Vers le soir, j'étais assise dans le coin préféré de ma chambre et étais justement en train de terminer un tablier lorsque j'entendis tout à coup un cri fort et des pleurs. C'était le « grand-père Tanas », notre vieux gardien, qui racontait d'une voix désespérée : « Ces maudits Moscovites sont arrivés à cheval et ont emporté du foin. » Il criait et pleurait aussi fort que si cela avait été son propre foin. J'ai vu par la fenêtre une horde de soldats apparaître, charger imperturbablement le tas de foin sous le vinaigrier, puis se rendre plus loin dans le parc au prochain tas de foin. Toute cette soirée, d'obscures silhouettes en uniforme de soldat galopèrent en long et en large dans le parc et sur la place devant la terrasse. Le même jour apparut un groupe de soldats avec à sa tête le juif Podgaïts ; ils criaient quelque chose au sujet de «Tatiana Nicolaïevna» et montraient Waria ❖ qui se tenait assise près de la fenêtre.

Le jour venu, nous décidâmes que le lendemain nous rassemblerions l'essentiel pour vivre à Moguilev et déménagerions le jour même dans cette ville. Le lendemain quand nous eûmes tout terminé et, fatigués, tenions encore à peine sur nos jambes, on nous envoya six gardes cosaques tout à fait à l'improviste. Après ce qui s'est passé hier, je sais que cette garde nous a été plus funeste qu'utile, mais alors – c'était le 26 juillet – ils purent chasser les bandes de soldats qui traînaient par là et nous procurer une sorte de calme au moins pour un court laps de temps. Nos protecteurs nous ont amené involontairement de gros désagréments : ils ont arrêté le juif Podgaïts que la population indigène accuse d'être un provocateur. Nous confirmâmes qu'il conduisait les bandes de soldats dans notre parc, qu'il les avait persuadées d'arrêter notre Ivan parce qu'il était soi-disant un déserteur et qu'il avait commis beaucoup d'autres bassesses de ce genre. Podgaïts fut arrêté mais, malgré toutes les déclarations en sa défaveur, il fut relâché le lendemain. Comment aurait-on donc pu ne pas libérer le camarade Podgaïts, membre de divers comités et commis-

❖ Waria était notre femme de chambre. (Complément de l'auteur, 1981.)

sions, citoyen de la ville de Moguilev ? Est-ce que le fait que ce citoyen soit un provocateur, un voleur et un scélérat a donc un sens ?

Le 1er août apparut chez nous un enseigne qui interrogea les témoins ; il s'en trouva beaucoup qui avaient vu le juif au travail. Mais ce n'était pas encore assez. Le lendemain vint un soldat, membre du « comité de l'armée », accompagné du même enseigne, qui interrogea à nouveau les témoins. Pendant quatre heures, il nota leurs déclarations puis informa Papa qu'on allait l'inculper pour « privation de liberté du citoyen Podgaïts » qui est naturellement innocent. Les bourjoui sont coupables du fait qu'on leur ait envoyé six cosaques pour assurer au moins vaguement leur sécurité. Le « camarade Podgaïts » est pour le comité un fonctionnaire important du parti et « M. le Prince » quelqu'un qu'ils haïssent du fond de leur âme.

Nous étions tous très agités et effrayés par cette histoire. Maintenant c'est celui qui a le pouvoir qui a raison et il n'est pas de notre côté. L'issue de tout cela est tout à fait incertaine.

Bronitsa, le 24 septembre 1917

À nouveau presque deux mois se sont écoulés, mais la situation est inchangée. Nous vivons toujours à Bronitsa, à peu près tranquillement, presque heureux, et nous envisageons avec sang-froid des dangers ou des événements du genre de ceux que nous avons vécus fin juin. Si Maman n'était tombée malade à l'improviste, nous n'aurions rien de mauvais à rapporter sur cette période. Certains d'entre nous se sont calmés, d'autres réagissent à tout de façon encore plus irritée qu'avant, d'autres encore s'intéressent à tout et se donnent du mal pour trouver au moins quelque chose de bon dans les terribles événements de l'heure. Olga et moi appartenons à ces derniers. Évidemment, nous sommes tous devenus plus nerveux, avons perdu du poids et avons plus mauvaise mine. Mais pour caractériser l'époque que je décris c'est sans importance. « En Russie » – car nous nous trouvons dans la zone du front et cette expression est usuelle pour l'arrière – tellement de changements se sont accomplis qu'il est difficile d'amener le cerveau fatigué à se souvenir et à se concentrer. La conférence de Moscou, la chute de Riga, l'affaire Kornilov[1], la proclamation de la république, l'Assemblée démocratique – tout cela tourbillonne pêle-mêle comme un kaléidoscope sans fin. À chacun de ces événements, j'ai eu l'impression que maintenant une décision serait prise et que la situation devait s'éclaircir. Mais non, tout retombait dans la voie toute tracée, rien ne changeait, tout au plus la situation empirait.

J'observe avec un intérêt gigantesque ce qui se passe à l'Assemblée démocratique. Là-bas une décision sera prise et elle ne sera certainement pas bonne. La victoire des partis extrêmes, des bolcheviks, le départ de Kerenski – son remplacement par Tchernov ou Lénine ? Ça m'en a tout l'air. Si ce club des Jacobins de notre propre fabrication, le « soviet des députés, des ouvriers et soldats » prend le dessus, la terreur ne sera plus loin.

À la maison nous avons maintenant souvent des discussions sur Kerenski. Mamoulitchka et Tatiana l'attaquent avec le faible soutien d'André. Je le défends avec le soutien assez fort d'Olga. J'ai déjà compris que dans des débats on ne pouvait persuader personne. L'argument principal est que Kerenski n'est pas un génie et qu'il n'a jusqu'alors pas encore réussi à sauver la Russie malgré sa conviction d'en être capable. Qu'il n'est pas assez préparé à diriger un pays, qu'il a beau être un homme honnête, de bonne

1. Du 9 septembre (27) août au 14 (1er) septembre, le général Kornilov essaya de s'approprier le pouvoir. Ce putsch de droite échoua également.

foi – selon l'opinion de Mamoulitchka –, il n'en demeure pas moins un bavard talentueux. Tatiana pense qu'il ne croit pas une minute à ce qu'il prêche et ne pense qu'à lui-même, qu'il est prêt à tout vendre pour son amour-propre. Qu'il est capable de toutes les bassesses, par exemple d'emporter hors du palais d'Hiver tout « ce qui pourrait lui être utile pour ses vieux jours »... Je crois à l'honnêteté et à la franchise de Kerenski. Est-ce qu'un homme qui a rêvé toute sa vie de la révolution en couleurs éclatantes est responsable quand, arrivé à la tête de cette révolution, il s'efforce de concrétiser son idéal ? Est-ce donc Kerenski qui a anéanti la Russie ?

Non, ils étaient des milliers à détruire la Russie et quand ils ont repris leurs esprits et ont voulu la sauver, il n'y avait plus de contrepoids adéquat. Est-ce juste d'attribuer maintenant la faute de cette horrible catastrophe qui s'est abattue sur notre patrie à un seul homme ? Ce qui se passe actuellement est affreux. Mais faut-il donc chercher un seul coupable ? Il faut courageusement avouer que soit tout le monde est coupable, soit personne. Sans aucun doute les bolcheviks sont coupables, car ceux qui ont été achetés ont démoralisé l'armée et les paysans par leur propagande. Une part de faute incombe aussi aux soldats qui, pour sauver leur propre peau, ont abandonné leurs positions et abattu les officiers qui cherchaient à arrêter leur fuite. C'est également la faute des ouvriers qui n'ont rien fait pour défendre le pays et qui réclament maintenant son argent ; la faute est aux paysans qui n'ont pas voulu donner de pain aux citadins et à l'armée, aux cheminots, aux industriels, à l'industrie ; les divers partis politiques sont également coupables. Mais pouvons-nous dire que tout le monde est coupable sauf nous, que nous, innocents, nous souffrons ? Évidemment que non. Nous, c'est-à-dire notre classe, sommes coupables depuis des siècles face aux autres classes ! Nous n'y pensons pas, mais il est vraiment tout à fait naturel que cette haine contre nous soit une haine issue de l'envie qui devait éclater un jour ou l'autre.

Maintenant ils nous haïssent avec acharnement et méchamment sans différencier les individus. Ils ne voient que la « classe » des « propriétaires terriens », des bourjoui, des « maîtres », et ils sont excités, par de nombreuses personnes zélées, à nous haïr encore davantage. Qu'ils nous haïssent, voilà qui est compréhensible et excusable – mais que nous également nous les haïssions tout aussi méchamment et avec un tel acharnement, oui, encore davantage, que nous les méprisions, est-ce compréhensible ? Nous les condamnons à cause de leur bêtise, leur cupidité, leur brutalité et leur saleté, nous les accusons de ne pas montrer de sentiments patriotiques et d'élans humains et de ne s'intéresser au contraire qu'à leur propre sort. Qu'ils soient ignorants et incultes c'est naturellement vrai, mais y peuvent-ils quelque chose ? Ils ne sont pas patriotes, pour eux la Russie n'est pas intéressante, mais qui leur a appris à aimer leur patrie ? Peut-on s'attendre à mieux de la part d'un peuple encore asservi il y a peu et qui est resté intouché par la civilisation et la culture ? Et une telle critique du peuple n'est-elle aussi rien de plus qu'une généralisation, car il y a également parmi eux des personnalités – nous avons pu nous en convaincre plus d'une fois. Une erreur lourde et pleine de conséquences s'est infiltrée entre « nous » et « eux ». Les deux côtés ne veulent pas se comprendre, ne veulent pas abandonner leur position, pas pardonner, les deux veulent vaincre.

Cela doit nous entraîner au pire malheur que puisse connaître un pays : la guerre civile. Je ne peux sincèrement désirer la victoire du côté auquel j'appartiens, car je ne pense pas qu'il soit tout à fait dans son bon droit. Si c'était mon destin d'être un jour exécutée par la guillotine ou quelque chose du même genre, je ne me sentirais pas malmenée injustement. Maintenant, quand chacun accuse quelqu'un, quand chacun en veut à l'autre, tout se mélange dans ma tête. Moi aussi, je suis outrée, j'accuse et je suis furieuse, mais quand je réfléchis bien à tout, je n'y comprends plus rien. Il n'y a personne à juger. Nous sommes tous coupables et tout le monde doit l'admettre. S'il fallait sacrifier quelqu'un pour nous réconcilier, ou trouver une victime expiatoire, je serais heureuse de me proposer. Je ne suis certainement pas la seule à penser ainsi, il y en a encore beaucoup d'autres.

Bronitsa, le 30 septembre 1917

Pourquoi suis-je aussi irritable ? Pourquoi ne puis-je par moments pas même regarder un objet totalement inoffensif sans ressentir une irritation insupportable, au point de devoir rapidement détourner les yeux ? Quelquefois, au milieu d'une conversation je commence tout à coup à me fâcher et à dire des choses désagréables. Tout me paraît ennuyeux.

La seule chose que l'on attende impatiemment toute la journée, ce sont les journaux. J'aimerais m'enfouir en eux, tout savoir, tous les petits détails, et puis réfléchir, parler, discuter de ce que j'aurais lu. Comme j'aimerais être plus proche des événements, comme j'aimerais me rendre à Moscou ou même à Petrograd, y lire les quotidiens, toutes les éditions du matin, de midi, du soir, téléphoner avec les « hautes sphères », l'oncle Micha Rodzianko ! Ici tout est si ennuyeux ; cela me fait vraiment peur quand je pense que tout l'hiver est encore devant nous. Pour l'instant, il fait beau temps, c'est encore supportable, mais quand la véritable fin de l'automne arrivera, cela deviendra très ennuyeux. Nous serons tous irritables et de mauvaise humeur. Jusqu'à maintenant j'ai une consolation : mes lapins. Je vais les voir, je m'enferme, je m'assois par terre dans le foin, je les regarde s'agiter et je réfléchis. Après cela mon humeur s'améliore.

Bronitsa, le 1er octobre 1917

Aujourd'hui, l'ambiance s'est brutalement modifiée. À nouveau l'atmosphère des décisions importantes, des discussions derrière des portes closes, des visages sérieux, des opinions diverses, règne. La question est de savoir si l'on peut encore rester ici. Il s'est révélé que nous ne pouvions déménager dans la nouvelle maison que Papa vient d'acheter au nom de Tatiana et au mien à Moguilev, car il est impossible d'en déloger les habitants qui s'y sont installés.

Il pourrait y avoir du bon à cela car à Moguilev on s'attend depuis longtemps à des pogroms antijuifs. D'abord ce sont les juifs que l'on rosse, puis les propriétaires terriens, comme ce fut le cas à Kotslov. À Moguilev, il existe un dangereux dépôt de vin. Ce qui s'est produit à Bendery peut se reproduire facilement. Nous, les propriétaires terriens les plus proches de la ville, portons en outre le nom le plus connu, c'est-à-dire le moins «démocratique» de la région. Et à Moguilev règne maintenant Munia Podgaïts qui amènerait les soldats ici avec plaisir. Tout marche comme sur des roulettes.

Partir ? Mais où ? À Petrograd, nous avons un appartement, mais rien à manger ; les bolcheviks sont à côté, les Allemands plus très loin et tous les jours il y a la menace d'une attaque des zeppelins. À Moscou cela paraît un peu moins dangereux, mais là-bas nous n'avons pas d'endroit où nous loger ; là-bas aussi il y a des bolcheviks, rien à manger, mais à la place le danger des pogroms antijuifs. Il ne faut même pas penser à la province. Partout règnent les mêmes circonstances : la faim, pas de logement, le danger du pillage par les soldats et les autochtones.

Pour compléter encore cette image, nous avons lu ce soir dans la *Kievskaïa mysl* un télégramme du quartier général sur l'augmentation des excès dans le gouvernement de Podolie et sur les destructions de propriétés dans certains districts, parmi lesquels le nôtre. Le soir quand il a fait nuit, ce fut vraiment effrayant. Je suis sortie devant la maison vers dix heures. Chaque bruit paraissait suspect. Maintenant que j'écris, je suis tout à fait calme.

Nous avons parlé de tout, mais rien décidé. Comment prendre des décisions à une époque où tout, même la vie, ne tient qu'à un fil ? Peut-on donc se porter garant de l'aspect qu'auront les choses demain ?

Bronitsa, le 2 octobre 1917

Aujourd'hui, j'ai d'une certaine façon le cœur gros depuis le matin. Je ne savais pas comment m'occuper, et je commençai à lire de vieux numéros du *Novoïe vremia*. C'est ainsi que je tombai sur ce qu'on appelle maintenant la « rébellion de Kornilov ».

Comment ce malentendu affreux et grotesque a-t-il pu se produire ? La Russie est, dirait-on, vraiment destinée à disparaître !... Qui est coupable de la faute lourde de conséquences commise ici ? À en croire le *Novoïe vremia*, toute la responsabilité en incombe à Vladimir Nicolaïevitch Lvoff... Est-ce que ce fut une énorme provocation ou avait-il l'esprit troublé ? Pourquoi Kerenski ne s'est-il pas renseigné lui-même auprès de Kornilov sur les détails, pourquoi lui a-t-il envoyé le télégramme sur sa destitution, qui a créé tant de confusion dans l'armée et le pays ?... Serait-ce possible que les mains de Kerenski soient tellement liées par son parti qu'il ne puisse rien faire sans ses ordres ? Quand donc ceux qui gouvernent la Russie penseront-ils à autre chose qu'à leur salut, sans se prosterner d'un côté ou de l'autre ? Pour moi, Kornilov n'est pas un mutin comme le présentent tous les journaux. Il est un homme digne de la plus grande vénération. Ce qu'il a fait jusqu'à maintenant, il l'a fait par amour pour la Russie – et maintenant tout le monde est contre lui, même ceux sur l'appui desquels il aurait pu compter.

Il y a encore d'autres voix qui attribuent à Kerenski la faute de tout ce qui s'est passé. Je ne peux pas non plus me déclarer d'accord avec cela. Il n'est quand même pas possible que Kerenski ait monté toute cette histoire, exprès pour casser les reins à Kornilov ? Il doit quand même savoir qu'avec Kornilov il se précipite lui-même dans l'abîme !... Dans ma tête tout se mélange, je ressens mon cœur comme une douleur physique. Je ne peux penser à rien d'autre. N'y a-t-il vraiment rien qui puisse sauver la Russie ?

4 octobre 1917

Encore un malheur, un malheur gigantesque ! Les Allemands ont débarqué sur les îles Ösel et Dagö ; avec leurs énormes dreadnoughts[1] ils ont détruit nos batteries côtières ! C'est une menace directe pour Petrograd, déterminante pour l'issue de toute la guerre. Bien que le bon sens nous chuchote depuis déjà longtemps qu'il est impossible d'éviter cette issue, bien que, déjà en mars, quelques officiers aient dit que la guerre était perdue après l'Ordre du jour n° 1, on a quand même continué à croire que quelque chose allait se passer qui amènerait nos démocrates à la raison. De toute façon, il y a peu d'espoir pour cela.

Au lieu de penser à augmenter la force offensive de la flotte, les « représentants de toutes les forces navales de Russie », ce qui s'appelle le *Zentroflot*, mènent tout le temps avec le gouvernement provisoire une guerre en vue d'obtenir des salles « dans lesquelles les délégués peuvent fumer » ! Ce serait ridicule si ce n'était aussi triste. Les journaux signalent que les rapports entre matelots et

1. Navires de guerre.

officiers se sont à nouveau beaucoup dégradés. Un exemple à l'appui est ce qui s'est passé sur le *Petropavlovsk*. Tant que des organisations et des revues aussi irresponsables que la *Novaïa jizn* de Gorki n'arrêtent pas d'exciter les matelots et les soldats contre leurs supérieurs, encore beaucoup de sang innocent coulera aux dépens de la Russie ! Et tout cela, alors que les Allemands sont aux portes de Reval et se préparent à marcher sur Petrograd !

Le gouvernement provisoire a décidé de remettre à plus tard toutes les questions à l'ordre du jour et de ne se consacrer qu'à la défense. Comme si maintenant quelque chose pouvait encore aider ! Il veut également édicter une proclamation générale en vue d'oublier toute différence entre partis pour ne plus penser qu'au sauvetage de la patrie. On a déjà tellement édicté de proclamations et tenu tant de discours que cela n'agira plus.

Kerenski est malade, il a quarante degrés de fièvre selon l'annonce du *Novoïe vremia*. À la tête du gouvernement se trouve actuellement Konovaloff, le vice-président du Conseil. Konovaloff est un nouveau ministre dans le nouveau ministère de coalition ; son intérêt principal est la lutte contre l'anarchie dans le pays et il rassemble journellement tous les ministres pour les consulter sur ces questions.

Notre départ pour Petrograd est à nouveau retardé. Il a été décidé de rester ici et d'attendre ce qui va sortir de tout ceci. André a un laissez-passer pour se rendre à l'école, mais il n'est pas encore établi s'il va finalement partir. Si cela dépendait de moi, je préférerais partir sur l'heure.

6 octobre 1917

Le *Novoïe vremia* rend publics des documents sur l'affaire Kornilov. Il devient de plus en plus évident que tout ceci a été soit une provocation énorme, soit une erreur. Une chose est claire : Kornilov voulait édifier en Russie un empire fort et puissant. C'est pour cela qu'après le malentendu précédent, il laissa le troisième corps de cavalerie continuer son avance dans le but d'éloigner certains ministres dont il savait de source sûre qu'ils étaient des traîtres. Le premier d'entre eux était Victor Tchernov, le ministre de l'Agriculture d'alors. Déjà quelque temps avant cette affaire, Kornilov, alors commandant en chef, avait parlé à une réunion du gouvernement provisoire de l'imminente offensive allemande et – au vu de la situation dans l'armée – de l'impossibilité de tenir Riga. Alors, Kerenski le pria confidentiellement de ne pas parler à haute voix de choses pareilles. Kornilov fut outré qu'on ne puisse parler devant les ministres réunis des mesures de défense nécessaires. Puis Savinkov répéta la même chose ; il laissa entendre qu'il fallait être sur ses gardes en présence de Tchernov. De toute façon, Tchernov fut rapidement chassé de son ministère, mais il est incompréhensible qu'un homme aussi suspect, un compagnon de Lénine, ait pu rester ne serait-ce qu'un jour au gouvernement[1].

Les suites de cette terrible histoire : partout une effrayante augmentation du nombre des bolcheviks – ne serait-ce que les élections pour la Douma du rayon de Moscou et pour le soviet des ouvriers et des paysans à Petrograd et Kiev parlent un langage éloquent –, la naissance d'une anarchie encore jamais vue dans le pays, une désagrégation encore plus forte de l'armée et comme suite logique le débarquement des Allemands dans la baie de Riga et la préparation d'opérations contre Minsk et Moscou. Non, si Kerenski a réellement, comme on dit, mis en scène toute cette affaire pour nuire à Kornilov, où est donc la logique ?

1. Tchernov n'était en fait pas un compagnon de Lénine mais le leader du Centre des Socialistes révolutionnaires (SR), un parti qui combattait les bolcheviks.

Il devait quand même savoir à quoi tout cela nous mènerait ; pouvait-il le souhaiter lui-même ?

Demain aura lieu la première réunion du Préparlement ou comme on dit maintenant du Conseil provisoire de la République russe. Si l'Assemblée législative se réunit réellement à la date prévue du 12 octobre, elle n'aura une durée de vie que de quelques jours ; en outre, ses prérogatives sont très nébuleuses. Si l'Assemblée législative se réunit maintenant, ce sera la ruine définitive et sûre de la Russie. Car partout, dans toutes les élections, les bolcheviks conquièrent maintenant les premières places.

8 octobre 1917

Dans le *Novoïe vremia* paraît la suite des documents sur l'affaire Kornilov. Le gouvernement ne paraît pas très heureux de voir tous ces détails divulgués au public. On dirait que Kerenski a peur que les bolcheviks et d'autres éléments extrémistes aillent affaiblir encore davantage sa position depuis que l'on sait que lui-même, avec Kornilov, voulait chasser le soviet et désarmer Kronstadt. À travers ces faits officiellement établis on obtient une image de plus en plus claire des personnages de ce drame. Le commissaire du quartier général Filonenko a joué un vilain rôle. Le général Lukomsky, du quartier général, le décrit comme un grand scélérat bien que je ne le croie pas énormément, car Lukomsky n'est pas l'idéaliste ni le patriote ardent que je pensais. Plus on lit d'articles dans le *Novoïe vremia* à ce sujet, plus on s'embrouille. Une seule chose est claire : Kornilov n'est pas seulement un rebelle ou un aventurier comme l'écrivent les journaux à nuance plus ou moins rouge mais bien plutôt la personnalité la plus noble depuis le début de la révolution de Février.

12 octobre 1917

Hier aucun courrier n'est arrivé ; aujourd'hui, nous n'avons reçu que deux numéros du *Novoïe vremia*. On n'y apprend rien de nouveau sur le débarquement dans la baie de Riga. Les nouvelles de là-bas sont de toute façon toujours rédigées de telle sorte qu'on doit se forcer à lire les communiqués officiels. En plus, une bonne moitié serait de l'invention. La version des pertes allemandes – en l'occurrence de douze mouilleurs de mines et de deux vaisseaux de ligne face à nos propres pertes – paraît assez invraisemblable.

Pendant que les autres discutaient, je m'emparai des deux numéros du *Novoïe vremia* et me retirai sur mon petit divan pour que personne ne me dérange. En premier, je me plongeai dans l'article : « Était-ce une mutinerie ? » Quelle impression désagréable me produisirent ces deux articles du 6 et du 7 de ce mois : les rumeurs du lynchage prochain des généraux emprisonnés à Bykhov, ces allusions par trop transparentes qu'il s'agissait d'une provocation de Kerenski. Déjà auparavant, l'idée m'était venue que le président du Conseil était responsable de beaucoup de choses, mais je ne voulais pas le croire. J'ai cru à sa sincérité et à son honnêteté et je le fais aujourd'hui encore. Si l'affaire du général Kornilov et des autres généraux n'est pas portée devant un tribunal public, si à Bykhov on leur fait subir une violence quelconque, alors toute la responsabilité, toute l'ombre en rejaillira sur le gouvernement provisoire et sur Kerenski.

Déjà le 10, lorsque Olga et moi nous rendîmes à Moguilev, je lus que le Conseil provisoire de la République de Russie avait commencé ses travaux. Je n'en parle qu'aujourd'hui, car j'ai lu divers journaux, c'est-à-dire qu'après examen des différents points de vue je n'ai pu me former une sorte d'opinion personnelle qu'aujourd'hui. La première impression : tout est comme d'habitude ! Un très mauvais discours de Kerenski ; les bolcheviks préparent un scandale mais au fond il n'a pas réussi. Avksentieff qui devait lire son discours est une poupée inculte, Babouchka❖ rien d'autre qu'un objet ridicule. Résultat : tout est tout à fait superflu et inutilisable…

Si au moins il restait plus de cinq semaines avant l'assemblée inaugurale ! On pourrait s'attendre à un sursaut généralisé après cette première réunion. On perçoit à plusieurs reprises une grande fatigue à l'écoute du discours de Kerenski. Les mêmes mots sont répétés sans cesse : « La patrie est au bord de l'abîme », « Ne concluons pas de paix honteuse ! », « Oublions les querelles de parti ! » – des mots dont on sait dès le début qu'ils ne feront pas impression. Quelle amertume en ressort ! Comme il est difficile pour un commandant en chef d'exprimer ouvertement que la victoire de l'ennemi se fonde non sur sa force mais sur notre faiblesse…

La « bombe » que les bolcheviks avaient préparée a complètement raté. En quittant le soviet des ouvriers ils ne lui ont rien fait perdre mais au contraire il peut travailler mieux. Cet exode des bolcheviks montre leur faiblesse. Il est vrai qu'ils pourront maintenant investir leur énergie dans le travail à l'ISKOSOL[1], et dans la rue. Mikhaïl Vladimirovitch Rodzianko dit qu'une action des bolcheviks autour du 20 est plus que probable. La garnison de Petrograd et les ouvriers préparent en association étroite le renversement du gouvernement et la formation d'un nouveau avec des membres de l'ISKOSOL. Peut-être que Kerenski regrette déjà qu'il n'y ait plus de général Kornilov pour l'aider !

1. Comité exécutif du conseil des soldats.

❖ « Grand-mère de la révolution », I. C. Brechko-Brechkovskaïa. (Complément de l'auteur, 1981.)

15 octobre 1917

La rumeur du 20 est parvenue jusqu'ici. Il y a peu, des camarades soldats ont raconté à notre Paraska que le 20 aurait lieu ici une « nuit de la Saint-Barthélemy ». Elle nous l'a rapporté en ces termes, mais longtemps elle n'a pas voulu dire ce qu'il fallait comprendre par cette expression dramatique. Ce n'est qu'après de longues questions que Tatiana a réussi à lui soutirer l'information qu'il faut comprendre par cela le pillage et l'extermination totale des bourjoui. « Que faut-il faire si les hommes deviennent de tels monstres ? » s'écrie cette conservatrice de Paraska, pleine d'effroi. Il s'avère que c'est un ouvrier de la compagnie automobile qui lui a raconté cette nouvelle. À sa remarque qu'on n'a pas le droit de prendre le bien d'autrui, il a répondu que le domaine leur appartiendrait un jour, alors ainsi cela ne jouait plus aucun rôle. Paraska en tremble d'avance et dit qu'elle ira dormir cette nuit-là chez Xénia ; pas parce qu'elle a peur pour elle-même, elle sait qu'elle n'appartient pas aux bourjoui exécrés, mais parce qu'elle « ne veut pas observer la chose ».

Je garde un sang-froid relatif face à ces rumeurs, car je ne crois pas que quelque chose se passera. Nous faisons tous ainsi. Il me semble que Papa ne sait même rien de ces rumeurs. Nous sommes tous calmes et parlons même en riant de la nuit du 20 octobre, persuadés que nous sommes que rien ne se passera. Mais au fond ce n'est pas juste, quelque chose peut arriver ! Et quand on y réfléchit, une sensation désagréable nous vient. Ce n'est pas bien que des actions préparées par les bolcheviks à Petrograd trouvent leur écho ici, dans un trou comme Moguilev-Podolski, c'est-à-dire partout. Les bolcheviks ne sont donc pas inactifs.

Olga a fait le projet de ne pas aller se coucher cette nuit-là, mais plutôt d'allumer une lampe dans ma chambre et de ne pas se déshabiller – nous dormons dans deux chambres voisines, loin des autres. Je n'ai rien contre : premièrement je n'aimerais pas du tout me trouver au lit au cas où quelque chose arriverait, deuxièmement c'est bien d'être habillée pour pouvoir sortir à tout moment voir les « camarades » en tenue décente et sans être à moitié endormie. Mais il y a aussi des arguments contraires : premièrement, s'ils viennent avec l'intention d'attaquer la maison et de nous assassiner, une fenêtre éclairée attirera immédiatement leur attention, deuxièmement, comme très probablement rien ne se passera, c'est bête de veiller toute la nuit, car on aura beaucoup sommeil le lendemain. Et malgré tout, de quelque côté qu'on tourne la chose, c'est désagréable. Je crois que le sang de gens innocents ne peut être versé gratuitement et je ne renie pas mes paroles du 24 septembre. Un jour ce sang servira de fondation au bonheur futur de la Russie. Je ne peux prétendre un jour servir la Russie avec ma personne insignifiante, que l'on daigne donc me trouver digne de donner ma vie pour la Russie. Elle n'a de toute façon de valeur que pour ceux qui me sont proches.

J'ai trouvé une confirmation de cette pensée dans un article du *Novoïe vremia*. Au cours du requiem pour les officiers tués à Kronstadt, Helsinki, Viborg et à bord du *Petropavlovsk*, l'un des prêtres, le père Kondratieff, fit un sermon. Il dit : « La Russie n'a pas encore sombré. Le temps viendra où tout le peuple russe se prosternera devant ceux qui meurent maintenant en martyrs. Le peuple comprendra quel sacrifice ses meilleurs fils ont apporté. » Le père Kondratieff ne prononça pas un seul mot accusateur contre ceux qui avaient tué son fils de manière bestiale. C'est un vrai chrétien. Il a pardonné aux meurtriers de son fils, mais sommes-nous capables de faire de même ? Pouvons-nous « leur » pardonner cette haine qu'ils nourrissent à notre égard ? Pouvons-nous leur pardonner d'avance qu'ils désirent nous tuer ? Oui, c'est absolument nécessaire ! Que le Seigneur Dieu lui-même nous juge; moi, pour ma part, je souhaite aux futurs citoyens, à la future Russie libre et grande, le plus grand bonheur possible.

Post-scriptum : Et quand même j'ai peur de la violence, peur de la minute où la meute pénétrera ici avec l'intention manifeste de nous tuer. J'ai peur que l'un des miens soit tué sous mes yeux. J'ai peur que quelqu'un se saisisse de moi, qu'on me torture peut-être et ne me tue pas immédiatement. Nous essaierons de nous sauver, de leur échapper en courant, de nous cacher dans des chambres reculées; nous nous efforcerons de nous débattre, nous tirerons, nous nous défendrons. Mais ils seront nombreux et nous non, ils vont pénétrer ici... Si au moins ils pouvaient nous fusiller tout de suite! De loin, sans nous approcher, sans nous toucher! Nous fusiller, c'est bien la mort la plus rapide! Tous ensemble et vite! Ce serait le mieux, mais combien faudra-t-il endurer quand même pour en arriver là? J'ai toujours pensé que je n'avais pas peur de la mort. Je ne sais pas, il est mieux de ne pas y réfléchir. Il est également horrible de vivre. Et malgré tout je ne peux tout simplement pas croire que tout ceci puisse arriver!

18 octobre 1917

Aujourd'hui, il n'y a pas de courrier et il n'y en aura pas du tout. Le train n'est pas arrivé. Pour cela les pensées se concentrent sur des intérêts plus terre à terre. J'ai consacré toute la journée à mes lapins. Il est étrange que ces lapins soient pour moi les meilleures diversions et distractions. Aujourd'hui je les ai définitivement installés pour l'hiver dans la vieille cuisine et j'y ai également installé mon royaume où je pourrai me cacher quand j'aurai le cœur lourd.

Bronitsa, le 29 octobre 1917,
dans la grande salle à manger, une heure du matin

Tatiana et moi montons la garde. Les autres dorment. Ceci signifie que nous entrons dans une meilleure période.

Je vais raconter en commençant par le début : le deuxième soulèvement à Petrograd, qui était prévu pour le 20 octobre, est déjà terminé. Il a commencé le 22, mais lentement, et s'est pleinement développé le 25. Le 20, un « comité révolutionnaire » commença à entrer en action, pas publiquement, il est vrai. Nous, avec nos journaux sempiternellement en retard, n'avons eu les premières nouvelles que le 27. Nous avons pu nous informer sur la constitution du « comité » et sur ses divergences avec l'ISKOSOL et l'état-major général, sur l'appel de Kerenski au soviet de la République russe pour qu'il l'aide dans sa lutte contre les bolcheviks et sur le refus criminel du soviet. Cela avait des allures de tempête. Nous attendîmes fiévreusement le lendemain. Lorsque le courrier arriva hier, nous n'eûmes même pas le temps d'ouvrir le sac que déjà Nouditchka venait nous féliciter pour le nouveau Premier ministre : Lénine. Olga et moi étions justement en train de jouer du piano à quatre mains ; lorsque nous entendîmes cette nouvelle, nous nous figeâmes. Nous avons arraché les journaux du sac. Nous nous sommes mises à lire comme des folles, avons cherché les faits les plus importants, nous efforçant de deviner les détails.

Le soulèvement s'est passé facilement et vite. À la dernière minute, ne se trouvaient plus du côté du gouvernement provisoire que des cadets, quelques volontaires, un bataillon de femmes et, paraît-il, également un ou deux cosaques. L'ensemble de la garnison de Petrograd et toute la flotte baltique se mirent du côté des bolcheviks. Pour l'instant on ne sait pas où se trouvent les membres du gouvernement.

Il y a des rumeurs selon lesquelles Kerenski serait soit arrêté, soit mort ou encore qu'il aurait réussi à se cacher à l'intérieur du quartier général à partir duquel il conduirait des troupes sur Petrograd. La dernière supposition est la moins probable. Des soldats dans un tank sont apparus au soviet et l'ont dispersé. Les bolcheviks n'ont pas perdu de temps : ils ont déclaré que le gouvernement était destitué et ont formé un nouveau cabinet composé de la manière suivante : président du Conseil des ministres : Lénine ; ministre de l'Intérieur : Trotski ; ministre de la Guerre et plénipotentiaire : Verkhovski – ce n'est pas pour rien qu'on l'avait éloigné du gouvernement et expulsé de Petrograd ; ministre du Travail : Mme Kollontaï. Ils n'ont pas réfléchi à d'autres postes.

À Petrograd, tout est sens dessus dessous : on se bat dans les rues, partout on a creusé des tranchées et érigé des barricades. Les bolcheviks ont occupé les gares, les ponts, la poste, la Banque centrale et le télégraphe. La ville est entre leurs mains. Le palais d'Hiver, où des membres du gouvernement ainsi qu'un groupe de cadets se sont défendus, a été mis sous le feu des canons de la forteresse Pierre-et-Paul et du croiseur *Aurora* qui est sorti dans la Néva. Il a été occupé, tout comme le palais de Marbre.

Nous savions que les nouvelles seraient mauvaises mais nous ne nous attendions pas à cela. Une petite notice a désagréablement attiré notre intérêt : l'anarchie commence dans l'armée et dans les zones proches du front. À Vinnitza, un régiment d'infanterie a déjà attaqué l'arsenal et distribué des armes à la foule ; un régiment de mitrailleurs s'est joint à eux.

Malgré toutes ces nouvelles, nous sommes restés tout à fait calmes. Seulement nous n'avons rien dit à Maman : nous avions peur qu'elle ait une nouvelle crise. Nous lui avons dit que les journaux n'étaient pas arrivés. Chacun a réagi aux mauvaises nouvelles à sa façon. André commença avec beaucoup d'énergie à renforcer notre «forteresse», Tatiana, Olga et moi avons mis la dernière main à nos vêtements d'homme, nos «costumes de camarade» que nous avions préparés la veille. Une fois déguisées nous réussirons peut-être à nous enfuir s'il fait nuit. Malgré ces vêtements on a du mal à nous prendre pour des «camarades»! Papa a téléphoné aux cosaques à leur bureau, Nouditchka a fait sa valise secrète.

Le soir on a appris qu'une des propriétés voisines avait été dévastée, on parle de Rotmistrovka ou de Karpovka❖, l'ambiance se tendit encore davantage. En fait c'est une consolation que ce soit «le début de la fin», la crise après laquelle tout disparaîtra ou se remettra en ordre, mais quand on pense que nous ne vivrons peut-être même pas cette fin. Nous nous sommes tous couchés avec la certitude que quelque chose se passerait pendant cette nuit.

J'ai été réveillée par Rex qui aboyait et glapissait sous ma fenêtre. Il faisait sombre. J'étais allongée dans mon lit et j'écoutais attentivement lorsque j'eus l'impression que quelqu'un marchait et parlait devant ma fenêtre. Je me glaçai. Lorsque les sons cessèrent, je décidai que je n'avais fait que l'imaginer. Juste au moment où je me réinstallais confortablement pour me rendormir, un murmure indistinct retentit à nouveau. Je perdis toute envie de dormir mais je ne pouvais toujours pas me résoudre à me lever.

Tout à coup, la porte grinça et Olga entra : «Vous entendez que quelqu'un se promène là et parle ?» Nouditchka et moi nous redressâmes dans nos lits. «Peut-être que ce sont les cosaques qui font leur ronde ?» dit Nouditchka qui s'habilla rapidement. Moi aussi j'avais déjà mis ma chemise d'homme et mes chaussettes, mais cette version nous réjouit et nous calma, Olga et moi. «Ne devrions-nous pas nous

❖ C'était le pillage de Rotmistrovka, la propriété de Krassowski. (Complément de l'auteur, 1918.)

recoucher ? » Vite je me déshabillai, mis ma chemise de nuit sur la chemise d'homme et me blottis sous la couverture. Olga aussi se glissa dans son lit, elle laissa la porte entre nos deux chambres ouverte. « Quelle heure est-il ? » demanda Nouditchka. Je craquai une allumette. Il était quatre heures et quart. Dans ma chambre les doubles fenêtres étaient déjà installées ; chez Olga on n'en avait pas encore eu le temps. Pour cette raison on entendait bien mieux chez elle les bruits de l'extérieur.

Il ne se passa pas beaucoup plus d'un quart d'heure avant que je ne réentende les mêmes pas et les mêmes sons. Cette fois je me glissai hors de mon lit et entrai furtivement et avec précaution dans l'obscurité, dans la chambre d'Olga. Nouditchka et Olga restèrent allongées. J'entrebâillai le rideau et je regardai dehors. Tout était tranquille et le clair de lune était si fort que l'on pouvait tout voir. Je n'eus pas à attendre plus de dix minutes avant d'entendre un bruit qui s'approchait et de voir apparaître dans l'obscurité, venant du portail d'entrée, des silhouettes noires. Deux soldats en longs manteaux de cavalerie s'approchaient de la maison et derrière eux couraient encore deux personnages ; l'un courut sur la terrasse, l'autre s'approcha de la fenêtre derrière laquelle je me tenais. Mon cœur battait la chamade et je voulus laisser tomber le rideau, mais je devais voir ce qui allait se passer. Tous les quatre passèrent à côté de la fenêtre et disparurent au coin de la maison.

Je rapportai à Nouditchka et Olga ce que j'avais vu et allai voir Papa. Ces derniers temps il dort dans la grande salle à manger pour être au centre de la maison. Aussitôt que j'ouvris la porte, il alluma une bougie. Papa réveilla André et ils allèrent chez les cosaques. Ceux-ci leur dirent qu'une partie de la cavalerie était arrivée à Bronitsa. Nous nous réjouîmes : hier, le colonel Lerche a téléphoné et nous a informés qu'un escadron de dragons allait être stationné ici pour la protection du domaine.

2 h 30

Tatiana et moi venons de prendre une collation composée d'œufs froids et de tartines beurrées. Tout est calme. Tout le monde dort, sauf Maman qui est passée à l'instant voir ce que nous faisions. De temps en temps, nous faisons une ronde dans la maison. « Klementi », mon petit revolver Clément, repose dans la poche de mon « pantalon de camarade ». Pour l'instant tout est en ordre.

Ces dragons, nous les attendions comme nos défenseurs ; nous étions donc très contents de leur arrivée. Mamoulitchka fit de la lumière. Papa lui raconta cette agréable nouvelle, puis il alla téléphoner au bureau où se trouvent les officiers de l'escadron. Il s'avéra que nous nous étions réjouis trop tôt. J'entendis depuis le couloir la conversation téléphonique de Papa. À chaque phrase il devenait plus clair qu'il n'y avait pas de protection à attendre de la part de l'escadron nouvellement arrivé et qu'il faudrait se défendre ou s'enfuir devant eux. Ce fut un mauvais moment lorsque Papa dit : « Les enfants, ça va mal. Les soldats nous sont très hostiles. Il faut que tout le monde s'habille ! »

Nous écoutâmes tous cette nouvelle calmement, comme si rien ne s'était passé, et nous nous retirâmes dans nos chambres pour nous habiller. Olga et moi revêtîmes nos vêtements d'homme et, par-dessus, des jupes ; dans la poche, je fourrai mon petit Clément que je possède depuis une semaine.

L'officier avait dit à Papa qu'il s'agissait du deuxième escadron du régiment « Transamour », une troupe garde-frontière, paraît-il, envoyée en réponse au désir des propriétaires terriens pour protéger des troubles les dépôts de céréales étatiques. Les soldats sont terriblement excités et mécontents car ils n'ont trouvé ni dépôts ni troubles. Ils exigent de la mangeaille : de la viande, du thé, du sucre, du gruau et vingt roubles par tête pour le dérangement.

Un effroyable tourbillon commença. Nouditchka et Papa préparèrent le repas dans l'aile latérale. Notre cuisinier tchèque Neumann tua notre pauvre Dinka noire pour que les camarades aient de la viande, nous nous occupions du thé et du sucre. Puis un lieutenant effrayé apparut, qui raconta confidentiellement à Nouditchka qu'il vivait comme en prison. Ils étaient environ cent quarante hommes. Papa leur expliqua que c'était un malentendu, que personne ne les avait appelés. Un «comité» vint chercher la nourriture. Le lieutenant promit de faire en sorte qu'ils partent à deux heures. Comme nous étions nous-mêmes en train de manger, deux camarades apparurent et exigèrent avec insolence encore plus de pain. Papa leur dit que nous venions de nourrir cent hommes et que nous ne pouvions plus rien donner. Là-dessus ils disparurent. Avec ceci les énervements de cette nuit se terminèrent. Vers trois heures ils s'en allèrent et nous allâmes nous coucher. Le soir, il fut décidé que nous organiserions des tours de garde pour que les uns puissent dormir, pendant que les autres veilleraient. Tatiana et moi resterons éveillées jusqu'à trois heures et demie, puis jusqu'à sept heures Olga et Nouditchka.

3 h 15

Tout est calme. Bientôt nous réveillerons la prochaine équipe.

4 heures

Nouditchka et Olga sont arrivées, bien reposées et d'humeur joyeuse. Tatiana et moi allons nous coucher.

3 novembre 1917

La nuit dernière fut la première que nous passâmes tous dans notre lit. Dans la nuit du 1er au 2, Nouditchka et moi avons monté la garde. Notre maison est aussi fortifiée qu'une forteresse du Moyen Âge : à six heures du soir le portail d'entrée, une porte double, est fermé par deux serrures et renforcé par un panneau fait de planches épaisses, qui en ukrainien s'appelle *liada*, qui est fixé par deux poutres en chêne. C'est également ainsi que les fenêtres sont fermées. Le soir les pièces bien éclairées avec leurs fenêtres barricadées donnent une impression de confort et même de sécurité. Il a été décidé de tirer au cas où les vitres seraient cassées et les liadas enfoncées. Jusqu'à présent personne ne l'a encore essayé, seulement de temps en temps des types indéfinis passent furtivement ou courent autour de la maison. Depuis qu'il y a les liadas nous nous sommes calmés ; nous dormons à nouveau et on dirait qu'on a cessé de croire que quelque chose pouvait se passer. Hier Lydia Dimitrievna a écrit que les paysans avaient brûlé son domaine de Khilkovo ; tout est détruit. Dans son arrondissement du gouvernement de Toula, trente-cinq domaines ont été détruits, dans l'arrondissement voisin tout autant. Tout ceci est affreux.

Aujourd'hui aucun journal n'est arrivé. Hier il y eut un seul numéro du *Kievlianin*[1]. Les nouvelles sont réjouissantes : Kerenski, avec ses troupes, la division Oussouri, a atteint Gatchina où la garnison s'est rendue sans combat. Krasnoïe Selo a été conquise; du côté des bolcheviks il y aurait eu près de cinq cents morts. À Petrograd, on attend d'heure en heure l'arrivée de la division Oussouri. En ville des scènes indescriptibles se passent : les combats de rue continuent

1. Le *Kievlianin* était un journal monarchiste qui pouvait encore paraître à Kiev et dont l'éditeur était V. V. Choulguine.

entre d'un côté les bolcheviks et de l'autre les cadets et les volontaires masculins ou féminins. Des bolcheviks, il y en a beaucoup : tout Kronstadt, toute la division de Petrograd et la «garde rouge» – Dieu seul sait pourquoi ce serait une garde. Si des troupes ne rentrent pas du front, tout cela se terminera mal. D'une certaine façon, je ne peux pas croire que tout sera liquidé aussi vite et que cela finira bien. J'ai le pressentiment de quelque chose de terrible.

À Petrograd, des appartements sont saccagés, des gens convenablement habillés tués dans la rue; on promet une nuit de la Saint-Barthélemy à tous les bourjoui. La ville est sans cesse mitraillée. Le palais d'Hiver et la Banque centrale ont été pris d'assaut et pillés. À Moscou, les bolcheviks se sont installés au Kremlin; on dit que les cadets les en auraient chassés. Le Kremlin a été attaqué à l'artillerie depuis la Khodynka. À Kiev, une assemblée de cosaques a décidé de restaurer l'ordre, mais, paraît-il, la Rada centrale[1] veut se ranger du côté des bolcheviks. En ville on entend également le feu de l'artillerie et des fusils. Partout il y a eu des révoltes et tout s'écroule.

Lénine a édicté un décret selon lequel toute la terre devient la propriété du «peuple ouvrier»[2]. Peut-être que cela aura aussi bientôt des conséquences ici. Il paraît qu'il veut également nationaliser les banques privées. Tout cela d'après le même schéma.

1. Conseil suprême : plus haute instance gouvernementale d'Ukraine.

2. Dans le célèbre «Ordre du jour n° 1 du Comité révolutionnaire militaire du 26 octobre» (8 novembre), les soldats étaient appelés à arrêter leurs officiers et à empêcher par la force les transports de troupes vers le front. On y annonçait comme programme : conclusion immédiate de la paix, remise immédiate des terres des propriétaires aux paysans, dévolution de la totalité du pouvoir aux soviets et convocation d'une Assemblée constituante.

4 novembre 1917

Je suis allée à Moguilev avec André pour acheter chez Narichski un gros browning et y voir nos nouveaux chevaux. Il faisait un froid terrible. Nous étions presque gelés avant d'arriver en ville. Ne serait-ce que pour le browning, ce voyage avait un sens ; avec ses neuf millimètres et son chargeur à onze coups, c'est le plus grand revolver existant. André l'a acheté avec son propre argent, il a coûté cinq cents roubles ; André est très fier de sa nouvelle acquisition.

Les chevaux m'ont plu encore davantage. Je suis restée longtemps assise près d'eux dans l'écurie de notre maison, à les nourrir de pain. J'aime beaucoup les chevaux. L'un appartient à André. Nous sommes allés à la poste, mais il n'y avait pas de journaux. À nouveau nous ne savons rien.

Pendant que nous étions en train de dîner, Kilia est entrée en courant en criant qu'un mur était en feu. Nous nous sommes précipités dans le couloir. Il s'avéra que le revêtement de la lingerie avait commencé à brûler en raison d'un tuyau surchauffé. André fit un trou dans le revêtement et y versa de l'eau. Nous en apportâmes encore. Tout se termina très vite. Tout le monde garda son sang-froid. Cette petite alerte de répétition l'a démontré une fois de plus : en cas d'urgence la garnison de notre forteresse ne perd pas son calme.

5 novembre 1917

La *Kievskaïa mysl* est arrivée et a apporté, comme on s'y attendait, de mauvaises nouvelles, rien de précis, seulement une quantité de rumeurs qui se contredisent mutuellement. Si l'on peut en croire un télégramme, un certain colonel Mouraviev aurait battu l'armée de Kerenski près de Krasnoïe.

L'annonce en a été faite par Mouraviev lui-même et par Trotski. D'un autre côté le *Iedinstvo* de Plekhanov écrit que Kerenski et son armée auraient conquis la gare deTsarskoselsk et auraient entamé l'attaque de la forteresse Pierre-et-Paul. Probablement qu'une chose est aussi fausse que l'autre. Des renforts de bolcheviks venus de Finlande marchent vers Petrograd. Petrograd même est coupée de toute la Russie, de façon qu'il n'y a pas d'informations sûres de là-bas. Moscou est coupé de Kiev, on ne sait rien non plus de là-bas. On dit que la ville est sous le feu de l'artillerie et qu'il y a beaucoup de morts. À Kiev, la Rada centrale s'est saisie du pouvoir, ce qui est également mauvais signe. Sur le Don, le général Kalédine[1] combat très énergiquement les troubles. Le gouvernement militaire s'est proclamé seul pouvoir dans le pays et a choisi le général Kalédine comme commandant en chef avec des pleins pouvoirs presque dictatoriaux. Les cosaques veulent inviter Kerenski à se rendre chez eux au bord du Don pour y former un nouveau gouvernement et restaurer l'ordre à partir de là. Ce serait bien si c'était possible.

Malheureusement, nous ne le vivrons plus. Les Allemands ont commencé leur avance sur notre front. Le bruit des canons est encore plus fort qu'auparavant, et aujourd'hui ils tirent tellement que même dans ma chambre j'entends très fort les impacts sourds des obus, malgré les doubles vitrages. Si cela continue ainsi notre armée en déroute n'attendra pas que le pont sur le Dniestr soit terminé et apparaîtra bientôt ici. Alors, que Dieu nous vienne en aide, à notre forteresse et à nous tous : rien ne résistera à cet assaut.

1. Kalédine était l'*Ataman*, c'est-à-dire le chef suprême des cosaques.

6 novembre 1917

De terribles nouvelles de Moscou : je ne sais pas depuis combien de temps déjà durent les combats entre cadets et bolcheviks. La ville est continuellement sous le feu de l'artillerie, des maisons sont détruites, des citoyens pacifiques tués. Le Kremlin est touché, on ne sait pas encore à quel point. Des deux côtés il y a énormément de morts. On dirait que les bolcheviks prennent le dessus. Jamais encore la Russie n'a éprouvé une honte pareille. On ne sait toujours rien de Petrograd.

À Kiev, le colonel ukrainien Pavlenko et le camarade Piatakov, un bolchevik, règnent. Deux petits fruits du même arbre. La Rada a saisi tout le pouvoir. Petlioura s'est nommé lui-même commandant de toutes les forces de l'Ukraine.

On n'entend pas parler de Kalédine. Mais en revanche il y a des rumeurs selon lesquelles Kornilov se serait enfui de Bykhov. Ce serait trop beau pour être vrai !

À Bronitsa tout est calme. Ces nouvelles donnent une impression de frustration à la garnison de notre forteresse, surtout avec les canons autrichiens en guise d'accompagnement musical plus fort de jour en jour. De toute manière, cette musique ne nous fait plus peur. Comme la chaude soirée d'été où nous avions entendu au crépuscule, assis sur le banc, « au bout du monde », le même bruit d'artillerie distant est loin ! Maintenant, tout le monde ici attend les Autrichiens comme des libérateurs. Les propriétaires terriens polonais ne cachent pas leur joie à l'approche de l'ennemi ; les paysans disent : « Si au moins les Allemands venaient enfin, nous aurions peut-être plus d'ordre ! » Même certains d'entre nous souhaitent l'arrivée des Allemands. Ils le disent évidemment contre leurs convictions, mais ici tout est vraiment devenu trop répugnant.

Je ne peux pas encore en arriver à penser ainsi. Ne serait-ce qu'imaginer que les Allemands viennent ici, qu'ils y soient les maîtres ! Non, alors il vaut quand même mieux que les bolcheviks restent ! Eux au moins ne sont que des bêtes féroces, pas des êtres cultivés ; ils détruiront tout, mais au moins on n'a pas à avoir honte devant eux. Et devoir supporter toutes les horreurs de l'armée en déroute seulement pour, dans le meilleur des cas, avoir à supporter la pitié mi-polie mi-méprisante des Allemands – non, là je préfère encore les bolcheviks !

7 novembre 1917

Hier, on aurait dit que de plus mauvaises nouvelles ne pouvaient arriver – celles d'aujourd'hui sont encore pires. Enfin, on apprend ce qui se passe à Petrograd et pourquoi les troupes qui furent rappelées du front n'ont pas encore pénétré en ville et chassé les bolcheviks. La 1re division de l'Oussouri, la 1re division du Don, un détachement volontaire de cadets et d'autres unités encore se sont arrêtés près de Krasnoïe Selo et ont décidé après des négociations avec les bolcheviks d'arrêter leur marche contre Petrograd et de livrer Kerenski. Là où les bolcheviks n'ont pu gagner par la force des armes, ils l'ont certainement fait avec l'aide de l'argent allemand ou peut-être seulement avec nos « petits papiers » dénués de toute valeur. Kerenski a été arrêté et devait être amené à Petrograd, mais il a réussi à s'enfuir déguisé en matelot. Évidemment ils le trouveront et le tueront.

Entre-temps le général Doukhonine, sans gaspillage de temps ou de mots, s'est proclamé commandant en chef. Il ne marche pas avec les bolcheviks. Il n'y a plus d'autre possibilité que de conspirer. Si Kerenski était responsable de l'affaire Kornilov, il le paie cher maintenant.

Les détenteurs du pouvoir à Petrograd sont désormais : le Comité révolutionnaire de guerre, c'est-à-dire Lénine,

Trotski et Cie, la Douma de la ville, qui se compose pour moitié de sociaux-révolutionnaires de gauche et de bolcheviks, et le « VIKJEL[1] » qui s'est refusé à transporter les troupes de Kerenski à Petrograd. Toute cette belle société se prépare à l'élection d'un nouveau gouvernement russe. Dans son discours, Lénine jure que la révolution s'est accomplie sans effusion de sang. « Si du sang a été versé, alors c'est seulement de notre côté », dit-il. De toute manière il y a des rumeurs qu'à Petrograd – que les bolcheviks on ne sait pourquoi s'obstinent à appeler Saint-Pétersbourg – et dans ses environs plus de quinze mille personnes auraient péri. C'est un peu trop, pour n'être vraiment que des bolcheviks.

À Moscou, les batailles de rues sont terminées, mais le pouvoir est resté entre les mains des bolcheviks. Le commandant de l'arrondissement militaire de Moscou est un soldat du nom de Mouralov. Au Kremlin, la cathédrale Uspenski[2], le monastère Tchudov et la porte de Nikolskoïe sont détruits. On ne peut aller plus loin. Ce dont la Russie a été fière pendant des siècles a été réduit à néant en quatre jours par les actes de soldats barbares. La Russie coule. Elle est noyée dans la boue et le sang par ses propres fils. Quel miracle réveillera l'esprit du peuple ? Il n'y en aura pas, car le peuple russe ne le mérite plus. Peut-être qu'un jour un grand besoin, une grande souffrance et le joug pesant d'une répression étrangère y parviendront. C'est seulement par de chaudes larmes et une mer de sang que cette honte infinie dont s'est couverte la Russie pourra être lavée. J'ai toujours pensé que le peuple russe serait récompensé pour ses longues années de souffrance ; maintenant je commence à penser : un peuple qui réduit à néant ses églises, pour lequel n'existent ni Dieu ni le sacré, est-il digne d'être récompensé ?

1. Comité exécutif des cheminots.
2. De la Dormition.

Peut-être recevra-t-il un jour cette récompense, mais avant il devra se repentir durement de ses crimes.

En outre, à Moscou, plusieurs maisons sont détruites dans l'Arbat ; la Douma de la ville, l'hôtel Métropole et d'autres bâtiments sont endommagés. Nous nous inquiétons du sort des Zouboff ; dans les rues latérales de l'Arbat cela a dû être très grave.

Selon des rumeurs, Kalédine aurait pris Kharkov avec l'aide d'unités indéterminées. Le général Alexeïev s'est joint à lui. Peut-être à deux feront-ils quelque chose pour restaurer l'ordre. Le plus intéressant est maintenant : que va faire Kalédine – au cas où ce ne serait pas un bobard – et où est Kornilov ?

Aujourd'hui le lieutenant de ce 38e bataillon de cosaques du Don, dont quatre cosaques sont stationnés chez nous, est venu nous voir. Le régiment se trouve à Ataki, un village en Bessarabie de l'autre côté du Dniestr, mais pour une raison inconnue il a été décidé de le replier sur cette rive. Pense-t-on donc évacuer entièrement la Bessarabie et l'abandonner au « peuple frère des Ukrainiens », les Moldaves, pour qu'ils puissent exercer leur « droit à l'autodétermination » parmi les Autrichiens ? Ce ne serait même pas étonnant.

Tout le régiment des cosaques veut prendre ses quartiers ici. Dans notre aile latérale vivra l'état-major du régiment, devant on installera la caisse et un poste de garde. À Grigorovka il y aura une *sotnia* [1], la deuxième à Bronitsa ou à Katerinovka. Le lieutenant n'a pas dit si ses subordonnés volaient, organisaient des meetings, sympathisaient avec les bolcheviks ou s'ils se comportaient décemment. Nous nous en apercevrons nous-mêmes. Pour l'instant nous nous réjouissons de cette nouvelle. D'une certaine façon nous avons l'impression que des cosaques ne peuvent être bolcheviques.

1. Unité militaire dans les régiments de cosaques, littéralement centaine ou centurie.

Hier l'ordonnance de Boba, Wojciechowski, est venu officiellement pour prendre de la nourriture; en réalité Boba l'a envoyé se rendre compte si nous étions encore en vie. Probablement des rumeurs sont-elles arrivées jusqu'à Sekuriany qu'un pogrom allait se passer chez nous. La localité n'est en effet qu'à trente verstes de Moguilev et comme Moguilev est le centre du contre-espionnage de la VIIIe armée ils sont en liaison constante. Il y a eu des jours où tout Moguilev disait que Bronitsa n'existait plus.

Sekuriany, où Boba exerce pour l'instant la fonction de commandant provisoire du poste de contre-espionnage, est un trou sale et triste où il n'y a ni logement ni nourriture. Depuis février Boba ne perçoit plus sa solde d'officier, mais maintenant nous lui envoyons tout depuis Bronitsa, alors que les autres doivent s'endetter et avoir faim. Il est maintenant difficile d'être officier dans l'armée russe !

8 novembre 1917

Comme si cela pouvait nous aider que les bolcheviks se disputent entre eux, que les camarades Chliapkine[1], Rykov, Noguine et Kollontaï protestent contre les actions des camarades Lénine et Trotski, que le VIKJEL qui était bolchevique le 29 octobre l'ait regretté à nouveau le 7 novembre, ou que le « commissaire à l'Éducation du peuple » Lounatcharsky ait remis ses fonctions en protestation contre le vandalisme à Moscou pour les reprendre le lendemain ! Est-ce une aide que le « Comité révolutionnaire » ait proclamé que Kerenski était un traître et désire le faire condamner ? Est-ce une aide que Mouraviev ait édicté un « Ordre du jour n° 1 concernant la défense de Petrograd » dans lequel soldats, matelots et gardes rouges sont officiellement appelés à pratiquer le

1. A. Chliapnikov.

lynchage et à «faire le ménage dans leurs propres forces, sans pitié pour tous les éléments suspects»? La Russie a déraillé le 27 février 1917 et ne s'arrêtera que lorsqu'elle sera tombée au bas du talus…

À Moscou il paraît que la cathédrale Saint-Basile, le beffroi Ivan-Veliki et d'autres bâtiments du Kremlin ont été également endommagés. Lorsque les Allemands ont détruit la cathédrale de Reims nous avons tous hurlé que c'était un acte barbare et avons envoyé nos protestations à des bureaux internationaux. Maintenant nous avons détruit le Kremlin de nos propres mains ainsi que la cathédrale Uspenski, lieu de couronnement des tsars russes. Nous avons détruit ce qui avait jusqu'alors couronné la grandeur de notre patrie : la beauté des vieilles traditions, tout ce que nous avons reçu en héritage de nos ancêtres – le respect face à la culture et à l'art, l'amour de la patrie, la foi en Dieu… Qu'allons-nous ériger à la place?

Encore une déception : les cosaques, en qui toute la Russie mettait son espoir, affirment que le rôle de sauveur de la Russie ne leur «plaît» pas. Ils ne se mêleront pas des troubles et veulent rester neutres; ils ne mettront de l'ordre que dans leur propre région. En quoi la disparition de la Russie les concerne-t-elle? Ils entreront même dans des «rapports réalistes» avec le gouvernement Lénine. À Novotcherkassk, l'idée de mener la croisade que l'on attend de lui n'a pas l'air d'effleurer Kalédine. On n'entend rien de Kornilov. En qui doit-on espérer maintenant?

À Moscou, le commandement en chef met des soldats au poste des commandants de régiments et d'escadrons. Quelle bonne mesure pour la défense de la patrie! Il sera intéressant de voir à quoi ils vont maintenant nommer les commandants. Au grade de soldat?

12 novembre 1917

Ces trois derniers jours, ce que tous les propriétaires terriens redoutaient avec tant de sombres pressentiments est arrivé. La terre a été déclarée propriété « du peuple travailleur ». Depuis deux jours ce « peuple travailleur » se partage nos terres et s'y dispute tellement que déjà maintenant « ils se sont tous cassé la gueule », comme s'exprime de façon imagée Vassili, notre surveillant des machines. Étrangement ceci n'occupe pour l'instant que Grigorovka ; Bronitsa n'a pas encore usé de l'autorisation de voler le bien d'autrui.

On nous vole, mais qui cela intéresse-t-il ? Le 9 novembre la démocratie révolutionnaire a accompli ce qu'elle avait toujours rêvé de faire : elle a assené aux bourjoui haïs le coup le plus vif – la destruction du nid familial. Ce même 9 novembre, l'Ukraine s'est proclamée République libre et démocratique. Leur « troisième universel[1] » dégoûtant et pathétique a naturellement impressionné les démocrates ukrainiens comme il se doit, car ils obtiennent d'un coup tout ce qu'ils veulent : la terre, la journée de travail de huit heures, l'abolition de la peine de mort, une amnistie pour tous les délits politiques – les « contre-révolutionnaires » seraient-ils eux aussi amnistiés ? – pour ceux qui ont déjà été commis, pour ceux qui sont en train d'être commis et même pour ceux qui n'ont pas encore été découverts. Cet « universel » abolit naturellement la noblesse, les titres et les décorations. Mais on y ajoute immédiatement que l'Ukraine sauvera la Russie. Notre Hrusevskyj ne penserait-il pas à le faire avec l'appui actif de l'Autriche ?

Mon cœur saigne quand je pense de quelle honte s'est couverte la Russie face au monde entier par la politique du camarade Trotski-Bronstein. Ce petit juif Bronstein,

1. Décret, en ukrainien.

acheté par l'Allemagne, parle et agit au nom de la Russie! Est-il possible que nos ex-alliés, nos futurs ennemis, ne comprennent pas que ce n'est pas la Russie qui parle, mais bien les mêmes Allemands, contre lesquels ils se sont battus, que la bouche de la Russie est fermée par le poing sale de vils conquérants, qu'elle souffre de cette honte et aspire à la lumière de la justice, mais ne peut parvenir à se libérer elle-même de son tombeau?... Maintenant les traîtres, les marionnettes allemandes triomphent, le monde entier s'écarte de la Russie, plein de mépris – mais que vienne enfin un meurtrier qui fermerait mes yeux qui ne sont plus en état de voir la honte de ma patrie!

Bronitsa, le 16 novembre, ma chambre

Les Alliés, et même les Allemands, ne reconnaissent pas le gouvernement Lénine! Mais cela n'a pas empêché les Chinois d'occuper Kharbin, même sans déclaration de guerre officielle. Cela n'empêche pas non plus les Japonais de nous menacer de la guerre, ni les Roumains d'entamer avec l'Allemagne des pourparlers en vue d'une paix séparée et de réclamer la Bessarabie et une partie de la côte de la mer Noire. Ils ont raison, évidemment, car la première tentative de conclure une paix séparée émane de nous, c'est-à-dire que nous sommes les premiers traîtres au pacte de 1914 et pas les Roumains. Officiellement, personne n'a reconnu le gouvernement bolchevique, mais personne n'entreprend rien ou ne proteste contre eux. Les Alliés ne mènent leurs négociations qu'avec le général Doukhonine, qui ne reconnaît pas le porte-drapeau Krylenko comme général en chef et est resté au quartier général. Un commando punitif est en route contre lui. Les cosaques ne reconnaissent pas non plus Lénine et Trotski. Contre eux également, c'est-à-dire contre Kalédine, un commando punitif mené par le matelot Dybenko est en route. Les Moscovites veulent proclamer une grève générale de protestation contre le culot des bolcheviks. Comme si cela allait aider à quelque chose ! Au quartier général, quelques personnes de la sorte des Avksentieff, Gotz, Tchernov, qui n'étaient pas capables d'exercer le pouvoir en temps de paix, sont en réunion. Il paraît qu'ils veulent mettre Tchernov au pouvoir. Est-il meilleur que Lénine ?

Notre « forteresse » a obtenu du renfort. Boba est arrivé de Sekuriany, Wojciechowski le suivra bientôt. Cela nous fera toujours deux hommes de plus dans notre fort. Boba s'est porté malade et va rester quelques jours ici. Aujourd'hui, André et lui ont amélioré la fixation de nos liadas, de telle façon que presque aucun danger ne peut plus venir des fenêtres. Pendant la journée, la garnison s'occupe aux choses les plus variées. Boba et André scient des planches, ils disent que c'est un apprentissage pour leur futur métier, Olga et moi apprenons l'arithmétique. J'ai pas mal de bricoles à faire ; on peut s'occuper toute la journée.

La plupart du temps je me sens bien, la journée est trop courte, l'ambiance bonne. Quelquefois c'est l'ennui, et l'âme est oppressée. Les Allemands ne tirent pas, je ne sais pas pourquoi. Le temps est agréable. On peut vivre longtemps ainsi et pour l'instant rien n'est en vue qui semble menacer cette vie. Évidemment il peut se produire quelque chose chaque jour, car l'anarchie est de plus en plus grande dans notre gouvernement, mais personne n'y pense. Notre solution est : « Nous sommes encore là ! »

19 novembre, dans ma chambre

C'est le soir, Olga et moi sommes assises dans ma chambre, moi à la table, elle sur le divan dans le coin. Il fait chaud dans la pièce et la lampe brille fort. Olga lit mais dit qu'elle voudrait écrire son «petit Journal». Elle le voudrait, mais elle est trop paresseuse pour le faire. Je le comprends très bien.

Je viens de lire *Les Bas-Fonds* de Gorki et j'ai commencé hier sa pièce *La Mère* mais je n'ai pas pu en terminer la lecture car je n'ai pas trouvé le deuxième volume avec la fin. L'impression est étrange. Je ne sais pas comment j'y aurais réagi il n'y a encore qu'une année. Probablement différemment. Maintenant je comprends mieux certains passages dans *La Mère*. J'ai déjà mûri davantage, ils ne me sont plus totalement étrangers, malgré des passages comme : «Tous les travailleurs sont nos frères, tous les riches nos ennemis.» Je suis maintenant arrivée à la beauté de cet enseignement; pendant ce temps Gorki et d'autres socialistes se sont retrouvés bolcheviks. Ceci gâte tout. Ils ont détruit eux-mêmes ce qu'ils avaient créé et loué.

Olga et moi parlons de ce que nous ferions, si nous pouvions. J'aimerais servir la communauté, les gens. Si les temps étaient différents, j'irais peut-être dans un monastère ou alors pas un monastère mais plutôt une communauté charitable. Ce que j'aimerais le plus, c'est devenir infirmière... Il y a parfois des moments où je crois que je pourrais m'arracher à tout ce à quoi je suis habituée et me consacrer aux malheureux qui en ont besoin.

Olga dit qu'elle préférerait vivre comme jusqu'à présent et parallèlement se rendre dans un asile de nuit dont je lui ai parlé. Elle pense qu'on peut faire du bien partout sans modifier le mode de vie auquel nous sommes habituées. «Continuer à vivre dans notre appartement de Petrograd, avoir des relations, boire du thé avec de la confiture et en passant aller dans un asile de nuit.» Ce n'est pas mal non plus, mais je ne crois pas que j'aurais la force «de vivre dans l'appartement et boire du thé» et puis de retourner dans l'asile de nuit. Je resterais, je le crains, assise à «boire du thé». J'aimerais ne plus pouvoir revenir en arrière. J'aimerais être pauvre pour ne pas avoir à affronter une situation aussi difficile.

Le soir je me suis allongée sur mon lit et j'ai lu l'Évangile : « Je vous donne un commandement nouveau, aimez-vous les uns les autres ! » À combien de reprises ai-je lu ces grandes paroles. Mais maintenant c'est vraiment une « nouvelle loi ». Quelque chose a mûri dans mon cœur, j'ai eu l'impression d'avoir compris et appris quelque chose de tout nouveau, quelque chose de très grand. Dans mon cœur, c'est devenu clair et calme.

23 novembre 1917

La première bonne nouvelle depuis si longtemps : Kornilov et tous les généraux sont en liberté. Un officier de l'état-major général s'est rendu à Bykhov et a montré au commandant un ordre du chef de la commission d'enquête selon lequel tous les généraux emprisonnés étaient à relâcher. Le papier contenait tout ce qui était nécessaire, tel que tampon et signature, tout ce qui doit figurer sur les documents officiels. Le commandant décida cependant de vérifier au grand quartier général. Les Turkmènes, qui ont protégé Kornilov depuis le début de la révolution d'Octobre et l'ont accompagné à Bykhov, entendirent parler de cet ordre. Ils déclarèrent immédiatement qu'il était conforme au droit. Ils libérèrent tous les généraux, « sellèrent les chevaux et disparurent dans une direction inconnue ». Voilà ce qui est écrit dans le *Kievlianin* qui a enfin reparu.

Où va aller Kornilov maintenant ? Si cela s'était passé avant, il aurait pu aller auprès de Kalédine sur le Don. Maintenant les bolcheviks marchent de tous côtés contre Kalédine. Les bolcheviks ont conquis aussi le grand quartier général, avec à leur tête le porte-drapeau Krylenko. Doukhonine est mort. Maintenant il n'y a plus de quartier général, plus d'armée, plus de général Doukhonine, qui était notre seul représentant face au monde. Il est mort en héros. On avait déjà essayé plus tôt de l'amener à s'enfuir devant l'approche des bolcheviks, mais il a refusé de quitter son poste. Les matelots l'ont battu de façon très brutale et finalement l'ont achevé avec leurs baïonnettes, presque sous les yeux de sa femme. Ils ont annoncé que le meurtre du général Doukhonine était la réponse à la fuite de Kornilov. Elle est digne de Trotski et de Krylenko. Ces événements sont si affreux que j'aimerais ne plus écrire à leur sujet.

26 novembre 1917

On dit que Kornilov et Markov sont arrivés à Novotcherkassk. En route différents groupes de choc se sont joints à la marche de Kornilov et de ses Turkmènes, sept mille hommes, paraît-il, avec quarante-deux canons qui se sont battus avec un convoi blindé bolchevique, l'ont brisé et fait sauter la voie ferrée. Pendant que les Turkmènes et les groupes de choc avançaient en ordre de marche et attiraient ainsi sur eux l'attention des bolcheviks, on dit que Kornilov déguisé en soldat, sans papiers, imperturbable, a voyagé dans un wagon de deuxième classe vers Novotcherkassk. Markov a voyagé également ainsi mais avec cinq soldats.

Il est encore inconnu où Denikine, Orloff, Erdeli et les autres se trouvent. Que Dieu fasse qu'ils survivent tous et deviennent utiles à notre malheureuse Russie. Il paraît que c'est Chablonski qui les a libérés tous, car à son avis les généraux emprisonnés ne prévoyaient pas de mutinerie. Après avoir fait partir l'ordre de libérer Kornilov, Chablonski lui-même a disparu de Petrograd. Évidemment le Comité révolutionnaire de guerre fait tout pour le retrouver. Le répugnant VIKJEL a juré de faire Kornilov prisonnier. Mais ceci n'a pas empêché ce dernier de rejoindre Kalédine, c'est en tout cas ce que disent les rumeurs. Maintenant de très nombreux officiers du front veulent rejoindre Kalédine. Je ne crois pas qu'il les renverra. De grands événements se préparent sur le Don. Peut-être décideront-ils de l'existence ou de la non-existence de la Russie, mieux que l'Assemblée constituante dans laquelle n'entrent que des bolcheviks et des « Kadets », les Démocrates constitutionnels. Ce sera une belle pagaille à l'ouverture de la première réunion !

Moguilev-Podolski, le 22 décembre 1917

Je suis restée presque un mois sans écrire et beaucoup de choses ont changé pendant ce temps. Nous ne sommes plus l'heureuse exception parmi des milliers de nos concitoyens nobles, une exception à cause de laquelle j'ai eu parfois mauvaise conscience. Maintenant la vague dans laquelle tant de gens se sont noyés nous a happés nous aussi.

Bronitsa n'existe plus. Les cosaques que nous avions tant attendus, desquels nous avions espéré de l'aide contre le danger qui nous menaçait, l'ont détruite et pillée. Que nous nous trouvions maintenant dans la rue Sadovaïa n° 16 est à mon avis l'expression de la miséricorde divine ou, si l'on veut vraiment, un très grand heureux hasard. Il faudrait tout raconter dans l'ordre, mais je ne sais pas si j'aurai assez d'énergie pour tout revivre à nouveau, même seulement en pensée. Je vais essayer :

Je ne sais plus quand les détachements de cosaques sont arrivés dans les villages de Bronitsa et de Grigorovka. Les soldats disaient qu'ils resteraient longtemps et seraient réorganisés et ajoutaient qu'une sotnia était restée à Ataki (Bessarabie) où les bolcheviks les avaient arrêtés. Nous pensions pouvoir dormir tranquilles avec à côté de nous quatre ou cinq sotnias de cosaques. Mais bientôt nous réalisâmes que ce voisinage n'était pas aussi agréable. Des rumeurs se firent jour au sujet d'effractions dans les dépôts de vivres et de réquisitions forcées d'avoine et de millet directement sur les aires de battage. On n'en parlait pas à voix haute – il s'agissait quand même des cosaques, nos protecteurs ! Il s'avéra bientôt qu'on entrait chaque nuit par effraction dans les dépôts de vivres, que des céréales étaient emportées et que la panique régnait parmi nos employés. On cessa de se fier à l'héroïsme tellement vanté de nos cosaques. La nuit ils forçaient les serrures, emportaient des sacs de blé et découpaient les autres. Des témoins disaient qu'ils étaient continuellement ivres et que les paysans leur donnaient à boire l'alcool qu'ils distillaient eux-mêmes. Un soir, c'était le 8 ou le 9 décembre, il se produisit un incident après lequel tout le monde commença à parler des événements à voix haute. Vers neuf heures du soir, des cosaques entrèrent à nouveau dans notre magasin par effraction et voulurent emporter une grosse cargaison. Les paysans voulurent les en empêcher et défendre le blé qu'ils voulaient réquisitionner eux-mêmes. Ils se rassemblèrent et une grande foule se mit en marche en direction du magasin. Lorsque les cosaques les virent, ils se mirent à tirer de tous côtés. Les paysans, menés par notre comité de réquisition, étaient également ivres, mais s'enfuirent devant les coups de feu en tirant eux-mêmes.

Ce vacarme si près de la maison fut extrêmement désagréable. Je ne me sentais pas bien et j'étais ce jour-là couchée dans mon lit. Au premier coup de feu, je sautai hors du lit et commençai à m'habiller ; mes mains tremblaient, je ne pouvais les garder calmes, et mon cœur battait tellement fort que j'entendais mal les coups de feu. Dans la maison, tout le monde était sur pied. Les lampes brillamment allumées furent éteintes, et on s'éclaira seulement avec quelques bougies. Des membres de notre « garnison » veillaient aux trous d'observation dans les liadas. Nous attendions une attaque de minute en minute. Mais on constata cependant qu'il ne s'agissait que de l'habituelle attaque du dépôt de vivres; seulement cette fois elle était plus énergique que d'habitude. Vers minuit tout le monde se retira dans sa chambre, calmé, et se coucha.

Encore quelques jours s'écoulèrent. Nous allions quand même nous promener, nourrir les lapins, et faisions même du ski. Pendant ce temps, chaque nuit quelque chose était volé : ils allèrent dans la grande cave sous la maison, volèrent de nombreuses bouteilles de jus de fruits – ils cherchaient du vin; dans la cour noire ils volèrent des moutons karakuls, dans la remise à voitures ils découpèrent le cuir de nos équipages. Et à la fin, le 11, se produisit ce que nous avions déjà attendu tout l'été.

Le soir, vers huit heures, l'habituelle réunion des membres de notre «organisation familiale» eut lieu. Nous nous réunissions tous les soirs autour de la table ronde sous la lampe allumée. Quand tout le monde était d'accord les réunions étaient «silencieuses». Alors Tatiana travaillait à son roman, Olga résolvait ses problèmes d'algèbre et je faisais mes devoirs d'arithmétique ou lisais Dostoïevski. Il y eut aussi des réunions «non silencieuses» : que de thèmes n'avons-nous pas discutés! C'était bien!

Ce soir-là, le 10, se tenait une réunion «silencieuse». «Je sens qu'il ne se passera rien aujourd'hui», dit Olga. «Je le crois aussi. J'ai l'impression que rien ne peut se passer aujourd'hui», dis-je. Tatiana rit. Il se passa à peu près une heure et Klavdia entra soudainement et s'écria : «Tatiana Nicolaïevna, dites au prince que quelqu'un rôde sous nos fenêtres. Et nous avons vu des soldats dans le parc!» Elle était très effrayée. Tatiana alla chez Papa qui était justement en train de téléphoner à Liachko. Elle ne voulut pas le déranger et regarda entre-temps par une ouverture d'observation. À ce moment-là, la ligne téléphonique fut interrompue. Papa essaya d'atteindre la fabrique, puis Grigorovka, enfin Moguilev mais toutes les quatre lignes étaient mortes.

Sitôt après on frappa à une porte. Aussi bien Olga que moi étions si convaincues que rien ne se passerait ce jour-là que nous ne nous levâmes même pas. C'est seulement lorsque Papa traversa le corridor et dit à André et Boba : « Prenez vos armes » que je sortis. Papa prit son pistolet de la chambre à coucher. Nous écoutions, debout. Les coups étaient si assourdis qu'on avait l'impression que c'était très loin. Nous ne pouvions trouver où ils tapaient. Certains disaient que c'était au grenier. André alla chercher une échelle et y grimpa par un puits d'aération. Il inspecta le grenier, puis rampa dans le trou sombre. Mamoulitchka était très énervée. (S'il y avait eu quelqu'un au grenier, cette reconnaissance aurait été de la folie.) André descendit et nous dit que tout y était silencieux.

Les coups devenaient de plus en plus forts. Ils tapaient à la porte d'entrée au bout du corridor. Cela rendait un son tellement assourdi, car la double porte était renforcée par une liada et à travers cette triple barricade on n'entendait que faiblement les coups. J'allai dans ma chambre chercher mon Clément et retournai auprès des autres. Étonnant à quel point j'étais calme. Seul mon cœur battait sauvagement et mes mains tremblaient. Devant la porte Papa, Boba et André se tenaient déjà debout. Maman, Tatiana, Olga et Nouditchka s'étaient retirées dans une chambre du fond.

« Qui est-ce ? Pourquoi frappez-vous ? Que voulez-vous ? » entendons-nous crier Papa. À travers la porte triplement verrouillée on ne le comprend pas. « Qui est là ? Nous n'ouvrons pas ! » Soudain du verre se brise quelque part : la fenêtre au-dessus de la première porte. Nous n'entendons que ce qui se dit dans la maison. « Que voulez-vous ? Arrêtez de démolir la porte ! » Au ton de la voix de Papa on peut saisir le sérieux de la situation. Discussions agitées au sujet du fait que la porte cède. Une minute de confusion. Maman est dans la chambre à coucher, elle s'habille plus chaudement pour le cas où il faudrait quitter la maison. Nous aussi nous mettons des bottes et quelque chose de chaud. André nous apporte une quantité de vêtements, au cas où nous devrions aller dans la cave. Olga s'est mis dans la tête de mettre des vêtements d'homme; en ce moment, elle est presque nue et s'agite terriblement à ce sujet. Tatiana l'aide à s'habiller. Je vais à la porte d'entrée principale et j'écoute attentivement si tout est tranquille. C'est ici que se sont également assemblés les domestiques. Kilia et Paraska sont sur le point de se mettre à pleurer, mais Klavdia les exhorte à être courageuses; elles se taisent.

Nous nous réunîmes tous dans la chambre à coucher. Sur une petite table une bougie brillait. La voix de Papa était de plus en plus agitée : «Ne défoncez pas la porte! Nous n'ouvrons pas! Que voulez-vous?» Puis vint un moment où il y eut du fracas et quelqu'un dans le couloir dit que la porte était défoncée. «Partez d'ici, partez!» lança Papa à nos frères et encore une fois : «Ne défoncez pas la porte! Nous allons tirer!» On entendit armer le chien d'un fusil. Puis soudain la voix de Boba qui proposait de chercher un moyen de négocier.

Lorsque nous entendîmes dans la chambre à coucher la terrible nouvelle que la porte avait été défoncée, personne ne dit un mot. Olga et Tatiana fermèrent deux portes à clef; il n'y en avait plus qu'une d'ouverte par laquelle nos hommes pouvaient entrer. Je me tenais debout près de la petite table et regardais la flamme de la bougie. Je la vois encore maintenant. Lorsqu'il fut dit que les pillards étaient déjà dans la maison, je plaçai mon Clément de la position «sûreté» à «feu». Olga se tenait près de moi avec son fusil. Nous étions tous silencieux, et je peux dire avec une quasi-certitude que personne n'avait peur.

Lorsqu'on s'aperçut que la porte n'avait pas été défoncée, Olga et moi allâmes dans la salle à manger. Maintenant, c'était Boba qui menait les négociations par la fenêtre de la cuisine : «Camarade commandant, nous n'avons pas autant d'argent ! » « Alors attendez donc, camarades, nous vous donnons ce que nous avons ! »

Les camarades pillards exigeaient six mille roubles et donnaient un délai de réflexion de cinq minutes, immédiatement après ils étaient d'accord avec trois mille roubles et nous donnaient dix minutes pour les trouver. On commença à rassembler péniblement l'argent. À partir du moment où débuta la négociation au sujet de l'argent et de la rançon, j'eus l'impression que le danger était passé.

Puis se posa la question de comment leur remettre l'argent. Une fente avait déjà été ouverte dans la liada de l'entrée principale. Les camarades furent donc priés de s'y rendre : « Reculez, camarades, des débris de verre vont tomber tout de suite ! » – Boba brisa le vasistas avec son revolver. – « Camarade commandant, recevez mille roubles. Les avez-vous trouvés ? Recevez les prochains mille. Mais vous tiendrez votre parole d'honneur ? » « Mais évidemment je vous crois, vous êtes un homme honnête ! » « Camarade commandant, avez-vous reçu les deux mille ? Maintenant vous attendez une minute ! » – On rassembla plus d'argent. – « Camarade commandant, recevez cinq cents. Et encore une fois cinq cents. Les avez-vous ? »

Puis il y eut du retard. Les camarades en voulaient plus, ils disaient qu'on leur en avait donné trop peu. Boba essaya de se débarrasser d'eux. Il leur rappela leur parole d'honneur. Ils obtinrent quand même encore quelque chose. Trois cents roubles de plus furent rassemblés. Finalement les exhortations de Boba firent effet. Les pillards levèrent le camp et s'écrièrent : « Nous jurons devant Dieu que nous ne vous toucherons plus. Déshabillez-vous et allez vous coucher. Vous nous avez satisfaits. Mais ne dites à personne que nous étions ici, sinon nous reviendrons et alors nous détruirons tout ! » Puis ils voulurent du vin et du cognac. « S'il y avait du vin dans la maison je l'aurais déjà bu avec vous depuis longtemps ! » s'écria Boba.

Enfin ils partirent. Cette histoire dura un peu plus de

cinquante minutes. Nous nous rassemblâmes tous dans la salle à manger autour du fauteuil dans lequel Mamoulitchka se tenait assise. Tout le monde était d'accord que Boba était le héros de la journée. S'il n'avait pas proposé des négociations, Papa aurait tiré et alors Dieu sait ce qui se serait passé.

Boba raconta : c'était une bande bien organisée, ils avaient un camarade commandant et un camarade commissaire. Ils ont commencé selon le vieux schéma : « Maudits bourjoui que vous êtes, vous avez bu notre sang depuis assez longtemps… » Sous la fenêtre se trouvaient neuf personnes, un peu plus loin encore quelques silhouettes passaient furtivement. Ils étaient tous saouls. Lorsque Boba regarda par le trou, les fusils étaient pointés sur lui. Pendant qu'ils négociaient sur l'argent, l'un dit à l'autre : «Tire-lui dessus, l'autre donnera alors plus ! » Lorsque Boba dit qu'il n'y avait pas six mille roubles dans la maison, le camarade commandant s'exprima ainsi : « Camarade commissaire, préparez-vous à incendier l'aile latérale de la maison ! » L'un était si saoul qu'il était assis sur l'escalier à répéter sans cesse : « Incendier aile, incendier aile ! » Son fusil tomba de ses mains et dégringola les marches. Ils dirent : « Ils ne peuvent appeler personne, nous avons sectionné les fils du téléphone ! »

Après avoir vécu une telle agitation, on aimerait être particulièrement à l'aise. Nous nous tenions assis autour de la table à thé avec une sensation toute particulière. Nous essayions de mener une conversation neutre, mais cela ne réussissait pas. On se souvenait toujours à nouveau de détails et personne ne voulait aller dans sa chambre. Longtemps nous discutâmes la question s'il fallait rester à Bronitsa ou déménager quand même à Moguilev. Personne ne voulait partir, mais il suffisait de voir le visage tourmenté de Maman pour comprendre qu'il était impensable de l'exposer une nouvelle fois au risque d'une perquisition aussi pénible. Il fut décidé que seuls Papa, Boba et Nadia resteraient à Bronitsa.

Vers minuit j'allai dans ma chambre. Nadia et Boba restèrent debout pour monter la garde. Je m'habillai en homme, baissai la lampe à pétrole et me couchai tout habillée. Pendant longtemps je n'oublierai pas cette nuit. Impossible de m'endormir, j'écoutais tout le temps attentivement tout ce qui se passait dehors et dans la maison, puis je m'endormis et m'éveillai immédiatement après avec une migraine épouvantable. La lampe brûlait toujours tristement sur la table. Et soudain j'eus peur. Si calme que j'aie pu être pendant que tout se passait, je commençai maintenant à trembler rétrospectivement. La nuit s'étira sans fin, très longtemps. Ce fut la dernière nuit à Bronitsa.

Le lendemain, nous commençâmes très tôt à empaqueter les choses les plus essentielles. Lorsque nous fûmes tous épuisés, la voiture arriva devant la porte. L'adieu à Bronitsa fut difficile : nous savions tous que nous l'abandonnions au pillage, nous sentions tous que nous ne la reverrions jamais.

Nous partîmes vers trois heures et arrivâmes à Moguilev à la nuit tombante. À la rue Sadovaïa nous fûmes reçus par Wojciechowski, un samovar brûlant et un dîner. Nous étions tous terriblement fatigués et ne voulions rien d'autre que dormir. Dans notre appartement deux chambres seulement étaient terminées, mais quand même effroyablement sales ; dans l'aile latérale il y avait également deux chambres à l'étage supérieur. Nous installâmes les lits et nous nous couchâmes sans mettre en ordre quoi que ce fût : Maman, Olga et moi dans la maison, André et Tatiana dans l'aile latérale. Avant de nous séparer, nous téléphonâmes à Bronitsa. Là-bas tout était calme. Toute la journée suivante nous nous installâmes. Nous téléphonâmes à Bronitsa : tout était calme et paisible.

Le 13 décembre au matin, Papa nous appela et dit qu'il allait venir nous voir avec Boba. Ils apparurent vers onze heures. Il s'avéra qu'ils ne retourneraient plus à Bronitsa : la nuit il y avait eu une nouvelle attaque pire que la précédente. À nouveau ils essayèrent de pénétrer dans la maison par effraction, ils brisèrent des vitres, tirèrent en l'air, coupèrent les lignes téléphoniques, exigèrent du vin et de l'or, et dirent qu'ils savaient qu'un officier habitait là. Ils prirent les derniers mille trois cents roubles, l'alliance de Papa et sa montre. Finalement, ils levèrent le camp en hurlant qu'il fallait leur préparer quinze mille roubles pour la nuit suivante, sinon ils casseraient tout et mettraient le feu et ne laisseraient pas sortir les propriétaires. C'était la même bande ivre que la première fois. La deuxième attaque se passa vers une heure du matin. Papa et Boba décidèrent de disparaître le plus discrètement possible le lendemain matin, sans bagages ; Nouditchka resterait jusqu'au soir et essaierait de sortir certaines choses avec l'aide de l'équipe d'ouvriers de la fabrique. L'équipe mit à disposition dix voitures, des chevaux et ses gens ; également trois de nos voitures firent le voyage. Tout ce convoi arriva à la Sadovaïa alors qu'il faisait déjà presque nuit. Nouditchka arriva la dernière, elle était déguisée, enveloppée dans un foulard et avait traversé le village à pied pour ne pas se faire remarquer. Elle a été la dernière à quitter la pauvre Bronitsa. Elle a réussi à sortir beaucoup de choses : presque tous les meilleurs meubles, du linge, même deux vaches marchaient derrière la voiture. Sont restés les gros objets, l'Érard, les grands miroirs, toute la bibliothèque, des armoires, beaucoup de meubles ; mais toujours est-il qu'en l'espace d'une journée énormément de choses furent sauvées.

Le lendemain, le 15 – l'anniversaire d'Olga, elle a eu dix-sept ans –, nos Autrichiens, prisonniers de guerre, se rendirent encore une fois à Bronitsa avec Paraska. La nuit du 15 presque toute la sotnia se rendit sur la propriété et détruisit tout. De notre maison à Bronitsa il ne subsiste plus que les murs.

Une fois, j'écrirai plus précisément sur ce sujet. Je raconterai comment des soldats russes, par haine pour des gens qu'ils n'ont jamais vus, ont détruit le nid familial de ceux qui étaient encore il y a peu prêts à tout donner pour l'armée russe. Mais j'écrirai aussi comment des paysans de Bronitsa, au lieu de se réjouir d'être libérés du joug haï des propriétaires terriens, ont essayé de persuader les pillards de ne pas tout détruire, qu'ils ont même sauvé certaines de nos choses et le petit bétail et nous les ont envoyés plus tard.

Maintenant tout m'indiffère. Quand Bronitsa existait encore, il semblait qu'il restait en Russie un petit coin où la paix et le calme régnaient encore. Ce petit coin n'existe plus. Maintenant tout, tout m'indiffère.

Moguilev-Podolski, le 31 décembre 1917

Le dernier jour de l'année 1917 ! Il sera difficile de trouver dans l'Histoire d'un seul pays une année comparable à celle-ci. Ce fut terrible. Pas à cause de la révolution, pas à cause du sang versé. Ce fut terrible à cause de cette mer de bassesse, d'infamie et de saleté qui a coulé sur le visage de la malheureuse Russie pendant cette année. Cela a-t-il jamais existé qu'un peuple détruise lui-même sa patrie de ses propres mains, et la conduise à sa perte ? qu'un peuple aveugle et stupide rejette volontairement tout son passé et se précipite dans l'esclavage de son ennemi ? que tout ce qui est bon soit soudain qualifié de criminel et tout ce qui est bas et criminel de saint !...

Et comment nous, pauvres contemporains, que l'Histoire plaindra un jour, garderons-nous cette année en mémoire ? Les contemporains ont-ils leurs torts dans ce qui est arrivé ? Cette question ne me laisse pas en paix. L'Histoire nous condamnera-t-elle autant qu'elle l'a fait pour les nobles au moment de la Révolution française ? Nous sommes peut-être fautifs du caractère arriéré du peuple russe qui a entraîné beaucoup de malheur, mais sommes-nous fautifs pour sa bassesse, sa cruauté ? Sommes-nous fautifs du fait qu'il a trahi sa patrie ? Oui, nous avons tort pour beaucoup de choses. Même nous, notre génération. Mais avons-nous réellement mérité une punition pareille ?

L'année 1917 nous a pris tout ce qui nous était sacré, tout ce que nous aimions. Où sont notre patrie et notre confiance vivante et heureuse dans son pouvoir ? Où sont notre foi en l'homme, nos illusions ? On nous a pris la patrie et la foi en tout ce qui est bon, on nous a même détruit notre nid familial. Après tout ça il est dur de recommencer à vivre ! Encore au cours de cette maudite année, j'ai eu des minutes de véritable enthousiasme, de foi en quelque chose de lumineux. Même cette année a apporté un grand nombre de nouvelles pensées et beaucoup d'enthousiasme. Mais elle a aussi détruit et brisé cet enthousiasme et ces illusions. Qu'est-ce qui pourrait maintenant les réveiller ? Au mieux un miracle.

Quand on dit : « L'année 1917 nous a amenés à notre point le plus bas, il ne peut rien se passer de plus », je réponds toujours : « Avons-nous vraiment atteint notre point le plus bas ? Ne pouvons-nous vraiment pas tomber encore plus bas ? Attendons de voir ce que l'année 1918 nous réserve ! Quand nous aurons fait connaissance avec le véritable malheur, quand nous ne pourrons plus que ramper et plus marcher – et dire qu'avant nous pensions pouvoir voler ! –, alors nous nous souviendrons avec regret de l'époque actuelle. » Celui qui a bu au moins une goutte de ce calice doit le vider jusqu'à la lie. Celui qui s'arrête au milieu ne pourra qu'être brisé et partir, amer. Que Dieu fasse que je ne reste pas debout au milieu !

On parle beaucoup d'une prétendue prochaine invasion allemande, d'une occupation du pays. Certains adoptent un comportement indifférent, d'autres se réjouissent, d'autres encore ont peur. Est-ce que tout ne revient pas au même maintenant?

Ce n'est pas la première fois que nous discutons à la maison la question d'une occupation allemande. On en parla d'abord à Petrograd après l'Ordre du jour n° 1. Alors tout le monde croyait que les Allemands occuperaient la capitale – que nous étions naïfs! Nous avons réfléchi si nous devions rester à Petrograd ou si c'était nécessaire de prendre la fuite comme devant une épidémie de peste. Tout le monde était en faveur de la fuite – sauf Papa qui dit qu'à Varsovie aussi des gens avaient survécu, que la vie dans notre république n'était pas agréable. Ce fut Boba alors qui résolut le problème. Il dit qu'à l'armée il se tirerait une balle dans la tête s'il apprenait que nous étions restés dans une ville occupée. Donc nous partîmes.

Puis vint le mois de mai. Comme toujours il y eut des rumeurs, très loin on pouvait entendre des coups de canon. Nous étions comme dans une ruche. Papa disait qu'il ne voulait pas tout abandonner, qu'il resterait. Tatiana était prête à rester avec lui. Moi, j'avais peur des Allemands, évidemment pas de me faire tirer dessus, ni de la proximité des opérations. J'avais peur de voir de près les bobines des Allemands. Je dis que je préférerais partir à pied plutôt que de rester assise à attendre les Allemands. Nous nous disputâmes. Les Allemands ne vinrent pas, nous restâmes.

Puis survint la catastrophe de Tarnopol. Beaucoup voulurent fuir; j'en faisais partie. Après de longues hésitations, la décision fut prise que resteraient Papa pour protéger Bronitsa, Maman pour être avec lui et Tatiana qui ne voulait pas partir. Boba était à l'armée. André, Olga et moi devions partir, fuir devant les Allemands. Mais là aussi les Allemands ne vinrent pas et nous restâmes. Puis, quand Kamenets fut prise on parla en long et en large qu'une occupation était inévitable. On entendait déjà mieux le grondement du canon. Cette fois tout le monde resta froid face aux rumeurs, on n'y croyait pas. Puis on eut l'impression que nos propres troupes allaient rentrer du front encore avant l'arrivée des Allemands, qu'il était impossible de fuir n'importe où, qu'un malheur surviendrait encore avant leur arrivée – et tout le monde resta calme.

Les négociations de paix traînaient en longueur, l'armistice vint, les tirs se turent. On arrêta de parler des Allemands. Puis nous déménageâmes ici. Immédiatement avant Noël, la veille de Noël, Moguilev fut tout à coup submergée par la VIIIe armée qui rentrait du front. C'était cette armée en déroute dont nous avions eu peur. Pendant trois jours on tira en l'air sauvagement, les autorités ukrainiennes furent chassées, les bolcheviks prirent le pouvoir. En fait ils se limitèrent à baisser les drapeaux jaune et bleu et à arracher leurs épaulettes à tous les officiers et soldats. Ils parlèrent de patrouilles, mais nous n'en vîmes pas. Environ dix camarades s'installèrent pour vingt-quatre heures dans l'aile latérale de notre maison ; nous les avons nourris et ils se sont comportés calmement et décemment. Il paraît que toute la VIIIe armée a maintenant quitté Moguilev. Si c'était là la fameuse et terrible retraite, elle aura été inoffensive. On entend néanmoins dire que toute Kamenets aurait été détruite par des unités similaires.

D'autres armées ont également quitté le front. Il est désormais ouvert aux Allemands. La question est de savoir s'ils veulent occuper la région du Sud-Ouest maintenant ou plus tard ? L'occupation est inévitable, c'est ce que tout le monde dit. Hier le docteur Michalewski a lancé la rumeur que Proskurov avait déjà été prise.

Et que dit notre famille de tout cela ? Tout le monde se réjouit et n'en fait pas mystère. Tous sont fatigués, tous veulent que l'ordre soit restauré, même s'il doit venir des Allemands. Seules Olga et moi protestons fort, mais cela sert-il à quelque chose ? Il n'y a pas d'endroit où nous pourrions aller depuis ici et ce serait aussi impossible. Dans un certain sens, j'attends moi aussi les Allemands avec impatience : la façon dont nous vivons est quand même très oppressante. Nous n'avons rien à faire, il n'y a que peine et ennui. Si les Allemands viennent, ils nous forceront peut-être à travailler. J'aimerais bien travailler un peu pour ne pas devoir penser autant. Mon cœur et mon cerveau sont fatigués – peut-être que la fatigue des mains et des pieds serait plus facile à supporter. Mais, évidemment, ça n'arrivera pas. Probablement que les Allemands ne viendront pas du tout jusqu'à Moguilev.

Post-scriptum : Il est maintenant neuf heures du soir. Enfin les horloges sont à nouveau retardées d'une heure. Pour cela, Lénine a édicté un « décret » particulier. Ce qui, avant, était réglé par une simple circulaire du gouvernement se passe dans la république démocratique par décrets.

Nous nous tenons dans ma chambre ; elle sert de chambre à coucher à Olga et moi et de salon à toute la famille. Nous y avons installé le piano et l'harmonium. Dehors, on entend assez loin des tirs presque ininterrompus. On pourrait penser que les Allemands sont déjà à Moguilev. Cela rappelle terriblement les premiers jours de la révolution à Petrograd. Ceci ne fait maintenant plus aucun effet. Il y a deux jours, Olga et moi étions en train de nourrir les lapins quand tout à coup on entendit un coup de feu tout près suivi du sifflement d'une balle. Avant nous serions rentrées dans la maison, maintenant nous avons seulement regretté qu'il n'y en ait eu qu'une.

1918

Moguilev-Podolski, le 1er janvier 1918

C'est avec peu de joie que nous avons célébré le Nouvel An. Nous avions décidé de ne pas veiller, ce que nous avons effectivement fait – excepté pour Tatiana et Nouditchka. Elles se sont assises dans la salle à manger pour être près de la porte d'entrée, vu que Wojciechowski et Adamek étaient allés dans la cuisine des Autrichiens pour y célébrer le Nouvel An et attendre minuit. On entendait des coups de feu de plus en plus proches et fréquents.

À minuit des salves directement sous nos fenêtres dérangèrent cette ambiance paisible et nous plongèrent quand même dans un certain émoi. Tout le monde se précipita hors des diverses chambres dans les accoutrements les plus étranges. Papa crut qu'on voulait forcer la porte et s'énerva terriblement. Après dix minutes tout le monde rit de cette nouvelle alarme. La fête des Autrichiens n'a pas été réussie non plus, ils se sont enfuis devant les coups de feu. Nos deux petits Français sont venus se réfugier chez nous dans la maison. Ainsi nous dûmes quand même saluer la nouvelle année, même contre notre volonté.

Il paraît que l'année ressemble à la façon dont on célèbre le Nouvel An. Le Nouvel An 1917, nous l'avons célébré quelque peu différemment du déroulement effectif de cette année. Le 31 décembre Papa et Nouditchka arrivèrent à Petrograd. Nouditchka apportait de Kiev quantité de sucreries et de gâteaux, de Bronitsa un jambon et beaucoup d'autres choses. Le soir, Vladimir dressa la table avec beaucoup de recherche : argenterie, vaisselle rouge. Notre belle salle à manger paraissait très « distinguée ». Vers neuf heures du soir nous avons poussé les meubles de la salle de musique dans un coin et avons organisé un bal endiablé accompagné de la musique du gramophone. Vers minuit un dîner froid fut servi. Tout le monde avait rarement été d'aussi bonne humeur. Nous bûmes un petit verre de liqueur aux fruits et nous nous souhaitâmes mutuellement de passer toute l'année de façon heureuse. Olga et moi nous rendîmes dans la cuisine avec une bouteille de liqueur pour souhaiter bonne année aux domestiques. Il y avait des invités, et le repas de fête était bien entamé, de telle façon que nous nous éclipsâmes dès que possible. Alors tout était si amusant et divertissant. Lorsque nous nous couchâmes, nous ne pouvions prévoir qu'une année plus tard nous risquerions presque d'être tués dans notre propre lit.

Aujourd'hui, on peut lire dans la *Kievskaïa mysl* que Moguilev-Podolski a été conquise par les troupes bolcheviques. Cela paraît étrange, mais en réalité c'est absurde, du moins pour le moment. Quand les coups de feu du Nouvel An se seront calmés, ce sera tout à fait calme.

6 janvier 1918

Aujourd'hui, à l'occasion du jour férié, il se passe quelque chose de complètement fou. On tire en ville comme si les cosaques ukrainiens avaient finalement accompli leur menace et chassé les bolcheviks de la ville. On peut même entendre des mitraillettes, des grenades, et des impacts d'artillerie éloignés. Pendant que je nourrissais les lapins, on tirait sans arrêt, aussi bien près des villas des voisins que sur la place du Marché.

Nous avons beaucoup été dehors, dans le jardin entouré de tous côtés par un mur de pierre. Toute la journée, des formations diverses ont traversé Moguilev. Liachko, Benko et Tschaïkovsky, nos Autrichiens, leur ont demandé où elles allaient. Les uns ont répondu qu'ils avaient été chassés par les Roumains, les autres qu'ils voulaient vaincre les bolcheviks. Mais ils ne se sont pas battus contre les bolcheviks, et ont plutôt descendu tranquillement la chaussée de Chargorod. Probablement que ce tir idiot de petits mortiers n'est rien d'autre qu'un moyen d'exprimer une ambiance de fête révolutionnaire.

Quand on pense que des gens vivent quelque part et qu'ils ne sont pas obligés de voir toute cette bassesse, cette trahison ! Ce qui portait avant le nom d'armée quitte tranquillement le front en emportant avec lui ce qui peut servir à la maison ; tout le reste est tout simplement jeté ! Y a-t-il quelque part encore des gens qui peuvent être fiers de leur nationalité, qui ne doivent pas avoir honte pour leur patrie ? Avons-nous vraiment mérité cette honte ? Quand les balles sifflent on aimerait se baisser et partir en courant, mais on se dit parfois : ceux qui ne doivent plus voir tout ceci ne sont-ils pas cent fois plus heureux ?...

Moguilev, le 15 janvier 1918

À nouveau l'ambiance est pire que d'habitude. Après une interruption de quelques jours, des journaux sont enfin arrivés aujourd'hui. Probablement que les éditeurs, en composant leur journal, ont éprouvé la même chose que moi en écrivant le mien : il faut faire état de choses tellement tristes et sans issue !

Pourquoi la nouvelle du terrible assassinat de Chingarev et Kokochkine m'a-t-elle tellement impressionnée[1]? Car maintenant tant de gens innocents sont tués de façon bestiale. Il serait temps de s'y habituer. Pourquoi les gens doivent-ils souffrir ainsi? «J'ai froid, j'ai peur», ces derniers mots du malheureux Chingarev, le gémissement qu'on peut entendre maintenant dans toute la Russie, rencontrent dans mon cœur une triste résonance. Combien de gens meurent, mon Dieu! Combien de gens meurent d'une mort atroce, lente et vaine! À Taganrog, les bolcheviks ont condamné à mort toute la classe dominante, parce que, aux élections pour l'Assemblée constituante, les Démocrates constitutionnels et les cosaques avaient eu la majorité. La tuerie n'est pas encore terminée.

Les bolcheviks ont chassé les pauvres résidus qui, malgré tout cela, portaient encore le nom d'Assemblée constituante et abattu les ouvriers qui manifestaient en leur faveur. Il y a beaucoup de victimes.

À Petrograd, on a érigé à nouveau des barricades; toutes les armes tirent, ce à quoi participent les bateaux de la flotte baltique. En ville, la panique règne.

Dans le gouvernement de Podolie des pogroms ont lieu et il règne une telle anarchie que tout le monde en parle. Il paraît que pas une seule propriété n'a été épargnée. Dans notre arrondissement, il y a quelques jours, on a complètement détruit la dernière propriété qui restait encore, celle de Walewski.

1. A. I. Chingarev, ministre des Finances du gouvernement provisoire, et F. F. Kokochkine, membre du présidium des Démocrates constitutionnels (KD), arrêtés par les bolcheviks et amenés à la forteresse Pierre-et-Paul, puis transférés dans un hôpital où ils furent assassinés dans leurs lits le 6 janvier 1918 par des intrus.

19 janvier 1918

J'aimerais au moins écrire, car c'est l'ennui. Il n'y a rien à faire, tout me sort par les yeux. Quand on a lu quelques numéros des journaux de Petrograd, on en a l'estomac tout retourné et tout est encore plus révoltant. Mais sur quoi écrire ? C'est toujours la même chose, tout, tout est pareil.

Que doit-on faire, à quoi penser, à quoi s'intéresser? Il y a encore peu de temps tout était si intéressant pour moi, surtout la politique, avec tous les problèmes que les événements les plus récents ont amenés à la surface et, en outre, les questions théoriques, religieuses et morales. Pourquoi tout cela m'est-il maintenant aussi étranger? Il y a encore quelques jours il semblait qu'il ne pouvait y avoir de meilleure vie que de se tenir tranquille dans un coin, caché derrière sa clôture, environné d'animaux et le plus loin possible des hommes. Pourquoi cela ne suffit-il plus, pourquoi voudrait-on quelque chose d'autre?

20 janvier 1918

Avant j'étais monarchiste. Toute notre famille était loyale à la monarchie et, comme j'ai été élevée dans cette tradition, c'est de toute mon âme que j'aime la monarchie. Notre amour et notre respect de l'idée monarchiste produisirent des rapports assez tendus entre Tatiana et moi d'un côté et nos relations moscovites de l'autre. Celles-ci ont toujours été d'inclination très libérale. Bien que je me sois toujours intéressée à la politique, j'ai fermé les yeux devant les insuffisances par trop évidentes du dernier gouvernement. En automne 1916, lorsque Tatiana et moi avons vécu à Bronitsa jusqu'en décembre, je ne pouvais me forcer qu'à grand-peine à lire les journaux qui, déjà alors, étaient pleins d'accusations contre le gouvernement. Tous les discours à la Douma et au Conseil d'État ne provoquaient, à côté d'un sentiment de peur pour la Russie, que de l'irritation et de la colère. Alors se posa pour la première fois la question : « Le tsar ou la Russie ? » Auparavant je faisais à peine la distinction entre ces deux notions, elles se joignaient en un seul fantôme du patriotisme. Je n'aimais pas tellement Nicolas II en tant que personne, mais plutôt la monarchie comme principe. Je n'ai jamais vu ni Lui ni personne de Sa famille, mais c'était mon désir le plus cher de faire quelque chose pour Lui, de Le servir. À peu près trois fois je L'ai vu sur un écran de cinématographe. Peut-être que ça paraît ridicule mais alors j'ai toujours ressenti un tel enthousiasme, un tel dévouement que je ne pouvais retenir mes larmes qu'à grand-peine. J'honorais le petit Alexeï de mon amour le plus fort et dévoué, je m'étais acheté tous ses portraits et dans ce but j'avais vidé tous les magasins de Petrograd et de Moscou. À Petrograd existe encore mon gros album de cartes postales de tous les membres de la famille impériale. Je ne dirais pas que l'impératrice Alexandra Fedorovna puisse se réjouir d'un sentiment aussi chaleureux de ma part. Face à elle, nous nous comportions fraîchement bien qu'avec le respect dû à son rang. Nous voyions quelques grands-ducs plus fréquemment ; nous connaissions personnellement Ioann et Gavriïl Constantinovitch et étions en bons termes avec eux à Davos.

Qui ne se souvient des manifestations d'enthousiasme « délirantes » de l'automne 1914 ? de l'élan patriotique jamais vu auparavant, de l'amour ardent pour la Russie et l'empereur ? Peut-il vraiment y avoir des gens intelligents qui se moquent de ces sentiments sacrés ? Est-il vraiment possible que nous ayons eu tort alors, parce que nous aimions notre patrie et notre souverain ?

Puis des doutes se levèrent ; nous commençâmes à hésiter, à douter de la justesse de nos vues. Mais ceci nous amena seulement à nous cramponner, avec l'énergie du désespoir, à notre ancienne idée favorite. Et ceci envers et contre le bon sens, la raison et l'opinion publique ! C'était beau de développer en théorie l'idée d'un gouvernement issu d'élections, d'en rêver, de se tenir derrière des barricades. Mais, dans la pratique, cela ne m'empêchait pas de me disputer avec les Lopoukhine, de défendre la monarchie et de mépriser tous les journaux un tout petit peu à gauche du *Novoïe vremia*, au point de ne les juger aptes qu'à démarrer un feu.

Quelques années s'écoulèrent, et il ne resta rien d'autre à faire que de voir le monde avec des yeux plus conscients. Pourtant le principe du monarchisme devenait plutôt une source de chagrin que de joie. En lisant le journal, on craignait d'être confronté à quelque chose de désagréable et de blessant, d'apprendre des choses sur une action du gouvernement défavorable à la monarchie. Ces actions devenaient de plus en plus frappantes, le mal devenait trop manifeste pour lui trouver toujours une excuse facile.

L'automne 1916 me surprit. Lorsque je relis maintenant mon journal de ce temps-là, je vois avec regret qu'on n'y trouve presque rien de mes pensées d'alors sur ce sujet. À l'époque où la politique me tourmentait vraiment, je n'ai pas écrit un mot sur elle.

Je me souviens bien pourquoi : c'était trop difficile de me faire à moi-même l'aveu qu'une dure bataille faisait rage en moi et que dans cette bataille la balance commençait à ne pas pencher en direction du tsar. Et en remplissant ma tête des *Trois Mousquetaires* jusqu'à en devenir idiote, j'essayais d'oublier la triste réalité.

Mais on ne peut échapper à la réalité pour très longtemps. Peu de temps après, nous nous rendîmes à Petrograd et nous nous trouvâmes tout de suite au centre de la confrontation politique. L'ensemble de la Petrograd cultivée et pensante était alors inquiet et indigné. Les comptes rendus sténographiés de la Douma et du Conseil d'État passaient de main en main ; le « grand monde » connaissait aussi la lettre de Mikhaïl Vladimirovitch Rodzianko au tsar. Celui qui pouvait se procurait des billets d'entrée à la Douma et au Conseil d'État, admirait l'éloquence des orateurs qui disaient : « La patrie est en danger ! » De tels mots étaient alors nouveaux. Lorsque le vieux Tagantsev les prononça pour la première fois au Conseil d'État, ils produisirent une impression foudroyante.

Dans notre famille, ça fermentait comme partout ailleurs. Nous étions dans la situation extrêmement favorable d'apprendre tous les détails de première main. En effet, l'oncle Kolia qui vivait chez nous, membre du Conseil d'État, passait des journées entières dans les « sphères » ; en tant que parent proche de M. Rodzianko il lui rendait visite presque chaque jour, savait tout et nous amenait toujours les nouvelles les plus fraîches. L'oncle Kolia, avant d'être un libéral, avait passé pour un « Kadet[1] » – ceci nous paraissait alors être quelque chose comme un nihiliste. Il n'était pas autrement étonnant qu'il nous donnât chaque jour, dès son arrivée à la maison, des rapports interminables, l'un plus révoltant que l'autre. Les « c'est inouï, ce qui se passe là ! » de l'oncle Kolia étaient une expression constante. Tout le monde lui donnait raison, sauf André. Aurait-il été possible de ne pas lui donner raison, quand les faits étaient aussi patents ?

Le soir, tout le monde écoutait l'oncle Kolia raconter. Lui, un patriote ardent et sincère qui ne souhaitait rien d'autre que le bien-être de la Russie, souffrait beaucoup, mais nous tous aussi. Que ressentions-nous, les monarchistes, alors ? de la douleur, de la déception, du dégoût. Puis vint l'histoire avec la princesse Wassiltchikoff[2]. L'insatisfaction générale

1. Parti des Démocrates constitutionnels.

2. Maria A. Wassiltchikoff apporta en 1915 une lettre du grand-duc de Hesse-Darmstadt dans laquelle les Allemands lançaient des ballons d'essai concernant la conclusion d'une paix séparée, ce qui fut refusé par les Russes. Il n'est pas sûr que l'auteur fasse allusion à cette affaire.

s'accrut. Le remplacement de ministres, la nomination de Stcheglovitoff au Conseil d'État et son comportement dans cette institution, les journaux «dégoûtants», les rumeurs sur Sukhomlinov, Raspoutine et surtout le manque visible d'envie de poursuivre la guerre et de battre les Allemands – tout ceci provoqua une agitation profonde. Où qu'on aille, partout on parlait de la même chose, partout on entendait des discours «rouges», «de gauche». Et ils étaient tous d'accord.

Finalement, le premier coup de tonnerre retentit : tard le soir, la rumeur de l'assassinat de Raspoutine se répandit. Ceux qui n'ont pas vu cela ne peuvent s'imaginer ce que la capitale a vécu pendant ces jours-là. La ville, qui avait été si abattue et morose ces derniers mois, n'avait pas connu une telle joie, une aussi bonne humeur depuis longtemps. La liesse était générale. Les uns y voyaient un coup infligé au régime haï, les autres comme nous espéraient en un renouveau du monarchisme libéré de cet ulcère pernicieux. Comme les détails étaient tenus secrets par une censure prudente, ils n'étaient formulés au téléphone ou dans des articles de journaux que par allusions, mais ceci avait un attrait particulier. De nouveau ce fut par Rodzianko que, parmi les premiers, nous apprîmes la vérité. Tous les souhaits possibles s'amassèrent sur la tête du grand-duc Dimitri Pavlovitch, du «petit Felix» et de Pourichkévitch. Alors personne ne pressentait que le coup de feu tiré sur Raspoutine était le prélude du 27 février.

Puis les troubles commencèrent. Tous y ressentirent l'écho de leurs propres pensées et n'eurent pas peur. Je me souviens de mon état d'esprit lorsque l'oncle Kolia et moi nous nous rendîmes à pied à la Douma le 25. Les tramways ne roulaient déjà plus, il n'y avait pas de fiacres, une foule longeait les trottoirs, bien que ce fût un jour ouvrable. On voyait peu de gens correctement habillés. D'une certaine façon je trouvais très amusant de glisser sur les rues non déneigées, pendant qu'un fort vent nous soufflait la neige au visage. Toute l'ambiance était excitante, une attente était dans l'air. C'était étrange, intéressant et excitant. Dans les rues passaient des patrouilles à cheval.

À la Douma, l'agitation régnait. La réunion qui venait de commencer ne se déroulait pas de façon aussi apathique qu'auparavant. L'oncle Kolia et moi suivîmes la suite de la réunion avec grand intérêt, depuis la loge du président; l'oncle me nomma les différents orateurs. Là, je vis ces hommes qui devaient jouer un rôle si important quelques jours après. Certains visages m'étaient déjà familiers d'avant. Rodzianko présidait la réunion avec son tact et son savoir-faire habituels. Nekrassov, si sympathique et à l'allure si correcte, tint un discours mesuré; Tchkheidzé, sale et mal lavé dans un veston couleur petit pois, répandait à la tribune les bêtises libérales qu'il défendait alors. Kerenski, stupéfiant par son activité peu naturelle et son va-et-vient, exigeait la parole à chaque instant, il manquait s'étouffer à ses propres paroles; il se dépêchait de les exprimer avant que Rodzianko ne puisse le rappeler à l'ordre. Milioukoff ressemblait à un chat, avec sa moustache blanche et ses yeux rusés. D'autres visages connus se tenaient assis à leurs places bien séparées entre droite et gauche par un couloir; le monarchiste passionné Markov II, qui ressemblait à Pierre le Grand, Nicolaï Nicolaïevitch Lvoff, maigre et à l'air malade, le jeune Goldman et d'autres. À la fin de la réunion, Kerenski sauta sur la tribune pour la dernière fois et lut le projet de solution intermédiaire proposé par sa faction : la démission de tous les ministres, leur remplacement par des personnes élues et responsables, quelque chose au sujet de pain et de travailleurs et quelque chose comme un changement de la forme du gouvernement et la remise du pouvoir à la rue. Il lisait tellement vite qu'on ne comprenait presque rien. La Douma ne se doutait vraiment de rien : c'est par des rires que toute la salle réagit à ses demandes. Ce fut la dernière réunion de la Douma.

De retour à la maison, je racontai à quel point cela avait

été amusant, comme l'oncle Micha avait merveilleusement mené les débats, combien Tchkheidzé et Kerenski étaient antipathiques et je regrettais qu'il n'y ait pas eu de scandale entre Zamyslowski, Goldman et Pourichkévitch. Nous décidâmes d'aller à la prochaine réunion qui était prévue pour le surlendemain, le 27 février.

Finalement, arriva le 27 février 1917. Si j'avais jamais eu des idées libérales, elles partirent en fumée. La fureur au sujet de la racaille en révolte et des soldats traîtres dominait mes pensées et mes sentiments ; mon plus grand espoir était que des troupes viendraient du front pour rétablir l'ordre à Petrograd. Il était intéressant de voir que les ex-libéraux parlaient non sans espoir du fait qu'une division de la cavalerie de Saint-Georges, sous les ordres du général Gurko, marchait sur Petrograd. Mais à chaque heure l'espoir s'amenuisait ; il était clair que la ville se trouvait aux mains des insurgés.

Le 1er mars nous lûmes dans les *Izvestia* le manifeste du tsar concernant son abdication et le renoncement au trône de son successeur. Il est difficile de décrire nos sentiments : nos souhaits les plus libéraux ne dépassaient pas une monarchie constitutionnelle. Ceci était inattendu et inquiétant. Mais on était aussi un peu apaisés : effrayés que nous étions par les perquisitions constantes, les coups de feu, la violence contre les officiers, nous nous sentions très soulagés qu'il ait renoncé lui-même et qu'on ne puisse donc rien lui faire de mal. Je pense que presque personne n'a regretté Nicolas II, et c'est pour cela que sa chute s'est accomplie aussi facilement et rapidement. L'ont regretté des adolescents comme André, ou des gens qui dans leurs avis sont aussi têtus que moi ou ceux qui me ressemblent.

Avant notre départ pour Moscou, j'étais méchante et de mauvaise humeur. Une fois, après une violente dispute entre Tatiana et moi d'un côté, et Maroussia Grabbe et Nioura Lvoff de l'autre, et pendant laquelle elles nous firent un tableau brûlant du bonheur futur dans une république russe, nous quittâmes ensemble la maison et nous nous trouvâmes par hasard dans une manifestation d'un régiment qui, avec des drapeaux rouges et les devises « Par la lutte on obtient ses droits », «Vive la république démocratique », se rendait à la Douma. Le régiment était entouré d'un grand nombre de « camarades bourgeois » qui marchaient à côté sur le trottoir; on ne voyait presque pas de « gens cultivés ». À ce moment, un étrange sentiment de joie me traversa le cœur. Cela ne jouait aucun rôle que tout ceci se passât aux accents de *La Marseillaise* honnie et sous les drapeaux rouges abhorrés : c'était un sentiment d'amour pour cette foule sans visage, le désir de se fondre en elle et d'être reconnu par elle comme en faisant partie. Ce sentiment ne dura pas; il s'atténua lorsque j'observai de plus près les visages brutaux, animaux des soldats et des gens dans la foule et disparut totalement sous les regards hostiles qui nous étaient adressés ainsi qu'à deux lycéens qui avaient courageusement gardé leurs tricornes. Je compris que pour cette foule nous étions étrangers et inutiles et je décidai à ce moment-là de ne pas rechercher de rapprochement. Mais le bon grain avait été semé. Il resta et prit racine plus tard.

Lorsque Tatiana et moi arrivâmes à Moscou, mon silence hostile était terminé et quelque chose se passait en moi. Dans ce Moscou calme qui n'avait rien vu, j'étonnais tout le monde par mon manque de retenue. Je donnais mon avis à tous sans me laisser intimider par la différence d'âge ou d'autres choses. Je me disputais avec tout le monde, beaucoup trop excitée, et défendais les mérites de la noblesse et mes propres opinions politiques. Les Zouboff étaient très fâchés à mon sujet, tous me trouvaient trop « autoritaire », mais finalement ils me laissèrent en paix. J'ai vraiment souffert à Moscou.

Puis vint la semaine sainte; je voulais aller me confesser et communier, mais dans la pagaille de l'appartement des

Zouboff, entre les romances tziganes et mon humeur irritée, l'ambiance n'était pas à la communion. Je ne trouvai le calme que dans la grande et vieille église Saint-Nicolas sur l'Arbat; j'y allais sans jamais rater un office religieux. Là on pouvait tout oublier, même la politique.

À Moscou, la presse entière se déchaînait alors et couvrait la maison des Romanov de boue. Je sentais une haine profonde contre tous ces journaux et feuilles de chou qui étaient vendus dans les rues de Moscou, et pendant tout mon séjour dans cette ville, et plus tard à Kiev, je n'ai pas lu un seul article sur la famille de feu le tsar. Les perpétuelles phrases des Moscovites : «il faut croire à l'âme du peuple» et «tout s'arrangerait» m'enrageaient.

Enfin, Mamoulitchka et moi, nous nous rendîmes à Kiev. Ma mauvaise humeur s'aggrava de plus en plus, et lorsque je reçus à Kiev une lettre de Maroussia Grabbe disant qu'elle «était fière d'appartenir au peuple russe» et des phrases semblables, je lui répondis je crois trop brutalement et m'attaquai à l'«esprit moscovite» que j'aimais si peu. Deux semaines plus tard, Tatiana, André et moi continuâmes notre voyage jusqu'à Bronitsa, en laissant derrière nous nos parents avec Olga malade.

À Bronitsa, je n'avais personne avec qui discuter de politique. Ainsi je parlais moins et réfléchissais davantage aux questions que la révolution avait mises en avant et dont je ne savais absolument rien. Alors je lisais à peine les journaux; en revanche, je commençais à lire les dernières œuvres de Tolstoï; à l'aide d'un petit livre très concis et inintéressant j'essayais d'étudier la sociologie. Très lentement, le socialisme cessait d'être pour moi un spectre horrifiant. Mais ces nouvelles opinions en gestation ne m'empêchaient pas de réagir avec une colère effroyable à tout ce que la «révolution russe» avait commis. Malgré mes convictions monarchistes passées, je ne pouvais souhaiter un retour de Nicolas II sur le trône. Mais jamais, ni à voix haute ni tout bas, je ne lui ai fait de reproches. L'impression que malgré tout il était le tsar, et qu'en plus il était malheureux, ne l'aurait pas permis. Mais même s'il n'y avait pratiquement plus d'empereur, la patrie nous restait et ainsi je transférai le reste de mon amour sur elle. Je ne souffrais plus que pour la Russie. Après avoir cessé d'être monarchiste, je n'étais plus que patriote.

Dans le courant de l'été, mes pensées se modifièrent lentement sous l'influence de mes lectures et de mes longues réflexions. Au début d'août je lus *Les Frères Karamazov*. J'eus l'impression qu'un rideau s'ouvrait soudain devant moi. Ce fut comme une révélation : j'eus le sentiment que j'avais reconnu une nouvelle vérité et que ma vie serait dorénavant différente. À travers ce nouveau monde, à travers cette vérité je commençai à en chercher une autre pour l'utiliser dans la vie sur terre et, lorsque je la trouvai, mes opinions politiques se retournèrent au même moment : liberté, égalité, fraternité; non pas comme elles sont comprises par les socialistes mais comme je les compris alors moi-même : le pardon face à ceux qui m'ont offensée, le sacrifice de ma personne pour la communauté et tous ceux qui ont besoin de moi – dans ces conditions, la révolution russe devenait acceptable.

Je m'éveillai de mon apathie antérieure et de mon amertume; je recommençai à m'intéresser à tout et à lire les journaux. Maintenant, je trouvai dans les discours brûlants et talentueux de Kerenski beaucoup de choses qui résonnaient comme un écho à mes rêves enthousiastes. Pour cela ou peut-être parce que les rêves ne peuvent vivre sans nourriture, je fis de lui l'organe d'exécution de mon idéal. Est-il vraiment si incompréhensible qu'ayant enfin trouvé un point de départ je me sois jetée sur lui avec peut-être trop d'ardeur? Combien de chimères, peut-être excessives, je me permettais quand j'étais seule! Alors j'ai excusé beaucoup de choses qu'avant je repoussais catégoriquement, toujours dans l'espoir de l'avenir. J'étais prête à accorder beaucoup de mérites à la révolution et même à la république. C'était là la raison de mes chaudes querelles avec toute la famille, de ma défense impulsive de Kerenski, du socialisme et même des socialistes. De là naquit la conviction que j'appartenais à « l'autre parti », que j'étais une révolutionnaire, une admiratrice de Kerenski. Indépendamment de ce qui se passait autour de moi, je vécus assez longtemps dans ce brouillard rose.

Mais cela ne pouvait durer trop longtemps. Une déception vint après l'autre, d'abord celle que Kerenski était à l'origine de l'affaire Kornilov, qu'il avait fait traîner exprès devant les tribunaux un homme qu'il n'aimait pas. Longtemps, je ne voulus pas le croire. Déjà après avoir lu dans le *Novoïe vremia* l'article « Était-ce une mutinerie ? » il s'ensuivit une grande dispute avec Tatiana, car avec beaucoup de chaleur je me déclarai favorable au programme des socialistes-révolutionnaires et défendis Kerenski. Cela paraît peut-être ridicule, mais ce fut difficile pour moi de devoir admettre que j'avais tort. Depuis lors je ne défends plus personne et ne parle plus de politique, bien que je n'aie pas rectifié la théorie de l'« autre parti ».

Après la perte si douloureuse de mon ancienne conception du monde, je dus reconnaître que le nouveau était tout aussi faux que l'ancien. Mais ces deux à trois mois m'ont beaucoup aidée à ne pas tout contempler trop étroitement, et surtout à ne pas devenir amère. Il existe maintenant dans mon cœur des germes du nouveau et de l'ancien, ils s'entendent – ou est-il plus juste de dire qu'il n'est rien resté ni de l'un ni de l'autre ? Sur quoi doit-on s'appuyer ?

Il n'est resté dans mon cœur que douleur et nostalgie. J'aimerais entendre de nouveau les accents de notre hymne. Si je vis un jour cet instant, je saurai peut-être à quoi m'en tenir et ce qui demeure. Rester en vie assez longtemps pour voir venir la réaction, vivre le sauvetage de la Russie, voir encore une fois la tricolore et entendre l'hymne – voilà tous mes désirs ! Lorsque je commençai à noter tout cela je me dis que ce serait là « ma confession politique ». Je ne l'ai pas écrite pour me justifier face à quelqu'un, mais seulement pour « dire ce que j'avais sur le cœur » et réprimer mon chagrin. Espérons que cela aidera à quelque chose.

22 janvier 1918

À cause d'un stupide accident, je ne me suis pas sentie bien ces derniers jours. J'ai aidé André à pousser des supports sous le piano et me suis glissée dessous ; lorsque André le souleva légèrement, le support glissa et le piano tomba de tout son poids sur mon dos. Olga me retira de là et me coucha sur le divan, puis j'eus un malaise. Je restai allongée toute la journée, et même le lendemain je pouvais à peine marcher.

En ville tout est calme, comme avant. Quelle étrange oasis que notre Moguilev ! Partout se passent les choses les plus horribles, mais ici on s'est assez bien acclimaté. Partout la faim règne. On reçoit un quart de livre de pain par jour, et quel pain ! Wojciechowski est allé à Petrograd et nous en a rapporté un morceau : une masse noire, la moitié étant constituée de son. Je ne comprends pas comment on peut manger une chose pareille.

Jusqu'à présent, nous avons tout. À vrai dire, il serait étonnant que le gouvernement de Podolie connaisse la faim, quand la récolte a été bonne. Les céréales n'ont pas encore été volées ; peut-être y en aura-t-il assez jusqu'à l'année prochaine, jusqu'à la nouvelle récolte, si les Allemands n'arrivent pas avant. Nos bolcheviks de Moguilev se comportent décemment. Ils n'ont essayé qu'une fois d'extorquer un million de roubles aux habitants ; ils ont commencé à fouiller les maisons et à voler. Nous nous sommes effrayés et avons commencé à tout cacher, mais dans l'intervalle ils avaient décidé de laisser tomber. Pour le moment ils ne touchent à rien.

Entre-temps les Roumains occupent la Bessarabie. Kichinev est déjà entre leurs mains, d'après les rumeurs Beltsy également. Ils ne viendront pas chez nous; ils ne veulent que la Bessarabie.

26 janvier 1918

Depuis un certain temps je crois à une réaction, et à une renaissance de la Russie. On dirait que le général Alexeïev va faire quelque chose avec l'armée qu'il constitue avec des volontaires. Le général Alexeïev dit dans son appel qu'il fait cela pour trois raisons : premièrement pour défendre la Constituante, deuxièmement pour protéger ceux qui ont fui dans la région du Don, troisièmement par souci pour «la Russie une et indivisible» et le midi de la Russie. À mon avis, le but est clair : défendre cette Assemblée constituante qui ne se compose que de bolcheviks, d'internationalistes, de SR de gauche et d'autres types du même genre ne cadre pas avec les plans d'Alexeïev. La défense du Don doit distraire l'attention des bolcheviks. La défense de la «Russie une et indivisible» – voilà quelque chose de beaucoup plus réel et compréhensible.

Les bolcheviks «démobilisent» maintenant l'armée, la paix n'a pas encore été conclue, pas même un accord entre l'Allemagne et la Russie, mais le «gouvernement populaire» libère déjà une classe d'âge par semaine, par exemple pendant une semaine la classe 1901, la semaine suivante la classe 1902 et ainsi de suite. La cavalerie a déjà presque été liquidée jusqu'à la classe 1913, l'infanterie jusqu'en 1904, évidemment sans compter les déserteurs. Très bientôt il ne restera plus personne. En ce moment, la VIIIe armée se traîne encore à travers Moguilev. Elle est chassée par les

Roumains qui ont occupé presque toute la Bessarabie. Le petit nombre d'hommes dans les différentes unités est sidérant. Quelquefois, un corps d'armée ne dispose que de deux divisions. Oui, les Allemands ont de quoi se réjouir.

Malgré ce nombre réduit de troupes, Moguilev est bondée. Les Roumains sont proches, Moguilev se trouve à la frontière entre l'Ukraine et la Bessarabie. En outre, tous les ponts flottants sur le Dniestr ont été détruits par la glace il y a peu ; sur une vaste étendue il n'y a plus que le pont de Moguilev. Donc, ici il y a foule parce que notre ligne de chemin de fer du Sud-Ouest n'a plus de matériel de chauffage. Les trains ne fonctionnent que quand les voyageurs abattent des arbres ou volent des clôtures ou du matériel de chauffage de l'État et alimentent la locomotive avec, pour pouvoir continuer.

Aujourd'hui, Papa a été à la gare ; il avait à y faire : près de quatre mille deux cents pouds[1] de charbon ont été trouvés dans notre fabrique et réquisitionnés. (Quand le gouvernement achète maintenant quelque chose, il ne paie pas en argent comptant mais délivre un chèque, un petit papier que personne n'accepte comme règlement.) Sur les rails désaffectés, quarante locomotives qu'il est impossible de remettre en état de marche sont immobilisées. Dès qu'un train est composé, les wagons sont déjà si pleins de soldats, même accrochés à l'extérieur, que l'on a peine à les voir. Il n'y a même plus de places assises sur les toits. On dit que, malgré cela, à peu près cinq mille personnes quittent Moguilev tous les jours.

Les Roumains s'approchent de plus en plus et occupent la Bessarabie sans être dérangés du tout. On ne tire presque pas, vu que tout le monde s'enfuit à leur approche ; il est vrai qu'ils font des prisonniers. Des faits de guerre ne se produisent que de leur côté, il n'y en a pas du nôtre. Les

1. À peu près six cent quatre-vingt-huit quintaux.

artilleurs ont exigé quarante roubles par homme et par jour pour se battre contre les Roumains. Il n'y a rien pour les payer et qui devrait le faire ? En quoi les « commissaires du peuple » ou l'Ukraine sont-ils concernés par la Bessarabie ?

Je me suis beaucoup éloignée de ce dont je voulais parler, de l'armée Alexeïev, mais je crois que tout ceci est lié. Les bolcheviks renvoient chez eux des millions de gens qui composaient l'armée auparavant, pendant qu'Alexeïev est en train de monter une véritable armée où règne la discipline. On n'écrit rien sur cette armée et c'est pourquoi je ne sais rien d'elle sinon que des milliers d'officiers y cherchent refuge. Pour l'instant, Alexeïev reste tranquille pour ne pas se faire remarquer, mais peut-être que le temps de l'action viendra bientôt. Si les bolcheviks libèrent tout ce qu'ils ont encore entre leurs mains, comment pourraient-ils alors combattre Alexeïev ? Finiront-ils même par mobiliser la « démocratie libre » pour entreprendre une croisade contre la contre-révolution ? Il est très douteux que les camarades citoyens se précipitent dans les rangs. Évidemment la Russie est grande, mais ce ne sera quand même pas la « garde rouge » qui résistera à une armée bien organisée et disciplinée, si le général Alexeïev se trouve à sa tête avec – pourquoi pas ? – le général Kornilov comme commandant ? S'ils réussissent à mettre une sorte d'ordre, par exemple à Moscou, puis à Petrograd, est-ce que tous ceux qui attendent depuis si longtemps le sauvetage de la Russie ne se joindront pas à eux ?

Peut-être que ce mouvement sera le début du désenchantement pour les uns et du réveil pour les autres. Maintenant, ils sont tous bolcheviks, car c'est très utile : Fais ce que tu veux, prends ce qui te plaît, dérobe ce qui a été volé, pourchasse, tue tous ceux qui te dérangent. Malgré tout il existe une foule d'insatisfaits : les « commissaires du peuple » ont promis la paix, le calme, le pain et d'autres perspectives agréables du même genre, mais jusqu'à présent il n'y a ni la première, ni le deuxième, ni le troisième. Il paraît qu'à

Petrograd, dans les queues pour le pain, on tient déjà des discours que cela allait beaucoup mieux « sous l'ancien régime ». Bientôt viendra le temps où beaucoup de gens souhaiteront le retour au passé. Alors, si Dieu le veut, nous couronnerons de nouveau un monarque. Et je mettrais ma main au feu que l'actuelle « démocratie révolutionnaire » célébrera le couronnement avec autant d'enthousiasme que le 27 février 1917. J'aimerais seulement vivre assez longtemps pour que cela arrive !

27 janvier 1918

Dans exactement un mois, ce sera le premier anniversaire de la « grande révolution russe ». Comment donc le célébrera-t-on ? En versant le sang de nouvelles victimes innocentes ? Ou par un nouveau décret sensationnel de Lénine ? Ou par l'entrée des Allemands à Petrograd ou des Autrichiens à Kiev ?

Bien sûr, chez nous, dans notre trou de Moguilev, rien d'extraordinaire ne se passera. Les événements vraiment importants, les actions viles se passent à Petrograd, Moscou ou dans d'autres grands centres. Je crois que nous observerons les événements de loin, installés paisiblement en Autriche. Ce n'est pas pour rien que, d'après des témoins oculaires, les Roumains qui occupent la Bessarabie parlent allemand.

Dois-je vraiment rester ici et attendre patiemment que les Autrichiens arrivent ? À cette seule pensée, j'ai l'estomac tout retourné. J'ai vécu onze mois sous la révolution et je suis prête à attendre le même laps de temps, si au moins je peux vivre la réaction. Je veux vivre en Russie, comme tous les êtres humains de ma couche sociale, pour mériter la réaction. Je ne veux pas vivre sous la coupe des Autrichiens et de leur ordre, leurs lois et leurs hommes de paille ! Je veux traverser toute la révolution et vivre la réaction ; ne serait-ce que pour cela, nous avons encore beaucoup à supporter.

Aujourd'hui, un soldat a dit à Boba lorsqu'il parlait de l'avancée des Roumains : « Quelle honte pour la Russie ! » Et c'est un simple soldat qui dit ça ! Mon Dieu, verrons-nous un jour la fin de cette honte ?

30 janvier 1918

J'aimerais bien écrire plus souvent, mais ces derniers soirs j'ai lu *La Sociologie* de Kareïev, je n'en ai donc pas eu l'occasion. À l'instant, on tire de nouveau quelque part aussi fort que si une moitié de Moguilev tirait contre l'autre. Papa a téléphoné pour apprendre ce qui se passe. Personne ne sait rien ; on suppose que cette fusillade a un rapport avec la paix conclue par Krylenko. Dans le « bulletin d'information de la VIIIe armée », on a publié aujourd'hui un télégramme de Krylenko dénué de sens sur le cessez-le-feu sur tous les fronts – comme si le feu n'avait pas cessé depuis longtemps ! – et sur la démobilisation jusqu'à la classe 1908 – comme s'ils n'en étaient pas depuis longtemps à 1913 !

Les premières minutes, nous fûmes assez inquiets : il est quand même désagréable qu'on se batte en ville. Après quelques minutes nous nous sommes tous calmés, sauf Papa qui s'énerve toujours le plus. André, Olga et moi sommes assis tranquillement dans notre chambre dans nos fauteuils de cuir souple ; sur la table ronde, une lampe est allumée. Nous bâtissons des hypothèses : soit les Roumains sont arrivés, soit les Ukrainiens et les bolcheviks se flanquent mutuellement une volée. Évidemment, nous ne croyons ni à l'une ni à l'autre ; c'est certainement autre chose qu'une « fusillade révolutionnaire », comme à Noël et le 6 janvier. Vers onze heures, une forte pluie commença qui refroidit sensiblement le « feu révolutionnaire » des camarades. Les coups de feu cessèrent et la soirée se passa calmement.

Auparavant, des rumeurs sur la prise d'Ataki par les

Roumains et de Kamenets par les Autrichiens s'étaient déjà répandues. Face à ces rumeurs, nous fûmes comme toujours sceptiques. Dans un futur immédiat, nous apprendrons de toute façon ce qu'il en est.

Le courrier n'arrive toujours pas. Quelque chose de très grave doit se passer à Kiev. Les trains ne vont pas plus loin que Fastov, là les rails s'interrompent.

31 janvier 1918

Aujourd'hui, la « bourse des rumeurs » a lancé un bobard encore plus sensationnel : les Roumains ou les Autrichiens, on ne sait pas exactement, ont paraît-il conquis Yampol, à trente verstes de Bronitsa, trente-huit de Moguilev. Et ici les dernières nouvelles de Kiev : les bolcheviks ont conquis la ville après une bataille et chassé la Rada. De nombreuses maisons sur le Krestchatik et sur la rue Fandukeïev ont été endommagées par les tirs d'artillerie. Tous les « secrétaires », nos divers Hrusevskyj, Vynnitchenko et compagnie se sont enfuis en Autriche. Quand on entend tout cela, on dirait qu'on vit dans une oasis. Pour combien de temps encore ?

4 février 1918

Les bolcheviks jurent que « l'aventure roumaine » sera liquidée dans les prochains jours. C'est facile à dire, mais cela nous paraît difficile de le croire. Les Roumains avancent, notre armée révolutionnaire se traîne toujours à travers Moguilev vers l'arrière. D'innombrables colonnes de renfort, parcs d'artillerie, divisions sanitaires ont submergé la ville, partout il y a des militaires logés chez des particuliers, partout des soldats et des chevaux. Dans un tel entassement de gens circulent les rumeurs les plus incroyables : les uns disent que les Roumains sont à proximité de Pokrovka, un village de vieux-croyants à douze verstes de Moguilev, d'autres qu'Oknitsa, à dix verstes, est déjà occupée, d'autres encore qu'ils ont déjà occupé Ataki, le village sur l'autre rive du Dniestr, en face de Moguilev.

Ce matin, les premiers réfugiés de Pokrovka sont arrivés, mais ils ne peuvent pas donner d'indications précises. Certains racontent que les Roumains se sont arrêtés à sept verstes du village et qu'ils se sont enfuis devant eux, d'autres disent qu'ils ont réinstallé les propriétaires spoliés dans leurs domaines et pendu les pillards et que, comme les soldats se sont enfuis, c'est aux paysans à en supporter les conséquences. D'autres encore affirment qu'ils ont été chassés par la population indigène de Bessarabie, les Moldaves, parce qu'ils sont russes. La dernière version devrait être la bonne.

Entre-temps les Roumains marchent en direction d'Odessa. On dit qu'ils auraient conclu une alliance avec l'Autriche et que leur train et leur artillerie seraient autrichiens. C'est très probable ; seuls, sans l'appui de l'Autriche et de la Bulgarie, les Roumains ne peuvent oser une telle opération, si faibles que nous soyons.

Nous vivons ici dans un trou comme au bout du monde, depuis plus de deux semaines le courrier n'arrive plus. Il y a deux jours, le frère de Krassowski, propriétaire terrien voisin à Rotmistrovka, est arrivé de Kiev. Il a apporté un vieux numéro du *Poslednie novosti* du 30 janvier. C'est maintenant que nous avons appris pour la première fois les horribles ravages des bolcheviks à Kiev. La ville fut exposée pendant quatre jours au feu de l'artillerie ; il n'y a pas un quartier qui n'ait souffert. Parmi les nombreuses victimes, on trouve le métropolite Vladlimir. La Rada a évidemment pris la fuite et il ne lui est donc rien arrivé. On ne connaît pas encore l'étendue des destructions ; toutes les églises et surtout le monastère Mikhaïlovski semblent être endommagés. Cela a été encore pire qu'au début de novembre à Moscou…

Ce ne furent pas, comme je l'avais craint à l'automne 1915, des Allemands, des ennemis, qui détruisirent la sainte Kiev, bafouèrent ses sanctuaires et tuèrent beaucoup de gens, mais des Russes, nos propres concitoyens ! Les Allemands ne l'auraient pas fait…

À Kiev vit la sœur de Papa, Maria Nicolaïevna Tchernitsky. Qu'est-il arrivé à la pauvre tante Mania ? Vit-elle encore ? Toute la famille de Nouditchka et quelques-uns de nos bons amis vivent à Kiev !

J'ai aussi très peur qu'il ne soit arrivé quelque chose à Choulguine. Il est l'homme pour lequel j'ai le plus de sympathie, car il a osé alors protester à voix haute et juger ce qui se passait. Presque chaque jour paraissaient dans son *Kievlianin* des articles, signés de son nom entier, qui contenaient les vérités les plus amères. Bien qu'il vive dans la capitale de l'Ukraine, il n'avait pas peur de démasquer les combines de Hrusevskyj ; il prouva que l'Ukraine indépendante était une invention de l'Autriche et n'eut pas peur de publier les télégrammes secrets de Hrusevskyj au gouvernement autrichien. Il ne craignit pas d'écrire qu'il était monarchiste. Il le dit pour la première fois déjà lors d'une réunion à Moscou et le répéta plusieurs fois depuis. Il n'agit pas qu'en paroles : déjà pendant l'été il avait fondé le « Bloc hors parti des électeurs russes » qui obtint le plus de voix lors des élections pour la Constituante ukrainienne. Son but primordial est « la Russie une et indivisible. » Il a mené un combat effréné contre l'« ukrainisation » de la Petite Russie et essayé de mobiliser tous les électeurs « russes » contre les marionnettes autrichiennes. Au début, lors des élections au parlement municipal de Kiev, il arriva dernier ; lors des élections à la Constituante panrusse à Kiev, il arriva en troisième position ; aux élections pour la Constituante ukrainienne, son Bloc gagna avec vingt-cinq mille voix, alors que le suivant, le parti ukrainien, n'obtenait que huit mille voix. Si l'Assemblée ukrainienne s'était concrétisée, la majorité des voix aurait appartenu à un parti qui souhaitait l'anéantissement de l'Ukraine en tant qu'État indépendant, et comme forme de gouvernement, à la place d'une « république démocratique et fédérée », une monarchie constitutionnelle. Ceci n'aurait pas seulement provoqué la colère des commissaires de Petrograd, mais aussi leur effarement : si la liste monarchiste a obtenu la majorité des voix, cela signifie que le mécontentement et la « poussée à droite » des masses augmentent. C'est bien pour cela qu'ils font tout pour anéantir Choulguine. Évidemment, son *Kievlianin* a été interdit et pillé, mais pourvu qu'il soit lui-même sain et sauf !

Aujourd'hui est arrivée par des voies incertaines cette feuille de chou du *Poslednie novosti* du 2 février. – Nous avons maintenant le « nouveau style », on écrit « 15 (2) février ». – Wojciechowski a acheté cette édition pour quatre-vingts kopecks. On y lit que le colonel Mouraviev, « Mouraviev de Petrograd », marche vers Odessa pour se battre contre les Roumains. L'ISKOSOL d'Odessa a proclamé un appel étrange, par lequel les citoyens sont appelés à la lutte contre les Roumains. On y lit que les « bourjoui, propriétaires terriens et capitalistes », auraient invité les Roumains à conquérir la Bessarabie et « toutes les autres régions qu'ils peuvent occuper » pour les rétablir, eux les propriétaires antérieurs et les capitalistes, dans leurs positions, et se venger « des révolutionnaires démocrates ».

Ainsi, de paisibles citoyens seraient pendus et fusillés. Pour cette raison, l'ISKOSOL loue d'une part « le commandant en chef Krylenko pour avoir anéanti l'armée », cet « outil de l'ancien régime », mais d'autre part appelle les citoyens à se porter volontaires à la « garde révolutionnaire et socialiste du peuple », pour « défendre la révolution et ses conquêtes ». Ces volontaires auraient droit à un salaire de quatre-vingts ou cent roubles avec nourriture et vêtements gratuits et un contingent de vivres, en outre des vêtements et des chaussures à des prix minima pour leurs familles. Tout ceci pourrait bien attirer quelques intéressés.

5 février 1918

Je ne sais pas ce que l'avance roumaine nous apportera personnellement. Si les camarades veulent essayer de combattre les Roumains et d'établir une ligne de défense contre l'occupation de la Bessarabie, cela peut en coûter beaucoup à Moguilev en raison de sa position stratégique sur la rive du Dniestr. On tirera sur la ville et naturellement elle sera conquise par les Roumains ou les Autrichiens, car il est impensable que l'armée révolutionnaire puisse accomplir de véritables actions militaires. Il n'y a même personne qui pourrait simuler une défense ; l'armée continue sa retraite vers l'arrière. Bien que cela soit bête et ne mène à rien, j'espère un tout petit peu que quelqu'un essaiera de défendre la Bessarabie. Au moins Mouraviev, au moins Trotski ! De nouveau toute une province, tout un pays sans aucun coup de feu, c'est quelque chose de trop incroyable ! Mais bien sûr personne ne se battra.

L'avancée roumaine n'est que le début de l'occupation qui menace de nombreuses régions. Le pire, c'est que personne n'a même le souhait de s'opposer à cette avancée. Tout le monde au contraire se réjouit de la prochaine arrivée des Allemands qui, de l'avis de la majorité, apporteront le calme et la paix. Quelqu'un a déjà lancé la rumeur chez les habitants qu'avec l'entrée des Roumains le pain et le pétrole seraient immédiatement meilleur marché ; c'est pourquoi la population les attend avec beaucoup d'impatience.

Je ne crois pas une minute à ce que racontent quantité de gens : les Roumains veulent occuper la Bessarabie, car elle a été naguère une de leurs provinces et ils se satisferont de cela. Ici, ce ne sont pas les Roumains, mais les Autrichiens, qui tiennent le premier rôle. Les négociations en vue d'un armistice entre les «troupes soviétiques» – elles ne méritent pas le nom d'armée russe! – et les Allemands se sont traînées pendant trois mois. Nous n'avons pas conclu d'armistice avec les Roumains – pour la simple raison que nous ne leur avions pas fait la guerre –, et ainsi personne ne peut s'opposer à ce qu'ils continuent leurs actes de guerre. Que ces actes de guerre se tournent brusquement contre nous et pas contre l'Autriche, voilà ce que nos dirigeants considèrent comme un malentendu si petit qu'il ne vaut pas la peine de lui accorder leur attention. Pendant qu'on parlait d'armistice, les Autrichiens n'ont pas perdu de temps : ils ont conclu un pacte avec la Roumanie et sont passés à l'attaque en Bessarabie en tant qu'armée roumaine. Nos pillards n'ont soit vraiment rien compris, soit fait semblant de ne pas comprendre à qui ils avaient affaire. Ils se sont dépêchés d'expliquer que tout était de la faute des bourjoui et des capitalistes.

Hier, nous avons lu dans les *Poslednie novosti* que les pourparlers de paix de Brest [1] se sont terminés définitivement par un fiasco. Les Allemands n'ont pas seulement refusé la formule «sans annexion ni contribution sur la base de l'autodétermination des peuples» mais ils ont exigé de Trotski, plutôt de la Russie vaincue, une contribution de huit milliards de roubles-or. Trotski était très vexé et a décidé de rompre les négociations. Il faut être très naïf pour croire à toute cette comédie. Tout ceci est mis en scène par les Allemands pour gagner du temps et attendre que chez nous l'armée, la flotte et le pays tout entier soient si délabrés qu'on puisse les cueillir avec ses seules mains. Demain à midi le délai d'armistice se termine, et les Allemands devraient mettre fin à la comédie de Brest…

J'ai déjà écrit plusieurs fois ce que je pense de l'occupation.

1. Il s'agit de Brest-Litovsk.

Si cela dépendait de moi, il y a longtemps que je ne serais plus là. Je n'ai pas peur d'actes de guerre qui selon toute vraisemblance n'auront pas lieu ; j'ai peur d'être coupée de la Russie ; j'ai peur de me trouver sous domination allemande. Pas même peur – c'est un sentiment qui se compose de haine, d'horreur et de honte. Je les hais, ils me dégoûtent et j'ai honte devant eux ! Malgré tout il ne me sera pas épargné de les voir ici et d'être vue par eux. Si au moins il pouvait y avoir quelques actes de guerre contre Moguilev, si au moins on arrivait à un échange de coups de feu ! Je crois que ce serait alors plus facile à supporter. De toute façon, maintenant plus rien ne retient les Allemands.

7 février 1918

Hier, le jour où l'armistice expirait, on n'a rien remarqué d'extraordinaire. Le soir, il me sembla qu'on tirait un peu, mais je l'attribuai plutôt à mon imagination qu'aux Autrichiens. Mais aujourd'hui, il n'y a plus de doute : le matin, on pouvait entendre des coups de canon, de forts points d'impact du côté bessarabien. À en juger par le son, cela semblait venir de plus près qu'il y a trois mois, quand nous étions aux écoutes des mêmes bruits. La différence c'est que Moguilev se trouve dans une vallée, on entend donc moins bien. À Bronitsa, tout résonne plus fort…

C'est maintenant le soir, j'arrive à l'instant du jardin. Aujourd'hui, toute la journée nous avons entendu la canonnade se rapprocher de plus en plus. Le matin et pendant la journée, seule une section avec deux pièces était en action et ceci seulement rarement. Ce soir, on entend déjà les coups de feu à intervalle de quelques secondes et c'est, paraît-il, toute la batterie qui tire avec quatre pièces. D'après les rumeurs qui courent ici, Kamenets a été soumise à un terrible blocus aérien et pilonnée; on ne sait rien du sort ultérieur de la ville. Boba dit que des aéroplanes pourraient arriver aussi à chaque instant à Moguilev; le pont et la gare pourraient intéresser les Autrichiens. Olga et moi avons discuté comme il serait bien de retourner en Russie et d'y attendre la réaction et comme il serait affreux que les Autrichiens nous ramènent à Bronitsa et nous obligent à livrer des céréales à leur armée. En musique d'accompagnement à ces tristes conversations on entendait les impacts assourdis.

Puis André est arrivé du pont de Chargorod. – C'est le point que doivent passer toutes les troupes restées en arrière. Boba et André y sont en permanence et apportent les nouvelles les plus diverses à la maison. – Il a raconté que deux canons étaient partis contre les Roumains suivis par une partie du train avec les munitions, mais que le reste du train avait refusé de traverser aussi le pont. Est-ce enfin la mauvaise conscience qui s'est saisie des camarades ou quelqu'un leur a-t-il promis quelque chose? Ils ne peuvent être bons à rien : sans officiers, sans grenades, sans ordre, sans commandement, sans plans – peut-on donc dans ces conditions parler de résistance contre un ennemi fort et bien organisé?

Tout ceci n'a vraiment aucun sens! Alors que les Autrichiens et les Allemands sont passés à l'offensive sur tout le front et ont occupé Dwinsk, Luck et Rovno, on peut lire dans un radiogramme qui est arrivé aujourd'hui à l'état-major que nos camarades sont tranquillement assis sur leurs charrettes, crachent des graines de tournesol tous azimuts, jurent de la façon la plus vulgaire et tirent sur des corbeaux. Ou alors un régiment traverse Moguilev, et tout le régiment ne consiste plus qu'en vingt hommes; ils marchent au son d'un orchestre qui joue faux une *Marseillaise* écorchée et derrière un drapeau, plutôt un torchon sale avec l'inscription «Paix»! Que leur importe que l'ennemi attaque? D'après eux, la paix est conclue et ainsi ils marchent en direction de la gare le cœur léger, accompagnés de musique, comme s'ils avaient gagné.

Aujourd'hui, une batterie a traversé Bronitsa. Un officier a essayé de la persuader de placer un canon en position de tir près de la fabrique, mais les soldats très bolcheviques n'ont évidemment pas daigné le faire; ils ont préféré poursuivre leur route vers l'arrière. Ils transportaient diverses pancartes dégoûtantes, telles que «Paix aux chaumières, guerre aux palais». Comment faire comprendre à ces pauvres types qu'ils sont en train de trahir la Russie? La Russie ne les intéresse guère!

Et à quoi ressemble la paix qu'ils ont apportée à la population! Aujourd'hui, Sivatchenko nous a raconté quelques exemples : dans les villages autour de Bronitsa, des cas de vol et de meurtre se sont produits à plusieurs reprises; à Sadkovtsy, il y a eu un cas de lynchage; à un autre endroit une femme a été tuée par des soldats d'une balle perdue dans une chaumière. Ils ont mis fin à la guerre contre les palais mais ils n'ont pas apporté la paix aux chaumières. À quoi ressemblera la paix que les Allemands nous apportent?

Boba dit que les coups de feu viennent de notre côté, ce ne sont pas les Autrichiens ou les Roumains. On l'entend au son.

11 février 1918

Beaucoup de choses importantes ces derniers jours : une solution est imminente. Moguilev sera probablement occupée un de ces prochains jours. Tout le monde se met à l'abri. Aujourd'hui, l'état-major des 16e et 32e corps a levé le camp et l'état-major de la VIIIe armée, dont on disait qu'il ne partirait que dans une semaine, n'a même pas attendu aujourd'hui et a disparu également. Depuis trois jours les trains vers la Bessarabie sont composés ici et ne dépassent pas Moguilev. Les masses désordonnées de ceux qui appartenaient à l'armée ont passablement diminué et il y a beaucoup moins de circulation ; qui le peut, s'enfuit de la ville. Les fonctionnaires logés chez nous ont également disparu.

On a du mal à s'imaginer qu'un quelconque acte de guerre puisse avoir lieu ici. « Le commandant en chef » Krylenko a annoncé une nouvelle « mobilisation populaire » avec le but de recruter à nouveau les soldats refluant du front. N'est-ce pas là une comédie grotesque ? C'est avec une telle armée que Mouraviev veut reconquérir la Bessarabie et défendre la Russie ! D'abord, encore avant d'avoir réfléchi avec quelle armée il allait combattre, Mouraviev a adressé aux Roumains à Odessa l'ultimatum de vider les lieux sous quarante-huit heures, faute de quoi il le ferait par la force. Et concernant les propriétés de leurs compatriotes, ils n'avaient pas à s'inquiéter – la démocratie russe allait s'en occuper ! Ce serait très amusant si ce n'était aussi triste. Maintenant, on pourrait se souvenir de ce que quelqu'un – Trotski, je crois – disait encore avant le coup d'État de novembre : il reprochait au gouvernement provisoire de ne pas avoir assez d'énergie pour terminer la guerre ; les bolcheviks le feraient mieux. Mais si l'Allemagne devait refuser « la main fraternellement tendue », ils se battraient de telle façon que leur courage plongerait le monde entier dans la stupeur. Ils enverraient tout le pain à l'armée et « laisseraient les bourjoui mâcher des croûtes de pain » ; ils leur « ôteraient leurs dernières bottes et les enverraient au front ». Mais les camarades Zinoviev et Trotski ont oublié une chose sans aucune importance : qu'il n'y aurait alors plus d'armée pour réceptionner le pain et les bottes des bourjoui et en échange battre les Allemands…

À Moguilev, des rumeurs circulent selon lesquelles le fameux Mouraviev aurait été ici et serait reparti. Quelle chance qu'il n'ait pas eu l'idée d'établir son quartier général ici. Malgré la proximité encourageante du « commandant du front sud-ouest », l'ambiance à Moguilev est très peu guerrière. Ordre a été donné au Trésor public et à la poste de se tenir prêts à chaque instant à partir pour Uman. De toute façon, tous ceux qui le peuvent se mettent à l'abri. Quelques camarades ont posté sur la montagne surplombant Nemia un canon qui tire sur la ville. Ils n'ont évidemment pas d'observateurs et de ce fait les boulets vont n'importe où en Bessarabie. Peut-être touchent-ils un champ, peut-être aussi un endroit très peuplé. Cela n'intéresse personne. Ces seuls défenseurs de Moguilev ne resteront probablement pas non plus ici trop longtemps, mais s'enfuiront comme tous les autres à l'approche de l'ennemi.

Où sont maintenant les Autrichiens et les Roumains? Personne ne le sait exactement. Les uns disent qu'Oknitsa a été occupée, les autres que seule une avant-garde y a été et est déjà repartie; les Autrichiens semblent se trouver à soixante verstes de Moguilev. Certains affirment aussi que les Autrichiens marchent directement en direction d'Ostrog-Vinnitsa dans le but d'isoler Jmerinka et avec cela Kiev et Odessa; on dit même que Jitomir a déjà été conquise... En un mot, personne ne sait rien et tout le monde ment du mieux qu'il peut. C'est de notoriété publique : plus le front est rapproché moins on sait de choses.

En ce moment le calme règne à Moguilev. Nous avons une chance extrême : des soldats en retraite ont pillé Kamenets, Bendery, Tultchin et Bratslawow et rasé Kilia. À Moguilev, les soldats se comportent de façon assez correcte. Nous avons un maire très capable; il a beau être un bolchevik, il s'occupe quand même du bien-être de la ville. Ainsi il a par exemple collecté de l'argent, obligé les cent personnes les plus riches de la ville à payer chacune deux mille roubles – bien que les bolcheviks aient déjà supprimé toute propriété; avec cet argent, le bureau de ravitaillement municipal a acheté de la farine et en nourrit les camarades. De cette façon, ils n'ont au moins pas faim et pas envie de piller. Il est également bien que les caves de l'État aient déjà été évacuées de la ville en automne. Ce voisinage – elles étaient dans notre rue – aurait été désagréable.

Papa a de nouveau payé deux mille roubles, en plus des nombreux qui sont partis en fumée depuis le début de la guerre – car depuis ce temps l'agriculture n'a apporté presque que des pertes. C'est seulement pour des raisons de principe que Papa ne l'a pas abandonnée ; il a toujours considéré comme son devoir de mettre du pain à disposition de l'armée. Il est resté à son poste jusqu'au dernier instant : la récolte de 1917 fut engrangée complètement, malgré des pertes colossales, et remise à l'armée. Que les hangars aient été pillés par les soldats et les paysans n'a fait qu'augmenter la perte. Bien qu'on nous ait tout pris, nous passons toujours pour des capitalistes. Bientôt viendra le moment où nous serons dans le besoin.

13 février 1918

Je ne savais pas que j'écrirais aussi vite :

LA PAIX EST CONCLUE.

Des mots qui nous coupent pour ainsi dire de tout le passé, y mettent fin et annoncent un nouveau début, quelque chose d'inconnu, de nouveau et pour nous de si menaçant. À partir d'aujourd'hui, tout a changé : avant il pouvait y avoir une lueur d'espoir en quelque chose de meilleur, une désillusion ; ceci s'est maintenant écroulé à jamais. Malgré tout, l'espoir qu'un temps meilleur viendrait pour que tout ce que nous avons dû subir ne soit pas inutile vivait au fond de mon cœur. Et tous ces espoirs n'avaient qu'un but – la Russie devait renaître. Maintenant il ne reste rien en quoi espérer. Pour la pauvre Russie, qui a signé le traité de paix, on ne peut plus que lire les prières pour les agonisants. Elle ne ressuscitera plus.

Aurions-nous pu nous imaginer pendant toutes ces années de 1914 à 1917 que cette guerre, la « Grande Guerre » comme nous l'appelions, se terminerait de façon aussi honteuse? Jamais nous n'avons pensé que cette guerre pouvait se terminer autrement que dans la gloire et la victoire. Combien de sacrifices accomplis, combien de sang versé, combien de batailles gagnées! Pour quoi?

Les Allemands ne s'attendaient certainement pas à une victoire aussi éclatante. Ils ont obtenu tout ce dont ils ne pouvaient que rêver : l'anéantissement total de la Russie en tant que grande puissance, tous les traités commerciaux possibles, des contributions, l'annexion de provinces entières, la séparation de l'Ukraine…

Papa a lu aujourd'hui le texte intégral du programme radio qui pour l'instant reste confidentiel. Probablement que ce sera proclamé demain. L'Ukraine sera complètement séparée de la Russie et occupée par les Autrichiens; toutes les troupes, y compris les «gardes rouges», seront évacuées; les propriétaires terriens reviendront sur leurs terres pour livrer du blé aux Autrichiens. Papa s'en réjouit, et beaucoup d'autres avec lui, mais moi j'ai l'impression qu'on m'a giflée.

Tout ce que j'ai écrit ici ne rend pas un centième de ce que je ressens. D'une certaine façon je ne puis écrire. Mon cœur est si lourd, j'aimerais éviter de penser et d'autant plus d'écrire. Ce matin, je pensais encore qu'à la suite de cette paix honteuse là-bas – en Russie – commencerait cette réaction qui est devenue pour nous le seul mirage engageant de notre vie. Maintenant je ne crois plus à cela non plus. La Russie peut-elle continuer à vivre après une honte pareille?

14 février 1918

Aujourd'hui la débandade de Moguilev s'est encore accentuée : se sont enfuis le « REVKOM[1] », les résidus de l'état-major de la VIIIe armée et d'autres comités et conseils. Les derniers soldats ont pris la fuite et ont abandonné des canons, des dépôts de nourriture, des automobiles, du matériel de guerre. N'est restée pour l'instant que la « garde rouge », qui au moindre danger jette ses fusils et affirme appartenir à la population locale. Sur ordre des Autrichiens tous les Ukrainiens détenus ici ont été mis en liberté. On dit que Jitomir a été occupée, que quatre-vingts personnes du REVKOM ont été pendues et mille six cents pièces d'artillerie prises à Luck, qu'à Kiev les *Hajdamaks*[2], soutenus par les prisonniers de guerre autrichiens, ont battu les bolcheviks, qu'un corps autrichien avance rapidement en direction de Kiev et que tout le monde s'enfuit devant lui. Il est possible que tout soit vrai. De cette façon nous nous trouvons à l'arrière des Autrichiens. Ici on ne parle plus que de leur apparition prochaine; tout le monde les attend avec une grande impatience. Les juifs offrent déjà maintenant de changer de l'argent russe en couronnes, au cours, paraît-il, de quarante-neuf kopecks pour une couronne hier, et de trente-six aujourd'hui. Je ne crois pas que cela soit juste : le cours du rouble ne peut être aussi élevé. En temps de paix, une couronne coûtait quarante kopecks…

Aujourd'hui c'est le 27 février d'après le nouveau calendrier et on dirait que les habitants de Moguilev célèbrent l'anniversaire de la révolution. Ils se dépêchent. Peut-être que dans treize jours ils n'en auront plus la possibilité. On n'entend que des coups de feu isolés et le son bien plus

1. Comité révolutionnaire.
2. Créées en 1917, diverses formations militaires hostiles aux bolcheviks.

sérieux et mélodieux des impacts autrichiens, la batterie sur la montagne de Nemia est donc encore là. Ces coups de feu habituels nous manqueront bientôt. Le « ta-ku » mélodieux des coups de fusil a si longtemps servi d'arrière-plan à tant de pensées désespérées et illustré cette triste situation.

15 février 1918

On dit que Kiev a été occupée et qu'une division blindée a pénétré en ville. Je n'ai pas besoin d'ajouter spécialement que personne n'a défendu la ville malgré l'ordre de Krylenko. Ont été également occupés les nœuds ferroviaires de Jmerinka, Wapniarka et Vinnitsa. Pratiquement toute la Petite Russie est aux mains des Autrichiens. De cette façon nous sommes isolés. À Moguilev, on a proclamé l'état de siège, personne ne peut sortir après dix heures, tout vol et tout brigandage doivent être punis de mort. Je dis « doit », car jusqu'à présent de telles menaces n'ont jamais été exécutées. Qui a proclamé cette ordonnance quand la peine de mort n'existe pas dans la République démocratique d'Ukraine ? Peut-être qu'un quelconque agent autrichien a agi en la matière. Ce serait beau si les Autrichiens restaient encore longtemps invisibles et faisaient régner l'ordre de loin !

Aujourd'hui, trois aéroplanes autrichiens ont survolé Moguilev ; très tôt le matin, Benko, un de nos Autrichiens, en a vu deux, André et Boba un autre à midi. Un officier a raconté à Boba que les Autrichiens auraient largué trois bombes sur la rive opposée du Dniestr, aucune sur Moguilev.

16 février 1918

Il était trop tôt pour affirmer que Moguilev était une ville pleine de félicité, que nous vivions presque dans un nirvana !

Depuis ce matin règne un état de tension extrême : pas tout le REVKOM n'est parti ; les membres restants ont imposé à la ville une contribution de deux millions de roubles. Ils ont l'intention de la réclamer à deux cent cinquante personnes. L'administration communale a démissionné et a décidé qu'une telle somme n'était évidemment pas disponible et qu'il était impossible de la trouver. Le Trésor public est déjà fermé depuis trois jours. L'administration communale a fait la proposition d'offrir au REVKOM les deux cent mille roubles qui avaient été collectés auparavant et qui étaient destinés à l'achat de farine. Une réunion a été convoquée pour discuter cette question.

Papa a appris tous ces détails ce matin et est rentré très énervé. Nous avons discuté la situation et pris la décision de nous défendre. Nous avons sorti les armes et fait tous les préparatifs. C'est avec un fort mécontentement que j'ai ressorti mon Clément. Malgré l'atmosphère tendue, nous étions tout à fait calmes : il paraissait devoir être possible de s'entendre d'une certaine façon avec le REVKOM et qu'ainsi tout finirait bien.

Vers six heures du soir André et moi étions assis dans le jardin et discutions la nouvelle situation. Il était plus énervé que moi, persuadé que cela ne pouvait se terminer paisiblement et qu'il faudrait tirer. Soudain de fortes salves à proximité nous poussèrent à nous retirer dans la maison. Après environ une heure, Boba – il veille sur nous toute la journée – revint, et nous raconta ce qu'il avait appris d'un employé municipal : toute la ville est aux mains des bolcheviks ; personne ne songe à se défendre ; le REVKOM dispose de six tanks ; tous les membres de l'administration communale ont été mis en fuite par les coups de feu que nous avons entendus.

Cette nouvelle information modifia complètement notre plan. Si toute la ville tremble et ne pense pas à se défendre, une maison isolée ne peut pas compter résister et d'autant plus contre des blindés. Les bolcheviks n'auraient qu'à en lancer un contre une telle maison, ou deux, ou tous les six et on serait déjà obligé d'ouvrir la porte. Ils trouvent que deux cent mille roubles c'est trop peu et ils cherchent de l'argent. Papa et Boba ont décidé de cacher les armes et de leur donner de l'argent. Le malheur est que Papa figure sur la liste des deux cent cinquante. Sur la foi de cette liste ils viendront aussi ici. Le notaire Afenieff, auquel Papa a téléphoné, dit qu'il a lui-même dû payer treize mille roubles. Il est clair qu'il n'a pas cet argent. Papa doit certainement aussi payer autant – jusqu'à présent il a pu en rassembler trois cents. Personne n'a d'argent maintenant. Afenieff dit qu'il est préparé à être arrêté et conseille à Papa de s'y attendre également.

L'employé raconta en outre à Boba que la réunion se poursuivait alors que du côté du conseil municipal seuls le maire – un bolchevik volontaire de guerre, mais un homme honnête et paraît-il également bon – et un autre membre étaient présents. Pendant ce temps, les camarades du REVKOM sont en route et pillent les magasins ; ils ont déjà été chez Dombrowski à la pharmacie ; ils sont arrivés avec un blindé et lui ont pris tout l'argent qu'ils ont pu trouver.

Il est maintenant neuf heures du soir. Nous nous tenons dans la chambre d'Olga et la mienne, Boba et André dans la « chambre des ordonnances », c'est-à-dire dans la salle à manger qui est la pièce la plus proche de la porte d'entrée. Papa, qui est celui qui s'agite et s'inquiète le plus pour nous, vient de se retirer pour s'allonger dans sa chambre à coucher. Nous lisons tous n'importe quel livre bête et ne parlons pas des événements. C'est mieux ainsi. Ma pauvre chère Mamoulitchka, qui était si agitée et pâle au dîner, s'est quelque peu calmée maintenant.

Dehors l'une ou l'autre automobile passe sans cesse, de temps en temps éclate un coup de fusil ou de revolver. Jusqu'à présent ils ne retentissent pas de façon extraordinaire, c'est le bruit que nous connaissons. J'écris, puis je m'allonge sur notre luxueux divan de cuir et je rêve à la douceur de la paix, quand on peut aller se coucher tranquillement. J'ai horriblement sommeil. Hier, je ne me suis pas assise de la journée, j'ai été continuellement occupée à différentes tâches ménagères car il n'y a pratiquement plus de domestiques ici. Pour la première fois j'ai essayé de repasser, et j'ai repassé longtemps. Le soir je sentais à peine mes pieds, et la nuit je n'ai pu dormir en raison de fortes douleurs au bras droit et d'une désagréable sensation d'inquiétude. Ce matin, j'ai nettoyé le clapier, mis la table et ainsi de suite. Maintenant, l'excitation passée, je suis très fatiguée. C'est que finalement « nous ne sommes tous que des hommes » ; bien que nous ayons derrière nous un entraînement de douze mois, nous ne pouvons toujours pas nous habituer à supporter avec impassibilité l'idée qu'on puisse nous précipiter à chaque instant dans un au-delà meilleur. Nous sommes tous si terriblement fatigués ! Est-il étonnant qu'on ait envie de dire : « Quand est-ce que les Autrichiens viendront enfin mettre de l'ordre ? »

Minuit

Boba va monter la garde toute la nuit. Nous nous étendons, sans nous déshabiller.

17 février 1918

Aujourd'hui nous n'avons pas précisément bien dormi. Vers cinq heures, une explosion sourde et forte nous réveilla en sursaut. Le son décrut lentement, on l'entendit pendant presque une minute. Olga et moi étions couchées sur nos lits, silencieuses. Puis Olga dit d'une voix étrange : « Qu'était-ce ? Un impact ? »

J'avais déjà toute une image en tête : ce ne pouvait être un coup au but, car l'explosion n'aurait pas résonné aussi longtemps. Je me souvins de la possibilité d'une attaque aérienne et pensai tout de suite que ce devait être là la première bombe, mais on n'entendait aucun bruit d'aéroplane. Nous allumâmes une bougie, pour une raison inexplicable ; Olga commença à s'habiller précipitamment ; j'enfilai la robe de chambre vénitienne couleur lilas et m'approchai de la fenêtre. Il faisait très clair en raison de la lueur de la lune et des étoiles éblouissantes. On ne voyait d'aéroplane nulle part. De toutes les chambres jaillirent leurs occupants en robe de chambre. Maman alla dans la salle à manger pour demander son avis à Boba. Il dit : « C'était une forte explosion ; ils ont dû faire sauter le pont sur le Dniestr. » Comme nous l'apprîmes par la suite, il avait raison.

Nous nous recouchâmes. Il était désagréable d'entendre sans cesse des automobiles passer dans notre rue : à chaque instant il semblait qu'elles s'arrêtaient devant notre porche d'entrée. Elles passaient, passaient l'une après l'autre comme si toute la ville avait décidé d'être évacuée. C'était une fuite, mais nous ne savions pas devant qui. Malgré ce bruit, je m'endormis.

Le matin nous apprîmes qu'on avait fait sauter le pont, mais de façon très maladroite : une arche est endommagée, les piliers sont restés debout. Les bolcheviks ne peuvent même pas faire cela de façon correcte.

Pendant que je nourrissais les lapins, vers onze heures, André arriva et nous raconta que Boba s'était rendu chez ses connaissances d'en face, le capitaine Tchernik et le baron Bode. Il y a appris que tout avait changé en ville. La nuit, les bolcheviks étaient toujours en discussion, lorsque soudain des gens firent irruption et hurlèrent que les Autrichiens étaient tout près ; certains affirmèrent qu'un convoi de blindés se dirigeait vers la ville. La panique s'ensuivit. Les bolcheviks chargèrent les voitures au maximum, démarrèrent et firent sauter le pont. Puis commença une fuite effrénée. En vérité, il n'y avait pas trace d'Autrichiens, c'était une ruse des Ukrainiens.

Depuis, l'ambiance en ville a radicalement changé. Les paisibles habitants ont envahi les rues, armés et avec les pires menaces contre les bolcheviks. Ils ont ressorti les *prapori*, drapeaux ukrainiens jaune et bleu, et décidé qu'ils avaient gagné. Pour l'instant, la victoire est vraiment de leur côté, parce que les bolcheviks se sont cachés ou enfuis, en tout cas ils sont invisibles.

Cependant la fusillade continue, de temps en temps on entend aussi le « tac-tac » d'une mitraillette. Je suis assise au soleil dans le jardin et j'écoute cette musique. Aujourd'hui il fait si chaud, onze degrés Réaumur à l'ombre, qu'on peut être dehors en robe. Le matin, nous étions restés dans la maison, car les balles avaient sifflé plus d'une fois derrière notre jardin. Mais le soleil est trop tentant.

8 heures du soir

La population de la ville s'est armée et veut veiller cette nuit. Elle a peur que les bolcheviks ne reviennent pour encaisser leur contribution d'un million huit cent mille roubles qu'ils n'avaient pas eu le temps de réunir. Je ne crois pas vraiment à l'héroïsme des « Ukrainiens » de Moguilev. Pendant que nous nous tenions aujourd'hui dans le jardin, nous avons observé quelques drôles de silhouettes de défenseurs de Moguilev, à pied et à cheval. C'est un spectacle qui mérite d'être vu.

On dit qu'une légion polonaise vient à notre rescousse de Yampol. Comme elle n'a toujours pas fait son apparition, je considère cette information comme un bobard.

Aujourd'hui c'est dimanche et on s'ennuie terriblement. Il n'y a ni rumeurs, ni coups de feu, ni bolcheviks, ni

Ukrainiens. J'ai remarqué qu'à une époque où se produisent beaucoup d'événements désagréables succède toujours une période d'ennui. D'abord quelque chose se passe, on donne l'alarme, tout le monde ne vit que d'une nouvelle à l'autre pendant deux à trois jours ; l'ambiance est survoltée, tout le monde est plein d'énergie, on ne ressent pas la peur, on est aimable envers les autres. Puis le danger s'éloigne tout à fait ou presque ; tout le monde devient joyeux, planifie différentes choses, commence à les réaliser énergiquement. Après un à deux jours commence la période de l'ennui. Chacun se faufile d'un coin à l'autre, ne sait à quoi s'occuper, tous sont pâles et maussades, rien ne marche… La vie a des hauts et des bas : un jour on perd tout espoir, un autre on se reprend – ainsi nous traversons à la nage la « grande révolution russe ».

Et cette révolution, que nous croyions bientôt terminée pour nous, nous promet encore quelques surprises. Les Autrichiens n'ont aucune intention de venir. Tout ce que j'avais écrit sur Kiev, Jmerinka et Vinnitsa ne s'est pas vérifié et appartient à la catégorie des « bobards colossaux ». En fait, on ne pouvait croire à cela que parce que notre faculté de représentation était complètement perturbée. Comment pouvait-on donc croire qu'une unité motorisée et un seul convoi de blindés seraient capables de conquérir plusieurs chefs-lieux ! Ni Kamenets ni Proskurov ne semblent occupées et nous ne pouvons espérer l'arrivée prochaine des Autrichiens. Dans l'intervalle, les habitants de Moguilev doivent se défendre eux-mêmes.

18 février 1818

Tout se passe de manière inattendue. À trois heures, Krziz arriva en courant et rapporta que les Autrichiens avaient pénétré en ville. Évidemment personne n'y a cru – cela paraissait par trop invraisemblable. Mais il jura avoir vu lui-même une unité d'éclaireurs autrichiens et que dans deux heures une division entière arriverait. Anton Tschaïkovsky se précipita en ville et derrière lui tous nos Autrichiens. Nous sortîmes seulement devant notre maison et attendîmes les événements à venir. À intervalles différents, les Autrichiens revenaient et chacun racontait d'autres nouvelles. Sur un fait ils se retrouvaient : il s'agissait d'une unité de Polonais, des ressortissants autrichiens en uniforme autrichien. Hier on attendait la légion polonaise, mais tout le monde était persuadé que c'était la section de Polonais volontaires composée ici à Soroky. Maintenant c'est celle-ci qui est venue à la place de celle qu'on attendait.

Anton rapporta la nouvelle la plus incroyable : il affirma que ces Polonais étaient partis d'Autriche et d'Allemagne pour faire jonction avec nos Polonais et se battre avec eux contre l'Autriche. Ils seraient maintenant en route vers Soroky. J'ai l'impression qu'Anton veut nous *dorer la pilule* *. Il n'a seulement pas pensé que personne ne croirait à la fable que les Autrichiens relâchaient des Polonais armés pour qu'ils se battent contre ces mêmes Autrichiens ❖.

Sylvester raconta que les Polonais venaient de quelque part au nord et que d'autres arrivaient de Yampol, qu'ils disposaient d'automobiles et d'infanterie et que tout un corps d'armée allait venir la nuit suivante. Pavlo arriva soudain de Bronitsa et apporta la nouvelle que toutes les troupes stationnées à Bronitsa et dans ses environs s'étaient enfuies. Pavlo lui-même battit sa coulpe et jura qu'il n'y avait personne de plus respectueusement et fidèlement dévoué à Son Altesse que lui. – Ce Pavlo, un garde à Ubotchi, est le plus antipathique de tous nos employés qui se sont pourtant

❖ C'était vrai. Il s'agissait de la légion polonaise qui avait déserté l'Autriche et fut plus tard désarmée par les Allemands. Après elle, ce même jour, une compagnie hongroise vint à Moguilev. (Complément de l'auteur, 1981.)

tous illustrés ces derniers temps de façon très peu glorieuse. Si l'un d'entre eux se montre ici, j'essaie de disparaître le plus loin possible.

À l'instant, à six heures du soir, le jardinier Benko vient d'informer le baron Bode avec joie que *die Unsrigen*[1] étaient arrivés et que deux corps d'artillerie allemands étaient attendus pour cette nuit. Une division s'était transformée en deux corps, l'imagination des habitants ne connaît pas de bornes. Mais ce n'est pas si important. L'essentiel c'est que les Autrichiens ont occupé la ville. Ce que nous craignions et attendions quand même, ce qui nous paraissait lointain et presque impossible, s'est soudain réalisé… Aujourd'hui, 18 février 1918, la révolution est terminée pour nous. Dans neuf jours, nous aurions vécu son premier anniversaire. Ceux qui avaient semé ont récolté bien vite les fruits de leurs efforts : la Russie a cessé d'exister.

7 heures du soir

Anton s'est rendu au bord du Dniestr pour voir si le pont a été fortement endommagé et il a vu un détachement autrichien traverser le fleuve en bateau. Ce seraient des Hongrois.

19 février 1918

En ville règne un silence inhabituel, on n'entend pas un coup de feu, pas d'auto. C'est presque étrange. On souhaite tellement que la révolution soit enfin terminée et qu'au moins un peu de calme s'installe. Tout le monde est si fatigué !

1. « Les nôtres » (en allemand dans le texte).

Ce matin, Boba et André sont allés en ville à pied et sont passés au pont puis à la gare. Les Autrichiens se sont installés dans le bâtiment du lycée où était logé auparavant l'état-major de la VIIIe armée. On en voit beaucoup en ville. En tant que vieux soldat, Boba admire leur maintien et leur physique correct. Le pont a été très endommagé par l'explosion : toute la partie médiane est dans l'eau. La gare est vide, mais si sale que c'est répugnant de s'en approcher. Les Hongrois nettoient énergiquement les bâtiments de l'état-major, toutes les fenêtres sont ouvertes. On dirait qu'ils ont l'intention de s'établir ici complètement. Même les habitants ont commencé à nettoyer les trottoirs. L'ambiance générale est bonne. On a l'impression que tout le monde est content qu'au moins l'ordre ait été rétabli.

Là où les Hongrois ont installé leur camp, se tient une foule compacte de badauds; tous ceux qui le peuvent s'y précipitent pour contempler ce spectacle inattendu. Les camarades restés en ville y sont aussi à bayer aux corneilles avec le même vague étonnement que les autres, tout en crachant des écorces de graines de tournesol. Des petites filles les désignent du doigt et crient : « Camarades, camarades ! » Après quoi une spectatrice dit : « C'est fini maintenant avec les camarades ! » Mais probablement que personne ne comprend toute la signification de ce qui s'est produit.

Y est suspendu également un « Ordre du jour n° 1 » du colonel Kirienko, le nouveau commandant qui a été choisi après la fuite des bolcheviks. On y lit : « Camarades ! Les bolcheviks sont partis, la ville est sans protection. » Il propose que des volontaires s'inscrivent dans une milice, la *Drujina*, pour protéger la ville des excès. Cet appel a été à l'origine des cavaliers caricaturaux que nous avons pu observer depuis notre jardin. Les habitants lisent cet appel, bien que figure sur la porte du commandant une information selon laquelle les armes ne sont « pour l'instant » pas distribuées.

Il est étrange que les Hongrois ne fassent rien. Ils ont

bien installé quelques postes de garde – près de notre pont de Chargorod se trouvent deux mitrailleurs casqués – mais, sinon, ils ne se mêlent de rien. C'est toujours le même colonel Kirienko qui est commandant, la population n'est pas désarmée, les Hajdamaks traversent toujours la ville à cheval, armés de fusils. Probablement qu'ils ne sont pas assez nombreux.

Mais nous ne savons rien : qui nous gouverne maintenant, qu'est-ce qui s'est passé ailleurs ? À Kiev, la Rada siège toujours tranquillement avec à sa tête les très louables Hrusevskyj et Vynnitchenko. Peut-être qu'ils proclameront un cinquième « universel » pour que nous soyons au moins informés de ce qui va se passer.

20 février 1918

Ici circulent des rumeurs selon lesquelles Petrograd aurait été conquise par les Allemands, qu'ils auraient installé le grand-duc Mikhaïl Alexandrovitch sur le trône et que la famille impériale aurait déménagé en Allemagne[1]. Je ne sais pas si l'on peut donner foi à cela. Olga et moi avons discuté cette nouvelle situation et au lieu d'être désespérées – comme nous l'aurions été il y a deux mois – nous nous sommes réjouies ! Recevoir la monarchie de la main des Allemands, voir sur le trône russe des marionnettes et des instruments complaisants des Allemands – au fond qu'est-ce qui pourrait être pire ? Et le petit Alexeï, que nous avons toujours aimé si fort sera élevé en Allemagne et y apprendra à haïr tout ce qui est russe, puis il deviendra également un instrument de l'Allemagne sur le trône russe. – Qu'est-ce

1. La famille impériale fut gardée prisonnière en divers endroits, et finalement à Iecaterinbourg (aujourd'hui Sverdlovsk) où elle fut assassinée le 17/4 juillet 1918 à l'approche de l'armée blanche.

qui peut vraiment être pire? Le malheur est qu'il existe encore quelque chose de pire. Rien de bien ne peut arriver, mais au moins quelque chose de mieux que le « pouvoir des paysans et des ouvriers », que la « terreur rouge » et tout ce à quoi nous nous sommes déjà presque habitués dans le courant d'une année. Je n'éprouve en ce moment qu'une grande fatigue morale. Actuellement, je ne me sens pas assez forte pour me battre contre ce nouveau mal et haïr ces anciens ennemis. Pour l'instant, je leur suis reconnaissante de nous avoir sauvé la vie ; je les haïrai peut-être plus tard pour tout le reste.

En ville, c'est toujours calme. Encore plus de Hongrois ont traversé le fleuve. Je ne les ai pas encore vus et mon cœur s'en réjouit. Ils n'entreprennent pas de grandes actions, mais il est clair qu'ils contrôlent la situation. Aujourd'hui, les Hajdamaks ont voulu désarmer tous les juifs de Moguilev ; ils se sont rassemblés à un endroit et voulaient leur tomber dessus. Évidemment, ce n'était qu'un prétexte pour commencer un pogrom et une mise à sac de la ville. Soudain apparurent, on ne sait d'où, des *Honvèd* [1]. Dans un calme total, ils se postèrent sur le trottoir et mirent leurs mitraillettes en position de feu. Instantanément, la foule s'éclipsa. Maintenant, des postes renforcés patrouillent dans les rues. Je ne puis m'empêcher de ressentir une certaine satisfaction à l'idée que quelqu'un veille sur nous et fasse régner l'ordre.

Aujourd'hui, le colonel Kirienko a proclamé l'« Ordre du jour n° 4 » – je ne connais pas les deux précédents. Il est nettement plus énergique. Le commandant interdit les pillages et le meurtre, la distillation d'alcool, tous les rassemblements, pas seulement à l'air libre mais aussi dans les maisons, et encore d'autres choses. Le non-respect de ces ordres sera réprimé « par la force armée ». Il y a quelques jours on n'aurait pas publié un tel décret. Il fut dicté à

1. Les unités hongroises.

cet homme de paille de commandant par le colonel des pionniers Honvèd stationnés ici. Boba a lu un ordre encore plus étonnant. On y dit que nous devons marcher « la main dans la main avec notre amie l'Autriche-Hongrie ». C'est beau, n'est-ce pas ?

Pour l'instant, tout le monde attend avec impatience les événements à venir. Les paysans ont changé de tactique, pour toutes les éventualités. Aujourd'hui, Sivatchenko est arrivé de Bronitsa et nous a raconté que tous ces derniers temps des choses révoltantes s'y étaient passées. On a tiré des jours durant, on s'est volé les uns les autres, on ne pouvait quitter sa maison sans se faire apostropher ou insulter. Maintenant, tout s'est modifié à la vitesse de l'éclair : les éléments paysans désagréables se sont cachés ou saluent poliment quand on les rencontre. C'est encore pire. Avant, ils étaient au moins conformes à eux-mêmes ; maintenant, ils ont mauvaise conscience et ils ont peur.

L'aile latérale de la maison de Bronitsa a été détruite, les pillards ne pouvant entrer ont tiré sur les fenêtres de l'étage supérieur pour les faire sortir de leurs gonds. Dans le parc gisent des cadavres de chevaux ; ces porcs ont même jeté un cheval mort dans la glacière. Mais le parc lui-même est intact.

Il est plus que possible que nous pourrons retourner à Bronitsa ! Je ne sais pas si je dois m'en réjouir. Malgré mon grand amour pour Bronitsa, j'ai peur d'y revenir. C'est semblable à ce qu'on éprouve en voyant le cadavre d'un être humain qui vous est proche. Beaucoup trop de choses y sont liées à d'amers souvenirs. Je ne peux plus me réjouir.

21 février 1918

Le commandant a donné l'ordre de déposer toutes les armes dans la « caserne autrichienne » avant midi. Est-ce que la pensée viendra donc aux camarades qu'il est étrange que ce soit le commandant ukrainien qui donne l'ordre de livrer les armes aux Autrichiens ? Pour les Ukrainiens, c'est « une nouvelle aube de la liberté avec l'aide de l'armée impériale et royale de notre amie l'Autriche-Hongrie » qui s'est levée. À quel sujet les Ukrainiens s'inquiéteraient-ils ? Il est dit dans l'ordre que quiconque détériore des fils téléphoniques ou télégraphiques sera fusillé sur place. Calmement et selon leurs plans, les Autrichiens prennent tout en main.

À Chargorod, un pogrom a eu lieu et un peloton de Honvèd y est parti. Immédiatement, on a dit qu'ils se sont trouvés engagés dans des combats avec les Roumains qui ont, paraît-il, déclaré la guerre à l'Autriche.

Les camarades étaient très vexés mais ont rendu leurs armes. Beaucoup d'entre eux continuent à circuler avec des fusils et tirent en l'air. Nous ne livrons pas nos armes. Krassowski, Lissner et trois autres propriétaires terriens polonais entreprennent des démarches pour que les gens « de confiance » puissent garder leurs armes.

23 février 1918

Maintenant il y a chaque jour quelque chose de nouveau ; il serait intéressant de décrire en détail chaque journée, mais j'ai tellement de mal à me concentrer.

On s'occupe de plus en plus du retour des propriétaires terriens sur leurs domaines. Tout le monde est convaincu que c'est pour bientôt. Les paysans ont pris peur et ne savent que faire.

Hier soir, Krassowski était ici et a raconté beaucoup de choses intéressantes. Il fait partie de ceux qui ont sollicité une audience auprès de l'*Oberst* von Sandor, le commandant des troupes autrichiennes à Moguilev, pour négocier sur la propriété terrienne et la situation en général. L'Oberst a reçu la délégation, mais refusé de prendre une position officielle. Malgré tout, parlant seulement en son nom propre, il a dit pas mal de choses. Il a affirmé que les propriétaires terriens pouvaient être tranquilles, « l'Europe ne tolérera pas l'anéantissement de l'agriculture privée ». Aussi longtemps que son unité n'est pas plus forte, elle se cantonnerait à la ville, mais dans les prochains jours des renforts viendraient qui s'occuperaient également des villages. Les propriétaires terriens récupéreront leurs domaines, évidemment pour livrer des céréales aux Autrichiens. L'Oberst Sandor ne considère pas les paysans capables de le faire. On mettra à la disposition des propriétaires terriens tous les instruments agricoles nécessaires qui arriveront ces prochains jours.

L'Oberst ne s'est pas limité à ce problème, mais il a aussi parlé de la situation générale. C'était le but de l'Autriche de rétablir l'Ukraine, mais tous les « citoyens » ou Hajdamaks moyennement sensés devraient comprendre que ce ne serait pas là l'Ukraine qu'ils s'imaginent. Sandor fit des allusions assez claires que tout continuerait à se faire au nom de la Rada jusqu'à l'arrivée des renforts autrichiens.

La Rada subsistera jusqu'à ce que les Autrichiens prennent tout en main. Déjà maintenant pratiquement tout est entre leurs mains : bien que tous les ordres soient signés du commandant Orlovsky – un simple soldat ! – il est tout à fait évident que quelqu'un les lui dicte.

L'Oberst von Sandor a dit en outre que la IIe armée est en route – ce sont des Autrichiens – et que leur état-major prendra ses quartiers à Moguilev. Pour nous ici, cette information n'est pas tout à fait agréable. En gros l'Autriche n'a pas fait un mauvais calcul : elle a occupé un pays extraordinairement riche et en extraira le plus possible. Malheureusement, nous, les propriétaires terriens, aurons à y jouer le rôle d'intermédiaires.

Hier, le « soviet des délégués des soldats et des travailleurs » d'ici a cessé d'exister. On voulait mettre tout le soviet en état d'arrestation, mais on délégua ce travail aux Ukrainiens qui, évidemment, arrivèrent exprès en retard et ne mirent la main que sur un « député ». Ce n'est pas ça qui est important, l'essentiel c'est que cette autorité tellement honnie ait cessé son activité.

Aujourd'hui, les Magyars se sont montrés sous un jour énergique : on a établi des postes dans toute la ville, les patrouilles capturent une foule de camarades et les transfèrent dans la cour de la « caserne autrichienne ». Là, on contrôle leurs papiers et tous ceux qui ne sont pas établis ici sont conduits à la gare et expulsés. Aujourd'hui, dans le faubourg de Troïtskaïa, on a placardé un ordre selon lequel tous les biens publics sont à restituer. On dirait que des renforts sont quand même arrivés pendant la nuit. Nous pensions qu'avec l'arrivée des Autrichiens commenceraient les perquisitions, les arrestations et les contributions – tout ce à quoi nous sommes habitués depuis un an. Jusqu'à présent, les Autrichiens ne nous ont apporté rien d'autre qu'une impression de sécurité plus ressentie depuis longtemps.

Aujourd'hui nous avons reçu, par des voies non déterminées, un journal d'Odessa. C'est que nous n'avons aucune idée de ce qui se passe en Russie. Il y a tant de rumeurs contradictoires. Les unes laissent entendre qu'en Russie la réaction aurait vraiment commencé : une mystérieuse Assemblée législative aurait élu tsar le grand-duc Mikhaïl Alexandrovitch ; on dit que l'armée du général Alexeïev a conquis Iekaterinoslav et que le grand-duc Nicolaï Nicolaïevitch est devenu dictateur. Le contrepoids à ces rumeurs, c'est un télégramme dans ce journal du 18 février selon lequel les Allemands ont pris Moguilev-Gubernski, Orcha, Luga et même Bologov ; il y a aussi des rumeurs sur la prise de Kiev et de Petrograd. Peut-on alors parler de réaction ?

Nous avons lu dans le même journal une information qui nous a profondément secoués : à Moscou, on a tenu une *panikhida*[1] pour des officiers des chevaliers gardes et des gardes à cheval, entre autres pour le prince Beloselski-Belozerski, et pour Mosolov, en tout et pour tout environ quinze noms. Boba les connaissait tous personnellement. Qu'a-t-il pu leur arriver, où ont-ils été tués ? On n'en parle pas. Quand on s'imagine quelles horreurs se passent partout, quels fleuves de sang et de larmes coulent maintenant sur le visage de la Russie, mais nous n'en savons rien, nous nous tenons tranquilles dans notre coin et remercions Dieu qu'il ne nous soit pas arrivé la même chose.

Lentement, nous apprenons des détails sur la nuit du 16 au 17 où la ville s'est trouvée en si grand danger et où le sort de tous les honnêtes gens n'a tenu qu'à un fil.

Le 16 février à onze heures, Papa reçut une notification que je reproduis mot à mot : « Comité révolutionnaire de guerre de la VIIIe armée, Moguilev-Podolski. Au citoyen Wittgenstein, dans sa propre maison, Sadovaïa 16. Le REVKOM de la VIIIe armée vous ordonne de payer treize mille roubles dans la caisse du REVKOM avant le 1er mars douze heures (minuit). Tout retard aura pour vous des conséquences désagréables. » Suivent deux signatures illisibles.

Lorsque Papa reçut ce feuillet, il s'agita beaucoup. Il ne nous dit rien et partit en ville pour délibérer sur ce qu'il fallait faire. En ville régnait une panique générale, tout le monde avait une peur mortelle des bolcheviks. Les juifs se tenaient en groupes dans les rues et discutaient des événements ; pas de propriétaires terriens en vue. Se procurer de l'argent était impossible, car la recette municipale avait cessé son activité depuis quelques jours ; même avant, on n'obtenait que cent roubles par tête. Papa rentra et nous raconta ce que je viens de décrire.

L'administration municipale s'efforça de faire traîner les choses en offrant deux cent mille roubles aux bolcheviks,

1. Requiem.

mais vers six heures les membres du conseil se séparèrent sans même vouloir entendre les objections. Seuls le maire et un conseiller municipal réussirent à parvenir jusqu'à ce REVKOM mal famé. Ils ne furent pas écoutés. On commença à arrêter ceux qui figuraient sur la liste des contributions – deux cent cinquante noms.

À sept heures, Boba nous apporta les nouvelles inquiétantes dont j'ai parlé le 16. En réalité tout était un peu différent : chez le pharmacien Dombrowski, on n'a pas seulement confisqué la recette d'une journée. Comme il était sur la liste, il fut arrêté et amené au REVKOM. Là siégeait le tribunal révolutionnaire, c'est-à-dire que quelques douzaines de soldats étaient assis derrière des tables. On répondit aux assurances de Dombrowski selon lesquelles il n'avait pas d'argent actuellement, qu'à Simferopol également personne n'avait eu d'argent, mais que dès que quelques personnes avaient été pendues ou fusillées, l'argent avait été soudainement là. S'il ne voulait pas souffrir le même sort, qu'il veuille bien se procurer cet argent. Le pauvre bougre rassembla difficilement deux mille roubles et promit de trouver le reste si on le relâchait. Ils acceptèrent sa parole d'honneur et le libérèrent. D'une façon ou d'une autre il réussit à trouver les onze mille roubles manquants et à les apporter au REVKOM. Il est le seul à l'avoir fait. Les autres furent arrêtés, fouillés, peut-être leur a-t-on fait subir encore d'autres choses ; on leur prit quelques milliers de roubles et on les planta là alors que les soldats menaçaient de revenir bientôt. Ils vinrent trois fois chez le vieux Krupensky, mais il s'était tellement bien caché qu'ils ne le trouvèrent pas. D'ailleurs, beaucoup de gens se cachèrent. Un propriétaire terrien de Bessarabie se cacha dans la maison en face de la nôtre, chez le baron Bode et le capitaine Tchernik. Il abandonna sa femme et ses enfants – ce que je trouve assez étrange – et se rendit chez des relations qui ne sont pas domiciliées ici et ne figuraient donc pas sur la liste fatale.

Cette nuit-là, les bolcheviks parcoururent la ville; ils ne pillaient plus d'après la liste mais un endroit après l'autre. Dans certaines rues ils pénétrèrent dans chaque maison, terrorisèrent les habitants et exigèrent de l'argent. Pourquoi ne sont-ils pas venus chez nous? Pourquoi ne sont-ils pas venus chez Papa qui porte le nom le plus voyant de la liste? Évidemment, seulement parce qu'ils n'en eurent pas le temps. Pour la deuxième fois, nous fûmes sauvés comme par miracle.

Et nous avons dormi cette nuit-là! Nous ne savions pas qu'à trois heures du matin une horde de soldats pénétra par effraction dans la malheureuse administration communale et exigea immédiatement deux millions de roubles. À cinq heures, les bolcheviks firent sauter le pont et s'enfuirent. Ils n'avaient plus le temps de piller. Au même moment, le baron Bode et le capitaine Tchernik entendaient les voitures qui passaient devant chez nous et s'attendaient toute la nuit à une attaque contre nous. «À chaque voiture nous avons pensé : ça y est, ils viennent arrêter le prince. Nous nous sommes préparés à les attaquer par-derrière», raconta le baron en buvant tranquillement une tasse de thé chez nous. Nous avons dormi cette nuit-là et ne nous sommes imaginé que très vaguement le danger dans lequel nous étions. Et pendant ce temps, il y avait des braves gens, que nous ne connaissions même pas encore personnellement, qui étaient prêts à nous sauver des bandits.

La ville échappa à un sort terrible seulement par la rumeur que les Autrichiens étaient là. Pouvons-nous éprouver autre chose que de la gratitude face à ces Autrichiens?

24 février 1918

Depuis que nous sommes en révolution *, j'ai souvent observé un phénomène étrange. J'avais déjà écrit à Petrograd au début de la révolution à quelle vitesse le moral s'améliore ou se détériore sous l'influence des rumeurs diverses. Maintenant, on peut observer particulièrement bien ces variations.

Pourquoi le moral est-il de nouveau tombé aujourd'hui? Papa a assisté ce matin à une réunion et apporté de mauvaises nouvelles. Les Autrichiens – est-ce à dire l'ordre et la sécurité? – sont sensiblement affaiblis; l'ensemble du pouvoir passe aux mains des camarades ukrainiens, donc au même soviet des ouvriers et des révolutionnaires qui l'exerçait auparavant; il ne peut être question pour l'instant d'une restitution de la propriété foncière.

Nos ennemis ont relevé la tête. La rumeur propagée par de sales crapules, selon laquelle les propriétaires fonciers traîtres auraient appelé les Autrichiens pour humilier la démocratie, a beaucoup plu à notre «peuple travailleur». Car il faut finalement faire porter le chapeau du malheur subi par la Russie et pouvoir imputer le fardeau de la peur ressentie ces derniers jours à quelqu'un. On dit déjà ici que les propriétaires fonciers s'arment avec l'aide de «princes allemands, de barons autrichiens et de généraux roumains» et qu'ils préparent quelque chose contre l'héroïque démocratie révolutionnaire. En général, on excite les gens encore plus qu'avant. On a fait devant Papa la remarque que les Hongrois partiraient d'ici. Alors nous resterons sans garantie aucune pour notre sécurité et serons encore plus qu'avant entre les mains de nos ennemis...

Est-il possible que les Hongrois partent vraiment d'ici? Peut-être se font-ils corriger sur le front occidental? Nous ne savons absolument rien! Peut-être que leurs forces ne sont pas suffisantes pour la conquête de la Russie, pas même pour la conquête de la Russie dans son état actuel? Il est vrai qu'à côté de cela courent des rumeurs que Petrograd, Moscou et même Kiev ont été occupées. Ou alors les Autrichiens sont-ils si faibles qu'ils doivent se mettre à genoux même devant l'Ukraine?

Ici, on a lancé des rumeurs selon lesquelles le grand-duc Mikhaïl Alexandrovitch aurait abdiqué ; de plus, la Pologne aurait déclaré la guerre à l'Ukraine, comme le dit Boba « un État inexistant à un autre État inexistant ». Quelle situation folle qu'il n'y ait ni journaux, ni courrier, ni télégrammes, ni relations ferroviaires ! On ne peut quand même pas croire toutes les idioties qu'on entend à Moguilev !

25 février 1918

Les nouvelles sont de plus en plus mauvaises. Aujourd'hui, Boba a parlé au commandant Freser, nommé hier, un ancien aspirant de réserve – ici nous avons un nouveau commandant presque tous les deux jours – qui loge chez le baron Bode et appartient à son cercle. Boba a déjà dit avant qu'il lui paraissait suspect et qu'il était peut-être un espion autrichien. En conversant avec Boba, il a parlé de la nouvelle Ukraine, du grand avenir qui l'attendait, de ses relations avec la Russie et l'Autriche. L'Ukraine s'est alliée avec l'Autriche contre la Russie ; elle ne donne pas le moindre grain de blé à la Russie et va probablement lui déclarer la guerre. Je crois qu'elle se battra aussi contre la Pologne, l'ennemi principal de l'Ukraine. Et l'Autriche ? « L'Autriche n'est rien pour nous ! » déclare fièrement le nouveau commandant de Moguilev au nom de l'Ukraine…

En outre, Freser a dit que les Allemands avaient pris Petrograd. Ils auraient conclu un traité de paix avec la Russie à des conditions étonnamment mauvaises : une contribution de dix milliards de roubles, toutes les céréales et beaucoup de choses encore. Pauvre Russie ! D'un côté l'Autriche avec son outil aveugle et obéissant, l'Ukraine, de l'autre l'Allemagne, qui comme un chien a planté ses dents dans son corps déjà en haillons. Et ce chien ne laissera pas courir sa victime de sitôt. Pauvre Russie !

Les Ukrainiens ont envoyé à tous les bureaux de district une circulaire au contenu très étrange : on permet aux paysans de cultiver provisoirement tous les champs, vu que les propriétaires fonciers n'en sont pas capables. Ainsi on invite tous les paysans à commencer à semer. Il est clair que nous ne récupérerons plus nos champs maintenant. Mais que signifie «provisoirement»? L'Oberst Sandor a dit qu'il ne leur fallait pas de politique, mais du pain. En ce moment, on ne comprend rien du tout. Que va-t-il se passer avec tout, où devons-nous aller? Pour l'instant personne ne sait rien.

Ici, les propriétaires fonciers prévoient de faire quelque chose, soit un potager soit un café en coopérative. Je crois que Lissner est à la tête de tous ces plans et actions. Probablement qu'il n'en sortira rien de toute façon.

Aujourd'hui, d'importantes forces autrichiennes ont pénétré en ville; elles réquisitionnent déjà des quartiers privés.

Ce matin, nous avons lorgné par-dessus la clôture dans le parc municipal qui n'est séparé de nous que par le ruisselet Derlo. Bien que nous soyons dimanche, les Autrichiens y faisaient l'exercice. C'était désagréable d'entendre les commandements en allemand : «*Rechts, links, halt!*» Les Autrichiens n'ont l'air ni très guerrier ni raide, si on les compare aux soldats de nos anciens régiments de la garde que nous observions journellement, lors de l'exercice, de nos fenêtres à Petrograd. Mais depuis un an nous ne sommes plus habitués à la vue de formations militaires correctes.

Hier, on a arrêté un propriétaire terrien de Bessarabie en pleine rue parce qu'il portait une veste kaki. On l'a pris pour un ancien officier et on a voulu l'expulser de Moguilev, vu qu'il n'était pas domicilié en ville. On l'a gardé pendant quatre heures et il a eu beaucoup de mal à se faire libérer. Pour éviter de tels incidents à Boba et André, Papa leur a procuré des papiers à la «*Miliz-Station*» – c'est ce qui est écrit. On y lit que le porteur du document avec son titre complet

– *Durchlauchtigster Fürst* – a déménagé à Moguilev « son domicile permanent, pour raison d'agitation à la campagne ». Que c'est bête ! Qui croit donc que la raison pour laquelle nous avons déménagé ici intéresse quiconque !

Le même Freser a encore dit que l'Autriche avait demandé l'autonomie de la Crimée en tant que « khanat » indépendant. Le khan doit être quelqu'un du genre du célèbre prince Wied.

26 février 1918

Aujourd'hui, c'est l'anniversaire de Maman, mais tout le monde circule ici d'un air penaud. Je suis contente que dans le découragement général mon état déprimé ne se remarque pas trop. Je me sens mal, je n'ai pas d'appétit, je dors mal, je suis apathique et indifférente à tout. Tout ceci ne contribue pas à la bonne humeur. Comment l'atmosphère pourrait-elle être meilleure ? Il vaut mieux ne pas penser du tout !

Demain, c'est le premier anniversaire de la révolution. Il y a un an, à Petrograd, nous n'étions plus sortis ce jour-là et l'humeur n'était pas non plus gaie. Seul l'oncle Kolia avait quitté la maison et rapporté une jolie corbeille remplie de jacinthes et de bonbons. Les jacinthes sont alors restées sur la table presque jusqu'à notre départ, un contraste étonnant avec les événements désagréables de mars 1917. Longtemps nous n'oublierons pas le 26 février 1917, ce fut une des journées les plus terribles. Nous n'oublierons probablement pas non plus le 26 février 1918.

Aujourd'hui, c'est le x-ième anniversaire de la mort de Tarass Chevtchenko, pour cette raison les Ukrainiens ont suspendu partout leurs torchons jaune et bleu, placé partout des rubans jaune et bleu et mis des insignes ; ils font la fête. Mais ils célèbrent maintenant chaque jour.

Tout ce qui concerne l'Ukraine et les Ukrainiens me

rebute au plus haut point. Pour moi, ils ne sont pas des citoyens d'un véritable pays, mais de véritables canailles qui ont vendu leur patrie aux Autrichiens. Pour cette raison je les hais et les méprise. Malheureusement, mon mépris les indiffère. J'espère qu'ils récolteront un jour les fruits de leur trahison.

27 février 1918

Une date maudite ! Encore beaucoup de générations de Russes y repenseront avec haine, et pour une bonne raison : aussi longtemps qu'un seul Russe vivra, il se souviendra que le 27 février 1917 ce sont des Russes qui ont détruit la Russie !

Nous avons même passé la journée d'aujourd'hui plus calmement que d'habitude. Je me suis levée dans un état sombre, mais tout le monde était de bonne humeur, le soleil brillait si joliment. Comme si cela avait été convenu d'avance, personne n'évoqua les événements liés à cette journée. Tout le monde vaqua à ses occupations en cours avec beaucoup d'égards. Papa, Boba et André ont construit dans la « cour noire » un poulailler, Olga et moi avons sarclé les couches et planté des pieds de rhubarbe. Au soleil, il faisait vraiment chaud. Je portais un chemisier en lin et un panama, les autres étaient seulement en robe. De temps en temps, on entendait de forts coups de feu qui nous rappelaient quel anniversaire célèbre avait lieu aujourd'hui.

Notre travail était si dur et fatigant qu'à notre retour à la maison, après le coucher du soleil, nous nous sommes assis avec un grand plaisir dans les fauteuils moelleux. La fatigue physique chasse la fatigue morale. L'ambiance était bonne, la journée se passa dans le calme.

1er mars 1918

Évidemment, la bonne atmosphère ne pouvait durer. Hier est arrivée la *Kievskaïa mysl* et il a suffi de la regarder pour se sentir mal. La lecture des conditions du traité de paix entre la Russie et les Puissances centrales nous a anéantis. Nous savions que ça ne pouvait pas finir bien, malgré cela nous fûmes tous abasourdis. Ces conditions atroces, l'annonce de l'occupation prochaine de la Sibérie par nos anciens alliés, les cris hystériques et les bavardages des Ukrainiens, tout cela c'est plus qu'on ne peut en supporter ! J'aimerais mieux ne pas entrer dans les détails, ceci dépasse mes forces pour l'instant…

11 (24) mars 1918

Tous ces derniers temps je n'avais pas la moindre envie d'écrire. Il aurait fallu s'arrêter trop longtemps et réfléchir à tout ce qui se passe ; et moi, lâche, j'en ai eu peur. Il m'est impossible de mettre mes pensées sur papier, d'analyser mes sentiments, tout sonne faux et pas comme je voudrais le décrire…

C'est aujourd'hui la première fois que je me tiens à l'intérieur pendant la journée, au lieu de m'occuper aux interminables travaux en cours. Toute cette semaine, les membres de la famille ne se sont rassemblés que pour les repas et le soir après le crépuscule. Nous avons passé nos journées au jardin : il n'est pas rare que notre journée de travail dépasse la norme des huit heures. Nous nous sommes fixé le but de transformer notre jardin dévasté en une oasis de la culture. Cela sera très difficile, car nous devons tout faire nous-mêmes.

Je me suis blessée au médius de la main droite, et maintenant il suppure ; il m'est difficile d'écrire et cela fait mal.

13 (26) mars 1918

Je suis allée à l'hôpital régional. Là, Iekaterina Ivanovna m'a tenu un discours, selon lequel on n'a pas le droit de faire des travaux aussi durs avec des mains non habituées à travailler et avec ça, avec une pincette, elle a ouvert le foyer purulent de mon doigt, ce qui n'a pas été très agréable. Malheureusement je ne peux pas écrire, je le regretterai plus tard.

25 mars (7 avril) 1918

Notre vie s'est stabilisée, il me semble qu'elle se trouve maintenant sur une voie bien réglée. Il faudrait qu'il arrive quelque chose de vraiment terrible pour interrompre le train-train quotidien. Le temps passe très vite, tout le monde est occupé du matin au soir tard. Nous travaillons tous toute la journée sans ménager nos forces. Nous faisons cela d'une part par libre arbitre – finalement Tolstoï n'a pas tort quand il dit qu'est heureux celui qui se fatigue tellement physiquement qu'il en oublie le malheur de son âme. Je vois maintenant que c'est vraiment le meilleur moyen d'oublier tout ce qui se passe autour de nous. À présent, nous n'avons plus peur de la moindre occupation ; j'ai presque perdu l'habitude de trouver tout trop pénible, impression que je ressentais si souvent auparavant. Le résultat de notre vie actuelle est déjà visible : il y a moins d'un mois j'ai failli devenir folle ; quelque chose dans ma tête s'est abîmé. Je ne pouvais me concentrer sur rien, penser à rien, immédiatement cette sensation affreuse que j'ai appelée « fatigue du cerveau » apparaissait : même un processus de pensée simple signifie une souffrance, tout paraît répugnant et insupportable, on est perpétuellement épuisé. Si je vais mieux maintenant, si je suis moralement plus saine qu'il y a encore peu de temps, je ne le dois qu'à l'influence du travail physique.

Maintenant, je ne lis presque plus de journaux et n'écris ici rien sur la politique, bien que cela pût fournir un thème abondant. Il faudrait rapporter la bassesse et la vilenie des Ukrainiens en augmentation constante ; l'abattage de tant de malheureux en Crimée, à Kiev, Moscou, Rostov sur le Don, seulement parce qu'ils appartiennent à l'intelligentsia et qu'ils sont des bourjoui ; le suicide de Kalédine, la terreur et l'anarchie en Russie centrale ; l'occupation d'un grand territoire par les armées allemande et autrichienne ; la défaite de nos anciens alliés sur le front occidental – tout ceci il faudrait le rapporter et encore beaucoup d'autres sujets, mais je ne peux vraiment pas ! Le seul fait de penser à tout ça, j'en ai la tête qui tourne.

Nous nous tenons toujours sans bouger derrière le mur de notre jardin ; nous n'allons nulle part et ne voyons personne. Aujourd'hui, pour la première fois depuis que nous vivons ici, nous avons parcouru notre rue. Ce fut désagréable. On avait l'impression que tout le monde nous suivait du regard d'un air curieux et sarcastique. On nous dévisage vraiment comme des bêtes curieuses. Derrière notre muraille, on se sent comme dans une forteresse – en sécurité.

Quelquefois je rêve : comme il serait agréable de partir, le plus loin possible, là où personne ne nous connaît. Bien que notre situation soit relativement bonne, meilleure que celle de tant d'autres dans notre cas, il serait difficile de continuer longtemps à vivre ainsi.

14 (27) avril

Évidemment qu'il y aurait assez de choses à écrire mais je ne peux pas. Des jours entiers je m'occupe aux travaux courants et m'efforce de ne penser à rien…

Les Autrichiens et les Allemands se comportent de façon totalement incompréhensible : ils n'apparaissent absolument pas dans les territoires occupés, c'est-à-dire presque la moitié de l'ancienne Russie ; partout les mêmes mesquineries, la même anarchie qu'auparavant se poursuivent. Les troupes d'occupation ne s'en mêlent nulle part. Les gens, qui au début marchaient la queue basse, montrent de nouveau leurs griffes. Dans les environs de Moguilev, des troubles ont éclaté par deux fois ; les Autrichiens s'y sont rendus et ont été mis en fuite à deux reprises… En général leurs échecs et leur passivité ont complètement miné leur autorité. Ici circulent déjà des rumeurs selon lesquelles l'anéantissement de la légion polonaise près de Nemirov n'aurait été qu'un début.

22 avril (5 mai) 1918, dimanche de Pâques

En quelques jours tout a changé pour beaucoup de gens, et pour nous. Pour ce qui est de notre état, nous sommes tout à coup passés de celui de gens sans droits à ce que nous étions auparavant. Nous, qui pendant toute une année ne pouvions être sûrs de survivre au lendemain et ne pouvions compter que sur l'aide de Dieu – également sur nos revolvers avec très peu de cartouches –, nous qui avions été ruinés, traînés dans la boue, couverts de tant d'accusations et d'insultes atroces dans les journaux, discours et assemblées, sommes soudain redevenus des gens comme les autres, c'est-à-dire que nous pouvons espérer en la justice, le droit et la défense. Même si ce droit est issu des tribunaux de guerre autrichiens et qu'en ce moment ils sont les seuls garants de l'ordre, nous nous réjouissons qu'il se soit trouvé au moins quelqu'un qui prenne sur soi de nous défendre. La justice réside dans le fait que depuis le 19 avril / 2 mai le droit entier de propriété a été rétabli, c'est-à-dire que nous nous sommes transformés de propriétaires fonciers ruinés à deux doigts de la famine en propriétaires de trois domaines, un capital d'environ quatre millions de roubles. Mais ce n'est pas là l'essentiel ; c'est la dernière chose à laquelle j'ai pensé. La première, c'est que « c'est aussi fête dans notre rue », que nous avons enfin pris le dessus, que le tournant est enfin arrivé ! Je vais essayer de raconter cela dans l'ordre :

Dès le jour de l'arrivée des Autrichiens, nous commençâmes à espérer que tout changerait, qu'un « ordre » tel que nous le souhaitions s'instaurerait. Nous attendions le moment où les Autrichiens interviendraient activement et mettraient fin aux méchancetés accomplies partout. Mais le temps passait et les Autrichiens n'entreprenaient rien. Les comités, les commissaires, la Rada et toutes les institutions similaires continuèrent à augmenter l'anarchie dans le pays. Les autorités germano-autrichiennes ne proclamèrent pas la moindre ordonnance, tout était fait au nom de la Rada centrale, de la Petite Rada et ainsi de suite. Les Autrichiens se comportaient comme des hôtes en Ukraine, plutôt que comme des vainqueurs ou des conquérants. On aurait dit qu'ils détournaient leur regard exprès et ne remarquaient pas ce qui se passait autour d'eux.

Si maintenant j'essaie d'analyser ce que nous avons ressenti alors, j'en arrive à la triste conclusion que nous avons tous beaucoup changé. L'idéalisme qui brûlait dans le cœur, si ce n'est de tous, au moins de beaucoup de membres de notre famille, s'est éteint. Nous avons vécu trop de choses. Dans ce court laps de temps de trois ans et demi depuis le début de la guerre, nous avons changé comme si on avait retourné tout notre être… Cela nous a brûlés, et aussi nos âmes… Il y a peu, j'écrivais encore sur le pardon pour tous – depuis j'ai appris à haïr. Je vais maintenant observer avec plaisir comment ceux que je haïssais avant le plus – les ennemis de ma patrie – vont écraser de leurs bottes ceux que je hais et méprise maintenant le plus – mes anciens compatriotes ! Qu'au même moment moi et mes semblables soyons écrasés par les mêmes bottes ne me semble plus important...

Cela faisait longtemps que nous savions que l'occupation était inévitable. Ce n'est pas pour rien que Tatiana, Boba et moi nous intéressions depuis toujours à la politique et lisions les journaux, parfois même en cachette. La célèbre « question ukrainienne » nous a bien sûr intéressés énormément. En Russie, personne ne s'inquiète spécialement au sujet du mouvement inventé par la diplomatie autrichienne qui s'appelait alors « mazeppisme [1] » et avait de nombreux adeptes en Galicie. Jusqu'à maintenant, je ne crois pas qu'il y ait eu alors beaucoup d'Ukrainiens qui aspiraient à l'autonomie, tenaient la Russie pour leur ennemi et voulaient se lier à l'Autriche. Il n'y en a que très peu aujourd'hui. Seuls les agents autrichiens y croyaient. Nous n'avons jamais pu souffrir les Autrichiens et leur politique, nous nous moquions plutôt d'eux et, à la place, sympathisions beaucoup avec les « moscophiles », les Tchèques et les Galiciens. Ce n'est donc pas étonnant que nous ayons su dès le premier instant d'où venait le vent lorsqu'on commença à parler d'une « Ukraine indépendante ». À partir du moment où le bataillon du génie hongrois est entré dans Moguilev, nous étions persuadés que l'occupation était inévitable et qu'après viendrait l'annexion – un mot terrible, mais tous les indices signifiaient qu'elle était inévitable.

Lorsque les Hongrois arrivèrent le 18, nous avons pensé qu'ils mettraient de l'ordre. Dans les premiers temps nous nous sommes réjouis du calme relatif, nous avons apprécié l'impression de sécurité dont nous n'avions plus l'habitude depuis longtemps. Mais bientôt cela ne nous a plus suffi. Nous voulions dès lors nous venger ou plutôt que d'autres nous vengent. Nous avons espéré que dorénavant nous ne

1. I. S. Mazeppa, Hetman d'Ukraine, se battit pendant la guerre russo-suédoise du côté suédois.

ferions plus partie des persécutés, mais de ceux que nous étions avant. L'inaction des Autrichiens nous irritait. Évidemment, nous n'avons pas cru à leur phraséologie selon laquelle ils étaient venus en amis pour apporter la culture à l'Ukraine et la rendre heureuse. Nous avons supposé que la raison de leur passivité était tout simplement leur faiblesse. Le premier ordre du jour du maréchal Eichhorn, contre lequel protesta la Rada centrale et qu'elle ne suivit pas, nous conforta encore dans notre idée. Nous étions étonnés de leur bêtise, de leur incapacité à établir leur autorité et du fait qu'ils continuaient à avancer, bien que derrière eux tout cet immense pays se trouvât dans une anarchie totale.

La lecture, le 17 avril, du deuxième ordre du jour du maréchal Eichhorn, notamment sur l'entrée en service de tribunaux de guerre allemands en cas d'attaques contre des unités des Puissances centrales et sur l'interdiction de se rassembler, etc., nous a réjouis. Tous les gens normaux ont la nostalgie d'un gouvernement fort, de l'ordre – même si ce doit être un ordre eichhornien. De grands événements devaient suivre un tel ordre du jour.

Le jour suivant, aucun journal ne parut. Le soir, des rumeurs que la Rada avait été arrêtée par les troupes allemandes se levèrent. On peut s'imaginer aisément comme « ils » étaient énervés et « nous » contents de leur malheur. – Ces deux notions courent actuellement sur deux lignes parallèles qui ne peuvent se rencontrer. – Ce qui est bon pour « eux » est mauvais pour « nous », et inversement. Cela restera ainsi jusqu'à ce que le grand malheur, qui pour l'instant ne fait que se profiler à l'horizon, nous ait tous engloutis et forcés à oublier toutes nos inimitiés, à avouer nos erreurs et à nous repentir. Le nom de ce malheur menaçant, c'est l'annexion.

Le 19 avril fut un jour de liesse. Nous nous trouvions tous dans des coins différents de notre jardin, lorsque tout à coup, presque au pas de marche, M. Krupko, un propriétaire terrien polonais de la région de Khotine que Papa connaît à peine, se précipita vers nous. Il tenait un journal à la main, et dans l'attente d'une bonne nouvelle tout le monde se rassembla. La voix tremblante d'émotion, le vieux Krupko traduisit des passages du journal polonais. Pour la première fois, nous apprenions le rassemblement des *Khleboroby*[1], l'élection de Skoropadsky comme Hetman, son ordonnance sur le rétablissement de nos droits. Pour la première fois depuis tant de mois, nous entendions la vérité dans les discours de ces Agrariens. Nous fûmes informés des commissions, des élections à la Constituante, des pogroms, des expropriations et ainsi de suite. Nous étions si heureux que nous oubliâmes l'essentiel : que derrière le Hetman se tient le maréchal Eichhorn, qu'il existe bien un Hetman élu par les Khleboroby mais aussi par les « Puissances centrales amies ». Toute la journée nous nageâmes littéralement dans l'ivresse. Nous étions prêts à voir de nouveau tout en rose. Maman, Olga et moi reconnaissions dans les discours des Agrariens l'indice très prometteur que les meilleures forces de la population étaient dégrisées. Nous baptisâmes cette journée « fête du 2 mai », d'après le nouveau style. Hier le 1er mai « ils » ont célébré, aujourd'hui « nous ». *Rira bien qui rira le dernier**. À n'importe quel autre moment, l'apparition de Skoropadsky n'aurait provoqué chez nous que des railleries, mais maintenant? Mieux vaut un Hetman que la Rada, le lieutenant général Skoropadsky qu'un Hrusevskyj, un dictateur qu'un ministre marionnette. L'actuel *« Hochwürdigste Herr und Hetman der Ukraine »* Pavlo Skoropadsky, est l'ancien Pavel Petrovitch Skoropadsky, ancien commandant de Boba, d'abord commandant de son régiment, finalement son commandant de corps, élevé dans le corps des pages, riche propriétaire de Volhynie. Il est l'un d'entre « nous ». Je crois qu'il n'est pas très intelligent, mais c'est un général

1. « Agriculteurs », en ukrainien.

courageux ; il possède toutes les décorations de guerre et souffre d'une *mania grandiosa* géante. À chaque fois que son rang et sa dignité s'élevaient, il devenait plus hautain. Après les socialistes et la Rada, cela sera un changement agréable et, comme il a le pouvoir d'un souverain absolu, ce changement n'apportera pas que des paroles, mais aussi des actes. Peut-être est-ce un peu drôle que justement Skoropadsky, qu'on appelait dans le régiment « Pidse », soit devenu quelque chose comme notre empereur absolu ? Avant, cela aurait été drôle et bête, maintenant tout est différent. Je suis prête à le reconnaître comme Hetman de toute l'Ukraine, à entendre qu'on prie pour lui à l'église et à l'accepter comme souverain même s'il n'est en réalité que le vieux Pidse. On souhaite tellement avoir un souverain décent, avec un palais et des dignitaires, même s'ils doivent porter des noms ukrainiens…

23 avril (6 mai) 1918

Que faut-il faire ? Comment faut-il continuer à vivre ? Le Hetman et la restitution de la propriété foncière ne sont finalement que des diversions à court terme. Elles vous réjouissent au plus un jour. Comment peut-on continuer à vivre après tout ce que nous avons perdu ? Tout ce qui nous avait été légué, toutes les bases qui nous semblaient si solides, et qui se sont avérées vermoulues et pourries, se sont écroulées. Nous sommes devenus inutiles. Nous voyons que nous avions tort, que le vieil ordre des choses n'était pas adapté, que quelque chose de nouveau devait être créé. Mais que doit être cette nouveauté et comment faut-il la créer ? Nous nous promenions dans le noir et dans un marais et croyions que nous nous trouvions sur une prairie en fleur. Puis vint le jour où nous avons compris que nous ne pourrions plus rien réparer, que nous nous trouvions en plein centre d'un marais et avec la mort sous nos pieds. Nous croyions que nous pourrions nous distraire avec de belles fleurs, espérions une aide étrangère et devons maintenant reconnaître que le déclin est irréversible.

Que nous reste-t-il dans la vie ? Le souci de notre bien-être ? La vengeance contre ceux qui nous ont rendus malheureux ? Beaucoup pensent ainsi.

Le châtiment des crimes commis par de nombreuses générations de nos nobles ancêtres, des vices de notre couche sociale et de tout notre peuple s'est maintenant abattu sur la tête de nos contemporains ; il a tout emporté avec lui et nous a laissés sans protection et sans défense. Que pouvons-nous faire ? Choulguine dit : « Il existe une situation de laquelle on ne peut se sauver mais d'où on peut à tout moment se retirer avec honneur. » Comment peut-on se retirer avec honneur de la situation qui s'est établie maintenant ?

On peut par exemple tout oublier et regarder tranquillement l'Autriche et l'Allemagne se partager ma patrie et en faire leur esclave. Si je ne pensais qu'à mon intérêt personnel, je pourrais devenir moi-même une esclave si cela me servait à quelque chose. C'est une issue, mais pas très honorable. Une autre serait de tout laisser tomber, de quitter la famille – qui n'y survivrait pas –, de s'enfuir en Russie, mais pourquoi ? Puis-je, comme je suis, faire quelque chose ? Même si je le pouvais, existe-t-il somme toute quelqu'un qui désire le sauvetage de la Russie ? La troisième issue serait le suicide ; cela signifierait tuer Maman en même temps. Serait-ce là une issue honorable à la situation ? Je n'ai pas très peur de la mort mais j'en ai maintenant une peur plus grande qu'alors, lorsqu'elle nous était si proche. On dit que chaque camarade aurait juré de tuer « son » propriétaire pour ainsi les éliminer tous.

25 avril (8 mai) 1918

Le jeudi de la semaine sainte, Tatiana et moi étions allées à la lecture des douze Évangiles à l'église. Arrivées en retard, nous nous étonnâmes que le service religieux n'ait pas encore commencé et que toute l'église soit pleine de soldats autrichiens. Nous attendîmes. Encore quelques officiers arrivèrent ; je remarquai l'un d'entre eux en raison de son comportement étrange. C'était un homme de taille moyenne en chemise militaire avec des pantalons longs et trois barrettes : il traversa les rangées de soldats et leur dit quelque chose à voix haute puis il s'approcha de l'autel. L'office religieux commença. J'avais complètement oublié le bruyant officier jusqu'à ce que j'éprouve un tel choc que j'aurais presque sauté au plafond : avant la lecture du premier Évangile, le père Vassili sortit de l'autel, derrière lui un deuxième prêtre, et comme troisième, en habit sacerdotal non russe, cet officier bruyant. Tatiana et moi nous regardâmes avec étonnement : un prêtre non orthodoxe dans notre cathédrale ? un Autrichien ? un uniate ? Ce ne pouvait être qu'un uniate envoyé ici avec des intentions précises. Immédiatement des pensées sur la future dictature autrichienne et sur des tentatives de convertir l'Ukraine à l'Église uniate, des pensées très peu chrétiennes, me vinrent à l'esprit.

C'est le père Vassili qui lut le premier Évangile ; l'autre prêtre le deuxième, puis l'Autrichien sortit un livre rouge. Les fidèles se regardèrent l'un l'autre, certains chuchotèrent même mais se comportèrent dignement. L'uniate lisait dans une langue totalement incompréhensible. Sa voix forte et aiguë de ténor et l'inhabituelle mélodie de sa phrase paraissaient désagréables après la voix calme du père Vassili et nous tapaient sur les nerfs. Le visage de l'uniate, qui aurait dû être solennel et exaltant, renforçait encore cette sensation désagréable. Tatiana et moi arrivâmes tard à la maison, encore totalement sous cette impression.

Dans sa déclaration solennelle, le Hetman a proclamé que l'Église ukrainienne serait orthodoxe mais que tous les rites et croyances seraient permis. C'est évidemment bien, mais le Hetman ne restera pas en place éternellement, et derrière lui se tiennent l'Autriche et l'Allemagne. Et qui dit que derrière elles ne se tient pas le comte Szeptyckyj ? Pourquoi les Autrichiens ne l'enverraient-ils pas vraiment à Kiev, à la place du métropolite ? Le peuple ne le remarquerait pas de toute façon. Le samedi, le cureton autrichien était à nouveau à l'église, cette fois dans un véritable habit sacerdotal. À côté de nous deux petites vieilles se tenaient debout : « As-tu vu le pope autrichien ? » demanda l'une. Il parut qu'elle n'avait rien vu. Si l'uniate avait assuré tout seul le service religieux, elle n'aurait rien « vu » non plus...

Hier, Krassowski dit qu'il s'agissait d'un prêtre croate, orthodoxe. Pour autant que je sache, les Croates sont catholiques et de plus il se signe avec deux doigts ! Et finalement il est étrange qu'un prêtre orthodoxe se promène comme un officier autrichien, avec les cheveux courts, un képi et une chemise militaire grise. Il m'est antipathique, car il me fait penser au cardinal Szeptyckyj, et en général à la domination autrichienne. Malgré tout, il m'intéresse de savoir qui est cet Autrichien et pourquoi il est ici. Dimanche prochain, je retournerai à l'église pour observer *how Union is progressing*.

29 avril (12 mai) 1918

Hier, des habitants désœuvrés ont fait circuler la rumeur que les Autrichiens quittaient Moguilev ; personne ne voulait plus accepter de couronnes. À leur place, les Allemands devraient venir. Nous nous sommes informés à une meilleure source. André a discuté avec le sergent-chef qui vit avec trois soldats dans la maison voisine. Ce « Pan Dombrowski », comme l'appellent les soldats, est le premier palefrenier d'un Oberst quelconque et est en très bons termes avec nous. Par lui, Boba et André apprennent des nouvelles diverses. Il dit que la brigade stationnée ici allait partir et qu'à sa place venait une division, donc *Standmilitär* au lieu de Landsturm. Ce n'est pas vrai que les Allemands viennent.

Notre Landsturm bon à rien nous a protégés d'un événement désagréable. Des divisions de « cosaques libres » avaient décidé d'organiser, la nuit de Pâques, une nuit de la Saint-Barthélemy évidemment pour les bourjoui, mais ils se sont trop dépêchés et ont de cette façon ruiné toute leur entreprise. Le vendredi, les groupes « Ivan Mazeppa » et « Hetman Sagajdatchanyj » ont convoqué une assemblée pour protester contre l'élection du Hetman. Là-dessus ils furent encerclés par les Autrichiens et désarmés. Dans la nuit du samedi au dimanche, ils voulurent nous assassiner. Encore une fois un grand merci aux Autrichiens. La conscience de vivre sur un volcan n'est pas spécialement agréable.

Aujourd'hui, on lit dans le journal que Kornilov est mort. Il me semble que cela ne peut pas être vrai. Maintenant la première réaction à tout ce qu'on lit est de ne pas y croire. Si Kornilov est vraiment mort, c'est que le dernier homme qui aurait encore pu faire quelque chose pour la Russie n'est plus. Mais non, lui non plus n'aurait rien pu faire ! La Russie actuelle n'a pas besoin de lui.

2 (15) mai

Kornilov est vraiment mort. À Kiev, on a lu une panikhida pour les généraux Kornilov, Kalédine et Doukhonine « qui ont sacrifié leur vie pour l'honneur de leur patrie ». Ce fut en même temps un requiem pour toute la Russie. Ils sont « partis l'honneur sain et sauf », comme dit Choulguine. Si jamais la Russie devait renaître, le général Kornilov prendrait dans son histoire une place de choix.

6 (19) mai

Une situation folle! Après la réforme du 1er mai, on aurait pu penser que tout devait changer. En réalité, tout est resté en l'état. Le Hetman n'entreprend rien, les nouveaux ministres sont des gens qui n'inspirent aucune confiance, leurs programmes sont une énorme pagaille. Dans la rue l'agitation règne, les *Gromadjane*[1] s'énervent et planifient très ouvertement de renverser le Hetman et de nous détruire, nous les « ennemis de la liberté ». Dans les villages, des armées entières d'agitateurs sont en route pour exciter les paysans contre les propriétaires, le Hetman et le gouvernement contre-révolutionnaire. Et en même temps, les Allemands et les Autrichiens continuent à rester en dehors de tout, n'entreprennent rien et font semblant de ne rien remarquer. Je dis « ils font semblant », car je ne peux m'imaginer qu'ils soient vraiment aussi bêtes. Ils veulent nous prouver que le nouveau gouvernement est tout aussi peu capable de mettre de l'ordre que l'ancien. N'est-il pas clair que l'occupation sera la prochaine étape et l'annexion la suivante? Il faudrait qu'il se produise un miracle pour nous dévier de cette issue.

Mais pourquoi les Autrichiens sont-ils maintenant aussi inactifs? Pourquoi permettent-ils la propagande anarchiste, pourquoi permettent-ils aux paysans de détruire les semences d'automne semées par les propriétaires et qui cette année poussent particulièrement bien? Les céréales d'été semées par le « peuple travailleur » sont inutilisables. La raison en est la sécheresse et le fait qu'ils aient planté des graines de qualité inférieure et distillé les bonnes pour en faire de

1. « Citoyens » au sens révolutionnaire par opposition à « serfs ».

la vodka. – Lorsque les paysans apprirent qu'on devait rendre les champs aux « seigneurs », ils poussèrent leur bétail sur nos champs de blé –. On permet à tous de porter des armes et laisse certains mauvais journaux appeler ouvertement à la révolte. Peut-être que leur jeu est particulièrement sournois, mais tel est pris qui croyait prendre ! Probablement ne peuvent-ils pas envoyer assez de troupes, en raison de fortes batailles sur le front occidental. Il est également possible qu'ils ne puissent quand même pas se décider à franchir un pas aussi important que l'annexion d'un territoire tellement vaste.

11 (24) mai 1918

Pauvres « Agrariens » ukrainiens, leur humeur vacille comme sous un vent violent. Après la joie inattendue apportée par la proclamation du Hetman, leurs soucis et leurs peurs se font sentir d'autant plus. Ces derniers jours ils sont tous particulièrement énervés, car nous nous trouvons dans une situation difficile. Dans une situation pareille où tout le monde tâtonne à l'aveuglette, il est bien facile de répandre des rumeurs incitant à la panique. Tout le monde s'affole et affole les autres.

Ceux qui avaient compté que le nouveau gouvernement et le Hetman feraient au moins quelque chose pour atteindre une situation qui rappellerait de près ou de loin la loi et l'ordre, se sont lourdement trompés. Les gens du nouveau gouvernement se sont avérés, tout comme les précédents, impuissants ou incapables ou encore des cochons. Au cas où il y aurait jamais eu d'Ukrainiens idéalistes – ce dont je doute –, ils devraient être très désolés maintenant ; l'Ukraine n'existe pratiquement plus. C'est ce que disent même les ministres, le Hetman et tous les autres. Les Allemands ont tout entre leurs mains. – Aujourd'hui, Krassowski est rentré de Kiev, ce sont là ses nouvelles. – Aussi bien le Hetman que les ministres ne sont que des marionnettes entre les mains du baron Mumm, c'est-à-dire du gouvernement allemand. Sans le baron Mumm, rien du tout ne se passe : Mumm mène les négociations avec la Russie, Mumm dicte les projets de loi. Et pendant ce temps, les Allemands n'entreprennent rien pour rétablir l'ordre dans le pays ; au contraire, on dirait qu'ils font tout pour aider le désordre. À divers postes ils installent des gens de très mauvaise réputation. Les meilleurs cercles de la population et les plus responsables sont mécontents, mais cela n'intéresse personne. Personne n'empêche l'anarchie sans cesse grandissante dans les villages ; la propagande et les appels en faveur du bolchevisme sont de plus en plus nombreux, on distribue des armes aux paysans. Et les Allemands ont l'air d'appuyer cela, ou du moins se bouchent les yeux. Les ministres ont reçu la consigne de ne pas dévier à droite, mais de soutenir la gauche.

Des rumeurs circulent que le baron Mumm est membre du parti socialiste et que c'est pour cela qu'il prend cette direction étonnante. Cette dernière rumeur est tellement invraisemblable que personne ne peut y croire. Le gouvernement de l'Allemagne impériale devrait-il occuper précisément un poste aussi important avec un socialiste ? C'est évidemment faux.

De plus, Krassowski a raconté que, si les Allemands étaient pour l'instant les maîtres de la situation, ils ne le resteraient probablement pas longtemps. Ils se disputent déjà avec les Autrichiens parce que ceux-ci se comportent de façon trop autonome. Ils voudraient chasser les Autrichiens d'Odessa et des gouvernements du Sud mais finalement ils devront abandonner l'Ukraine à la suite de leur défaite à l'ouest, ce par quoi le chaos augmentera encore et ils laisseront le pays dans une anarchie totale. Dans tout cela, on voit clairement les peurs et les espérances des gens de notre cercle. D'un côté ils sont furieux contre les Allemands, car ils se mêlent des affaires de l'Ukraine qu'ils haïssent, d'un autre côté ils ont peur du départ des Allemands.

Que va-t-il vraiment nous arriver quand les Allemands seront forcés à partir? Si les Autrichiens quittent Moguilev ne serait-ce qu'un jour, je ne suis pas sûre que nous resterons en vie. Nous ne voulons pas de nouveau endurer tout ce que nous avons derrière nous, ou peut-être vivre quelque chose d'encore pire. En un mot, nous ne pouvons souhaiter le départ des Allemands.

15 (28) mai 1918

Nos Agrariens locaux développent soudain une certaine activité. Ils ont fondé la « Société des Khleboroby » – un nom idiot pour les agrariens ou paysans en ukrainien. À Kiev, la société a élu un « Hetman » et envoie trois délégués dans notre capitale Kiev. Les membres de la société sont éligibles dans les nouvelles commissions agricoles qui doivent faire appliquer la future réforme agraire sur place. En fait, probablement personne ne croit que cet « avenir » se produira un jour. Le gouvernement nous joue une comédie pour gagner du temps d'une façon ou d'une autre.

Les Agrariens de Moguilev sont terriblement encroûtés – leur léthargie et leur manque d'initiative sont tout simplement sidérants. Le seul homme énergique est l'ancien Ilya Eduardovitch Lisner qui se fait appeler maintenant docteur Elias Lissner. Il passe tout son temps parmi les officiers autrichiens, se fait certainement passer pour un Allemand et fait très habilement son beurre. Un homme qui n'est pas particulièrement aimé. Nos Agrariens voulaient absolument que Papa aille à Kiev ; lorsqu'il refusa, ils commencèrent à demander à Boba. Mais il a aussi refusé. Mis à part tout le reste, ce serait bête d'aller à Kiev pour y jouer au grand

Ukrainien et tenir comme le baron Mumm des discours sur le «jeune État ukrainien» ou sur «le grand avenir de l'Ukraine et de son peuple très doué».

Les réunions des Agrariens irritent les prolétaires locaux et permettent aux propriétaires terriens d'échanger des informations. Ainsi nous apprenons des nouvelles qui ne peuvent paraître dans notre brave *Kievskaïa mysl.* L'humeur des Agrariens a beau être abattue, nous savons quand même l'une ou l'autre chose. Tout le monde dit que l'occupation va commencer ces prochains jours. Je ne sais pas comment s'intitulait jusqu'à présent la présence de «nos nouveaux amis» à l'intérieur de l'«Empire ukrainien»; même si officiellement on ne l'a pas appelée ainsi, c'est quand même une occupation de facto. Si l'on observe la chose avec les yeux du baron Mumm, tout est merveilleux; mais c'est pour cela qu'existent les gens intelligents et les diplomates, pour dire une chose mais penser et faire exactement le contraire. Les Allemands et les Autrichiens se comportent de jour en jour de façon plus assurée et plus insolente – comment pourrait-ce être différent dans un pays conquis?

Ici, nous vécûmes il y a quelques jours une énorme agitation : près de Yampol, dans le village de Katchkovo, les paysans firent le projet de désarmer les Autrichiens. Quatre villages mirent leurs forces en commun et demandèrent aussi leur participation à des Bessarabiens de l'autre côté du Dniestr. Toute la bande, armée de mitraillettes et paraît-il également d'un canon, se dirigea vers Yampol. La garnison autrichienne informa les autorités de Bessarabie, en mettant l'accent sur le comportement de ressortissants roumains. Les Roumains firent avancer une batterie; ils tirèrent sur Katchkovo depuis l'autre côté du Dniestr, puis les Autrichiens dispersèrent les habitants du village et mirent le feu à Katchkovo. Là, cent cinquante fermes ont brûlé, moins dans les autres villages. Dzigovka, la propriété des Jaruszinski, a souffert le même sort.

Toute cette affaire est le résultat de la propagande dirigée contre les propriétaires terriens et leurs protecteurs autrichiens. Ce n'est pas pour rien que l'ancien ministre de l'Intérieur de la Rada, Kowalewski, a empoché cinq millions de roubles à des fins de propagande.

Dans les villages alentour cela a causé une très forte impression. Les *Radaubrüder* [1] ont un peu baissé pavillon. Une entreprise similaire planifiée pour Chargorod, près de Moguilev, n'a pas eu lieu. Il y a trois jours, on a affiché un communiqué du commandant autrichien : le bétail paissant sur le blé germé sera confisqué ; si le propriétaire est pris en flagrant délit, il sera fusillé ; si le propriétaire se cache et qu'on peut prouver que le bétail lui appartient, il ira en maison de réclusion. – Mais où ? Au pire aux travaux forcés en Allemagne ? – Le communiqué a un ton trop énergique et ne sera évidemment jamais appliqué.

On veut toujours nous effrayer en disant que la révolution éclatera aussi en Autriche aujourd'hui ou demain. Je ne sais pas si l'on peut y croire. Quelle joie, de vivre une deuxième révolution !

19 mai (1er juin) 1918

J'aimerais bien écrire davantage, mais nous n'avons pas une minute de temps libre. Il faudrait décrire une journée de la vie des Agrariens tombés en disgrâce dans l'« Ukraine réactionnaire ». En fait, ils cesseront bientôt d'être en disgrâce. Ce n'est pas pour rien que la *Kievskaïa mysl* tonne chaque jour que la contre-révolution des propriétaires terriens, industriels et agrariens menace le prolétariat et toutes ses « conquêtes de la révolution ». La *Kievskaïa mysl* a toutes les raisons d'être inquiète : les bourjoui ont vraiment redressé

1. Chahuteurs (en allemand dans le texte).

la tête. De tout le cabinet, le ministre de l'Agriculture Kolokoltsev est l'un des plus actifs. Il fonde des « commissions agraires », fait passer des lois sur les semences, l'utilisation coopérative des machines agricoles et ainsi de suite. Pour l'instant, ses mesures nous sont favorables, ce qui embête les camarades. Au ministère, tous les employés se sont mis en grève, suite à quoi il a congédié deux cents personnes. Les semences d'automne que nous avons semées nous appartiennent ; les semences de printemps à eux, ou alors elles seront partagées comme dédommagement pour les pertes occasionnées ; ils devront payer les contributions correspondantes. Ici on dit déjà que, ces prochains jours, une commission autrichienne, avec à sa tête un général ou un colonel, viendra à Moguilev pour rétablir les propriétaires terriens dans leurs propriétés et placer tous ceux qui s'y opposeraient devant un tribunal militaire.

21 mai (3 juin) 1918

Il y a quelques jours, Bronitsa et Katerinovka ont été encerclées par une section d'Autrichiens pour confisquer toutes les armes. Les perquisitions n'ont, paraît-il, pas été menées très précisément, mais les Radaubrüder ont toutefois été effrayés et ont même cessé de faire paître leur bétail dans le parc, évidemment seulement pour un court laps de temps.

Il y a trois jours, à Moguilev, des soldats autrichiens sont aussi entrés dans les appartements et ont dit que toutes les armes devaient être déposées au bureau du commandant de la place avant neuf heures du matin – ils étaient chez nous à sept heures. Je ne sais pas si ne serait-ce qu'un propriétaire de fusil ou de revolver l'a fait. Si oui, il a dû se dépêcher. Nous apprîmes cette ordonnance à dix heures, après quoi presque toute la journée se passa en disputes sur la conduite à suivre. À la maison nous avons beaucoup d'armes, il ne nous vient pas du tout à l'esprit de les déposer. D'un autre côté, si l'on nous donne connaissance que les armes doivent être déposées, c'est qu'une perquisition suivra certainement. De cacher les armes et de risquer qu'on les trouve serait plus que bête. Nous n'avons pas fait de demande d'autorisation auprès des autorités locales ; le commandant de la ville ne la donnerait jamais à un prince et propriétaire terrien. Mais personne n'a actuellement un besoin d'armes plus pressant que les propriétaires terriens. Boba a pris position très vivement pour qu'on aille voir le commandant autrichien, qu'on lui explique dans quelle situation nous nous trouvons, et qu'on lui demande la permission de garder les armes. Maman était du même avis, nous aussi, mais nous nous tûmes. Seul Papa était très décidé contre ce projet. En fait, c'était la seule possibilité. Finalement, il ne resta pas d'autre éventualité et, à cinq heures, Boba et André se rendirent chez le commandant.

Ils furent reçus par un quelconque *Hauptmann*[1] ; il était poli mais très froid et formel. Il dit que nous devions nous adresser aux autorités ukrainiennes, car ils ne délivraient pas eux-mêmes d'autorisation de port d'armes ; les frères expliquèrent pourquoi c'était impossible. Lorsqu'ils dirent leur nom, le comportement des Autrichiens se modifia, ils devinrent aimables au plus haut point. Un lieutenant les enchanta complètement par sa disposition à courir d'abord chez le commandant à l'Hôtel Bristol, ensuite chez le général de brigade Meisel, dans la rue Armianskaïa, pour établir les papiers. Alors qu'ils se trouvaient auprès de ce lieutenant, il s'appelle Klimm, on apporta une lettre de Bronitsa ; six *Feldgendarme*[2] y sont stationnés ; Boba mentionna que c'était le domaine de son père. André et lui revinrent très contents :

1. Capitaine (en allemand dans le texte).
2. Gendarmes militaires (en allemand dans le texte).

c'était très agréable après tous ces mois d'avoir affaire à nouveau à des Européens décents.

Nous avons reçu une permission de port d'armes limitée dans le temps : c'est-à-dire qu'il faudra quand même jouer une comédie au commandant local. Pour que nous n'ayons pas à aller nous-mêmes chez ce « camarade commandant » – c'est un simple soldat – le bureau du commandant autrichien de la place enverra lui-même la demande de délivrance de l'autorisation. Elle sera signée par l'officier de garde autrichien.

25 mai (7 juin) 1918

Aujourd'hui, je suis dans une situation privilégiée. Hier, j'ai chancelé toute la journée, mais comme actuellement on ne peut pas être malade – on a besoin de chaque bras – j'ai quand même repassé et trait les vaches. Le soir je me suis sentie très mal, j'avais des frissons, de la fièvre et de terribles douleurs à la tête. Aujourd'hui, je suis très faible. Je ne peux rien faire ; c'est pourquoi maintenant, à midi, point culminant des travaux courants, je me tiens dans la maisonnette du jardin comme il sied à une maudite *bourjouika* et je ne fais rien, c'est-à-dire que j'écris mon Journal. Ces derniers temps, chez nous, l'un après l'autre nous avons attrapé la grippe. Maintenant, il est particulièrement désagréable de tomber malade, car en ville une épidémie de typhus, aussi bien de fièvre typhoïde que de typhus exanthématique, prend de plus en plus d'ampleur. On pourrait penser que nous habitons dans un pays de Hottentots où il existe encore des épidémies de maladies telles que le typhus. Le commandement autrichien a mis en route une commission sanitaire qui doit s'occuper de la situation en ville, mais la Douma municipale en a été très offensée – des mesures telles que le nettoyage des rues et des terrains offensent les citoyens – et a protesté contre cela.

Même si l'occupation n'a pas encore été proclamée officiellement, elle est pratiquement en vigueur. À Kiev, de nouvelles exigences du commandement en chef germano-autrichien arrivent ; le Hetman et les ministres sont de plus en plus à l'arrière-plan. À Odessa, von Beltz a été nommé gouverneur général. Bien que la feuille de chou répugnante *Podolskaïa mysl*, qui paraît depuis peu à Moguilev, ait écrit encore hier que Beltz n'était que gouverneur général des formations militaires, un « ordre à la population civile du gouvernement Podolie et Kherson et de la ville d'Odessa » a été rendu public. Il dit que les crimes – suit une longue liste avec meurtre, incendie criminel ou détérioration de la propriété d'autrui et ainsi de suite – sont soumis désormais à un châtiment issu du tribunal de guerre austro-hongrois impérial et royal *(k.u.k.)*. Seuls les crimes non mentionnés dans cette liste sont du ressort des tribunaux ukrainiens ; il leur restera très peu de travail.

Cet ordre nous concerne tout particulièrement. Nous cachons chez nous, déguisés en citoyens suisses, deux soldats allemands d'Alsace : nos amis Édouard et Edmond. Ils haïssent les *Boches** et sont fiers d'être des déserteurs. Ils ne doutent pas que l'Alsace et la Lorraine reviendront à la France et que l'Allemagne sera brisée. Edmond parle bien le français, mais Édouard seulement quelques mots. Avec lui il faut communiquer en allemand. Il dit : *« Ich kenne nicht die Sprache, doch bin ich französisch gesinnt*[1]. » Voilà un peuple auquel appartient le futur ! Combien de peine l'Ukraine doit-elle vivre pour que sa population devienne aussi consciemment patriotique, que dans de nombreuses années les Ukrainiens disent : « Je ne connais pas la langue, cependant je suis prorusse » ?

1. « Je ne connais pas la langue mais je suis profrançais. »

31 mai (13 juin) 1918

Aujourd'hui c'est fête, l'Ascension, raison pour laquelle nous sommes assis dans des fauteuils moelleux à faire chacun ce qui lui fait plaisir.

J'ai déjà signalé à plusieurs reprises que je n'avais jamais le temps, mais je n'ai pas encore décrit une seule fois comment se passe une de mes journées, comment nous vivons depuis que nous nous sommes retrouvés à Moguilev, c'est-à-dire durant ces derniers cinq mois et demi. On a écrit de gros livres sur la vie de l'aristocratie française pendant la Révolution. Si notre vie actuelle devait un jour s'améliorer, le souvenir de ces mois serait certainement plutôt étrange. Aujourd'hui, j'aimerais décrire notre vie à Moguilev :

Les premiers jours après notre déménagement de Bronitsa au n° 16 de la rue Sadovaïa se passèrent dans un chaos épouvantable. La petite propriété que Papa avait achetée cinq mois avant le saccage de Bronitsa, plutôt ces deux maisons jointes en une seule, se compose d'environ une désiatine[1] de terrain, d'une grande maison de pierre à deux étages, une des plus belles de Moguilev, d'un corps de bâtiment latéral et de très beaux communs. En juillet de l'année dernière, ce n'était pas encore à la mode pour les propriétaires terriens des environs d'acheter des maisons à Moguilev. Ils se tenaient tous plus ou moins tranquilles sur leurs propriétés, certains ne croyaient pas à la possibilité d'un pogrom, d'autres l'attendaient avec un calme fataliste. Lorsque Papa parla de la nécessité d'acheter une maison à Moguilev pour avoir un refuge « dans tous les cas », il nous parut qu'il ne serait jamais nécessaire d'y habiter.

En un mois, Papa acheta plusieurs maisons et les revendit, jusqu'à ce qu'après de longues tergiversations il tombât

1. Soit 1,09 hectare.

sur celle-ci. On peut voir qu'alors les prix étaient encore relativement bas, au fait que la propriété coûta quarante-huit mille roubles. Aujourd'hui, on estime sa valeur à deux cent mille. Tous ceux qui voulaient vendre des maisons comprirent alors à la vitesse de l'éclair que si même le prince W. de Bronitsa achète une maison, on peut y gagner quelque chose. Depuis les prix ont grimpé, pas de jour en jour mais d'heure en heure, car tous les propriétaires terriens ont suivi notre exemple. Nous habitions encore Bronitsa quand Krupensky, de Bessarabie, l'ancien propriétaire, proposa à Papa de lui revendre la maison pour quatre-vingts ou même cent mille roubles.

Avant notre emménagement, la maison était inhabitable ; à l'étage supérieur vivait depuis déjà trois ans un fonctionnaire de justice, P. W. Zwonicki. Tout le monde à Moguilev le connaît comme quelqu'un de désagréable et de particulièrement antipathique. Je ne voudrais pas m'étendre sur le sujet et dirai seulement qu'il nous haïssait. Il a tout fait pour nous incommoder. Il était impossible de lui parler, il commençait immédiatement à nous lancer des injures. Pendant trois ans il avait contrôlé la maison sans aucune restriction, sans payer un centime pour son appartement ; aucun domestique ne résistait chez lui plus de quelques jours. D'après les lois du gouvernement provisoire, le propriétaire d'une maison ne peut expulser ses locataires. De cette façon, tout l'étage supérieur – cinq grandes pièces et une cuisine – était inutilisable pour nous. L'étage inférieur était dans un état terrible : l'appartement avait appartenu au docteur Pinkoslawski, qui l'avait fermé il y a trois ans pour déménager à Kiev. Tout l'étage inférieur était attaqué par un champignon qui détruisait le bois. On peut s'imaginer quel était l'aspect des planchers quand, après une longue correspondance avec le docteur, son appartement fut ouvert : à la place des sols il n'y avait que des ruines : les meubles, même les portes, avaient été partiellement dévorés.

Papa se mit au travail plein d'énergie. De Bronitsa vinrent des menuisiers autrichiens, alors encore prisonniers de guerre. Ils disposèrent les affaires du docteur dans une pièce et commencèrent à réparer les autres. Le reste des planches fut arraché et on en posa des neuves, par-dessus lesquelles vint une couche de linoléum de Bronitsa. Les travaux furent commencés une semaine avant notre emménagement. Le soir de notre fuite deux pièces étaient prêtes, le lendemain ils terminaient la troisième. Nous avions donc à notre disposition trois pièces au plancher neuf dans lesquelles se logèrent Papa et Maman dans l'une, Tatiana et Nouditchka dans la deuxième, et Olga et moi dans la troisième ; deux pièces avaient un plancher moyennement intact – les trous de plus en plus grands ont déjà dû être réparés plusieurs fois ; dans l'une, nous rangeâmes les affaires apportées de Bronitsa, dans la deuxième, l'ancienne cuisine, nous installâmes la salle à manger ; finalement, l'aile latérale accueillit André et Boba où ils prirent leurs quartiers dans deux petites pièces de l'étage supérieur. Dans les deux pièces du bas, on installa la chambre à provisions et les domestiques. Nous vécûmes cinq mois dans ces conditions étroites.

Il y a une semaine, Papa a réussi à arriver à un accord avec le fonctionnaire de justice, à lui remettre deux mille roubles et à le convaincre de quitter l'étage supérieur. Maintenant, nous avons pris possession de toute la maison sauf deux pièces que le fonctionnaire de justice avait louées à un propriétaire terrien de Bessarabie, un Polonais du nom de Krupko, auquel nous ne voulons pas nuire en tant que notre frère bourjoui. Pendant tous ces cinq mois, nous avons rêvé de pouvoir occuper toute la maison, communs compris, de ne plus avoir à contempler le fonctionnaire de justice, sa femme, sa vache, ses poules et surtout son fils Denis particulièrement collant, et que disparaissent les différents personnages suspects qui venaient sans cesse les voir pour une affaire ou une autre.

Il y a trois jours, notre rêve s'est réalisé. Dès que le fonctionnaire de justice fut parti, nous avons transporté nos affaires en haut le soir même, par peur d'une réquisition des Autrichiens, et occupé l'appartement. Maintenant je me trouve dans la plus belle des pièces, la chambre à coucher d'Olga et la mienne, et je me réjouis de son aspect convenable.

3 (16) juin 1918

Hier, la première réunion des Khleboroby, des Agrariens, a eu lieu avec la participation des propriétaires terriens et des paysans. Tous ces derniers temps nos Khleboroby, c'est-à-dire quelques propriétaires sous la direction de Lissner qui se retrouvent dans la confiserie «bourgeoise», ont été très actifs. Les Polonais sont majoritaires; et comme il est connu que les Slaves ne se supportent pas entre eux, on se dispute constamment parmi les propriétaires, mais presque rien ne se passe. Maintenant, il s'est déjà écoulé un mois depuis la fondation de la «Société des Agrariens». Heureusement, Lissner a été un peu repoussé à l'arrière-plan ces derniers temps. S'il n'y avait pas notre Vassili Vladimirovitch Krassowski, probablement rien du tout ne serait advenu des «Agrariens». C'est un homme énergique, vif, actif, surtout il s'intéresse à la chose. Parmi les autres il n'y a que deux véritables messieurs : Papa et le baron Prittwitz. Si Papa l'avait voulu, il pourrait y faire ce qui lui plaît. De toute façon, Papa est en contact très étroit avec Krassowski, ce qui rend furieux Lissner et Bogudski – ce dernier n'est en fait qu'un paysan enrichi.

26 juin (9 juillet) 1918

« Assieds-toi dans le pavillon du jardin ! Couche-toi sur le divan ! Ne te fatigue pas ! Bois du lait, mange un biscuit ! Ne fais pas ceci, ne fais pas cela, cela te fait du mal ! » – et beaucoup d'autres choses dans ce genre – voilà ce que Tatiana et moi entendons sans cesse tout au long de la journée. Oui, entre-temps, depuis que je n'ai plus écrit, beaucoup de choses ont changé. De l'extérieur on remarque à peine la différence, mais elle est bien là, je la sens en moi-même. Il y a encore quelques jours, je travaillais toute la journée et je faisais tout. Maintenant, je ne peux rien faire.

C'est Tatiana qui commença. D'abord elle ne se sentit pas bien, elle maigrit terriblement et s'affaiblit. Déjà avant, nous étions trop peu de main-d'œuvre dans la maison. Olga se prépare depuis longtemps à des examens et ne peut donc pas nous aider ; il resta donc Maman qui est si surmenée qu'elle peut à peine marcher, Nouditchka qui était également malade et depuis longtemps si faible qu'il semblait qu'elle devrait s'aliter, et moi pour qui tout dépasse mes forces depuis de nombreux jours. Lorsque Tania tomba malade, je fus encore plus épuisée mais je n'y pris pas garde, selon la vieille conviction que rien de mauvais ne pouvait m'arriver de toute façon. Lorsque Maman appela enfin un docteur au chevet de Tatiana, il parla d'un « petit processus dans le poumon droit ».

Pauvre Mamoulitchka ! Il n'est pas étonnant qu'aussi bien elle, que Papa, Nouditchka et moi ayions été épouvantés. Depuis la maladie et la mort de Natacha, c'est-à-dire depuis quatorze ans déjà, la peur de toute maladie pulmonaire quelle qu'elle soit nous oppresse terriblement. On n'en parle jamais chez nous, mais comment ne saurais-je pas que Tatiana et moi aussi en partie nous représentons une peur constante pour la pauvre Maman ? Presque tous les membres de notre famille, aussi bien du côté de Papa que du côté de Maman, sont morts de tuberculose.

Tatiana fut mise au lit, elle reçut à manger les meilleures choses en notre possession, on lui fit des piqûres d'arsenic. Et entre-temps je me sentais de plus en plus mal ; déjà le matin j'étais fatiguée, ma température n'était pas normale ; ce n'est que le soir, quand ma température élevée me donnait une force supérieure, que je me réveillais. Après quelques jours, le médecin venu voir Tatiana m'ausculta et constata un état catastrophique des deux poumons, pire que chez Tatiana. « Vous devez vous ménager davantage que votre sœur », me dit-il.

Cette nouvelle ne m'a pas attristée, au contraire, elle m'a plutôt réjouie. Depuis que je sais que je n'ai pas la même chose que Tatiana mais que je vais plus mal qu'elle, j'ai cessé d'avoir peur pour elle. Mon état n'est pas désagréable. De plus, « un état catastrophique des poumons » ne signifie pas obligatoirement une tuberculose. Peut-être serons-nous guéries dans un mois.

1er (14) juillet 1918

En fait, je serais contente si quelqu'un me disait que j'allais mourir bientôt – mais évidemment pas d'une mort violente. Je ne veux pas du tout continuer à vivre. Rien ne me réjouit davantage, rien ne me blesse davantage. Aujourd'hui, nous avons appris la terrible défaite des Autrichiens sur le Piave et en Albanie, le retrait des troupes d'Ukraine, les troubles révolutionnaires en Autriche, le mouvement réactionnaire à Moscou et l'appel de Gutchkov[1]. Des rumeurs concernant tout cela circulaient depuis longtemps, mais nous ne savions rien de précis. Les journaux de Kiev ne paraissent plus depuis

1. Gutchkov avait lancé un appel à lutter contre les bolcheviks.

longtemps et nous ne sommes pas encore abonnés aux journaux autrichiens. Aujourd'hui, toutes ces informations ont été confirmées.

Pourquoi personne n'a-t-il éclaté d'enthousiasme à l'énoncé de ces nouvelles ? Pourquoi personne ne s'est-il rappelé ses anciens rêves roses ? Probablement parce que nous nous sommes déshabitués à croire même la moindre bonne nouvelle ou parce qu'il y a trop d'espace entre nous et nos désirs d'alors ou, en fin de compte, parce que ce plus est hypothéqué par un moins qui nous est beaucoup plus proche, car il nous menace directement : les Autrichiens retirent leurs troupes d'Ukraine, c'est-à-dire « nous » restons sans protection. Ils nous ont permis une vie sûre pendant quatre mois et demi. S'ils quittent Moguilev, notre situation devient complètement impossible. Ils sont les seuls qui puissent maîtriser la haine incroyable née dans la population paysanne, suite à l'excitation par des agitateurs sans scrupule, depuis la restitution des domaines. Si, sous la domination allemande, des choses telles que dans les districts de Svenigorod et de Tarastcha dans le gouvernement de Kiev ont pu se passer, que va-t-il donc se produire maintenant ?

Olga m'a aujourd'hui agressée avec colère à cause de mes pensées antipatriotiques. J'ai répondu que je ne ressentais plus que de la haine contre le peuple russe, car mes compatriotes avaient détruit l'ancienne Grande Russie, la Russie que j'aimais et qui était ma patrie. Olga dit qu'elle ne croit pas à mon patriotisme ; en moi ne parlent que mon intérêt personnel lésé, les dommages subis, « la maison sur la Sadovaïa » et d'autres bêtises du même genre. André, qui est d'habitude si secret, m'étonna par ses mots calmes, retenus, mais visiblement ressentis, sa disposition à tout sacrifier, y compris sa personne, pour le réveil de l'ancienne Russie. Il est le monarchiste et le conservateur le plus acharné d'entre nous et ne fait pas un pas vers la gauche.

En ce qui me concerne, la révolution m'a complètement

transformée. Moralement, je suis devenue un monstre à qui tout ce qui se passe autour de lui est indifférent. Cet état étrange d'apathie et d'indifférence envers tout dans lequel je me trouve m'oppresse. Ce n'est pas normal, c'est répugnant. Peut-on se consoler en disant que cela passera et qu'on pourra recommencer plus tard à vivre une nouvelle vie ? Est-ce une consolation de ne pas croire à la possibilité d'un nouveau début ? Mais je n'en veux pas !

Je n'exige rien d'extraordinaire de la vie, ni beaucoup de chance, ni ces divertissements dont les jeunes filles de notre cercle jouissaient si abondamment avant la guerre et la révolution, pas la richesse, pas le luxe, rien de ce qui aurait auparavant fondé ma position dans la société. J'aimerais seulement avoir le droit de quitter, la conscience tranquille, cette vie qui ne me procure plus que de la répugnance. Je ne veux pas vivre ! Que ceux qui m'aiment et qui pourraient un jour lire ces lignes me pardonnent. Je ne veux que la paix, le repos, surtout la paix de l'âme ! Comment pourrais-je retrouver la joie de vivre qui remplissait complètement mon âme il y a encore peu de mois ? Où est cette lumière céleste dont mon cœur a une nostalgie si indicible ? La sentir en moi comme avant, illuminer mon âme et mon cœur et les réchauffer – je n'ai besoin de rien d'autre ! Je suis si fatiguée !

2 (15) juillet 1918

Non, c'est d'un méchant égoïsme, ce que j'ai écrit là. Une faiblesse passagère m'amène à ces pensées. J'aimerais mourir, mais je me fais pour cela des reproches sincères. Évidemment, celui qui est mort est heureux, mais qu'advient-il de ceux qui restent en vie ?

Si maintenant certains membres de la famille se réunissent pour discuter sérieusement les problèmes du jour, cela finit chaque fois par une fausse note. Ce fut ainsi ce soir, par exemple. Nous nous tenions dans le pavillon du jardin, dans le noir, et nous discutions : Papa, Maman, Tatiana, André et moi. Boba est allé à Uman pour des questions concernant Korjevoï Kut ; Olga étudiait en haut dans sa chambre. Nous parlions de Bronitsa, de notre vie future et nous nous demandions s'il serait possible de rentrer bientôt à Bronitsa, de reconstruire la maison et de revivre comme avant. Papa est très amer avec les paysans et refuse même d'envisager la possibilité que nous retournions à Bronitsa et y reprenions notre vie d'avant. À son avis, Bronitsa, Starostintse et Korjevoï Kut ne sont plus que les bases de notre subsistance et plus les domaines où l'on vivait avant si paisiblement. Mais il faut habiter le plus loin possible d'eux, plus c'est loin mieux c'est, « au bord d'une mer chaude » ou « dans des villes intéressantes, où on peut aller au théâtre et à des conférences et voir des gens », en général arranger sa vie à sa convenance. Finalement, on pourrait aussi posséder un terrain quelque part dans un pays civilisé, et y vivre comme les propriétaires terriens y sont habitués. En un mot, il existe d'autres lieux que la Podolie et le gouvernement de Kiev. Ce sont les théories de Papa qui sont énergiquement soutenues par André et, à ce que je crois, aussi par Boba.

Maman est complètement contre ces théories. Quitter Bronitsa à jamais, abandonner complètement l'idée d'y habiter, c'est impossible. Toujours habiter seulement l'étranger, ne plus avoir de patrie, ne plus posséder de recoins familiers et chers – on ne peut pas passer toute sa vie ainsi. Maman croit qu'il faut entreprendre tout ce qui est possible pour reconquérir Bronitsa et y vivre comme avant. Tatiana et moi pensons exactement la même chose. Est-ce que la Côte d'Azur ou l'Italie peuvent remplacer Bronitsa ? Évidemment, ces conversations et ces projets ne signifient rien. Quelqu'un peut-il donc encore faire des prévisions et des projets à long terme ?

4 (17) juillet 1918

Comme Tatiana et moi nous trouvons actuellement en état de maladie, nous devons boire du lait toute la journée et rester allongées deux heures. En ce moment je suis couchée ; à côté de moi, Olga s'est enroulée dans son lit. Elle est complètement épuisée par la préparation à ses examens. Un orchestre autrichien qui joue toute la journée en face de notre maison sur l'autre côté de la rivière Derlo me dérange. Ils commencent à huit heures, et jouent avec des intervalles jusqu'à onze heures, puis cela continue de deux à quatre heures, et trois fois par semaine, pour l'amusement de la population, de sept heures et demie du soir à huit heures et demie dans le parc municipal, qui se trouve aussi face à nous de l'autre côté du petit fleuve. Ainsi nous les entendons toute la journée et y sommes déjà tellement habitués qu'il nous manque quelque chose quand il pleut ou qu'ils ne jouent pas pour une autre raison. L'orchestre est très bon et joue beaucoup de choses sérieuses, même du Liszt et du Wagner.

De toute manière, nous vivons ici de façon très paisible, comparés à nos compatriotes. Malgré le fait que tous les bourjoui se promènent ces derniers jours la mine sombre et se racontent mutuellement que la révolution a éclaté en Autriche et que les troupes seront retirées d'ici. D'un autre côté ils sont contents, car ils reçoivent maintenant quelque argent, ce qui n'était plus arrivé à des gens tels que nous depuis un an et demi. Nous recevons de l'argent pour les champs que Papa avait vendus à des paysans à Starostintse encore avant la révolution. Les Agrariens se retrouvent à la banque où ils apportent leur argent et discutent ce qu'il vaut mieux en faire. Faut-il transférer l'argent à l'étranger ou est-il en danger aussi là-bas, c'est-à-dire en Autriche ?

Hier, l'Allemand qui nous donne toutes nos leçons était

là. André lui a demandé s'il avait entendu dire que les Autrichiens s'en allaient. Il dit qu'il venait d'en parler avec un officier qui avait juré que les Autrichiens, si mauvaise que la situation puisse être sur les autres fronts, ne quitteraient pas l'Ukraine, car cela aurait pour suite une famine en Autriche. Ils comptent rester encore au moins six ans. Pourquoi ne disent-ils pas tout de suite douze ou vingt ans ? La situation de l'Autriche est tellement précaire qu'il vaudrait mieux ne pas faire de projets six ans à l'avance. Après les terribles défaites qu'elle a dû subir sur le Piave et en Albanie, après les troubles ouvriers qui éclatèrent à Vienne à cause de la faim et de la critique du gouvernement qui en résulta, l'Autriche ne suivra quand même pas notre illustre exemple ?

Entre-temps, des événements significatifs se produisent à l'ouest et au nord ; les Anglais, les Français, les Serbes, et les Japonais débarquent à Mourmansk avec la ferme intention de ne pas laisser la Russie entre les grosses mains des Allemands. Pour la prendre entre les leurs ? Je ne sais pas ce qui serait le mieux. En Sibérie et sur le Don, une sobriété semble s'installer après la fièvre rouge criminelle du bolchevisme. Peut-être en viendrons-nous encore à une situation où les Russes, et pas l'Entente ou les Puissances centrales, édifieraient leur propre État et couronneraient leur propre monarque. Si cela avait un sens de vivre sur cette terre, alors ce serait seulement dans l'attente de cet instant.

17 (30) juillet 1918

Aujourd'hui, je me suis levée pour la première fois après une dose désagréable de « grippe espagnole ». André et Olga sont encore au lit. Le 11 juillet, anniversaire de Tatiana et fête d'Olga – notre plus grand jour de fête de l'été –, nous invitâmes des gens pour le thé. Les Krassowski et

M. N. Krupko avec Nicodime et Sténia. Le thé se passa de façon très animée, tout le monde parla si fort et dans un tel désordre que j'attrapai un mal de tête terrible. Après le thé, les gens solides s'installèrent dans le pavillon du jardin et nous allâmes nous promener sur la colline de Chargorod. Nous escaladâmes directement le versant. D'en haut, on a une vue merveilleuse sur la vallée du Dniestr et Moguilev. Vers huit heures, nous arrivâmes à la maison fatigués mais de bonne humeur.

Le même soir je suis tombée malade, Olga deux jours plus tard, et André hier. La maladie a été très désagréable : une fièvre élevée, de forts maux de tête et je suis encore maintenant très faible. Pour notre amusement, Tatiana a remonté le gramophone chez les Krupko et ouvert les portes. J'écris aux sons de « L'Entrée des invités » à la Wartburg de *Tannhäuser*.

Il y a quelques jours, vingt-deux Autrichiens, sous la conduite d'un aspirant, ont été stationnés à Grigorovka. Ils gardent cinq villages : Bronitsa, Grigorovka, Rotmistrovka, Gruchka et Slobodka. Ils surveillent les champs et ce qui est resté des maisons de maître. L'aspirant est très sympathique et efficace : chaque jour il part à cheval sur Marouchka – Papa lui a mis notre vieille jument blanche à disposition – dans le parc et à Lipniki, notre forêt, disperse le bétail et inculque le respect aux habitants du village. Ceux-ci aimeraient nous tuer, encore davantage qu'avant, car c'est notre faute si les Autrichiens sont là ! Quel que soit le mal que l'on se donne, il est impossible de les persuader que ce ne sont pas les propriétaires terriens qui ont appelé les troupes autrichiennes et allemandes en Ukraine.

Ces derniers jours, on parle beaucoup de la possibilité que la population rurale attaque la ville. La pauvre Mme Krupko – elle manque terriblement de courage – tremble et est totalement désemparée de peur. Les Autrichiens ont ici quatre mille hommes en tout dont une partie est stationnée à la campagne et une partie est en patrouille hors de la ville durant la journée et revient la nuit. En ville, il y a deux mille hommes en permanence, ce qui est naturellement bien trop peu. On s'attend à des troubles en raison de la grève des cheminots qui dure depuis déjà plus de deux semaines. En général, l'atmosphère est très tendue. Tout le monde s'invente de nouvelles peurs et on s'effraie mutuellement. Nous rions de ces craintes. On ne doit pas prêter foi aux rumeurs de caractère moguilévien. Il y a quelques jours on se racontait que Papa avait été tué à Bronitsa, bien qu'il n'y ait pas été du tout. Pendant deux jours, le téléphone sonna chez nous et les gens posèrent des questions compatissantes : n'était-il rien arrivé chez nous ? Même un reporter du journal local fit une apparition. Plus tard, tout le monde félicita Papa dans la rue. Malgré tout, on se demande parfois : la révolution est-elle vraiment déjà terminée pour nous ?

25 juillet (7 août) 1918

Hier, Boba est enfin rentré. La grève l'a attrapé à Uman où il a dû rester à peu près deux semaines dans l'inaction. Lorsque enfin il ne le supporta plus, il alla voir le commandant du *Bahnhofkommando* allemand avec sa carte de visite imprimée en allemand et celui-ci lui délivra tout de suite un laissez-passer pour Kiev. Il y resta quelques jours, régla diverses choses et ensuite revint après environ un mois d'absence. Il apporta évidemment beaucoup de nouvelles. Les Kiéviens sont des gens étranges, de fait le « monde » de Kiev contient maintenant beaucoup de Pétersbourgeois. Boba y a rencontré quelques anciens camarades de régiment et relations.

26 juillet (8 août) 1918

Demain matin nous partons pour Czernowitz. Tatiana, Boba et moi sommes du voyage. Nous avons obtenu des laissez-passer sans difficulté.

Moguilev, 1er (14) août 1918

Je n'aurais jamais pensé qu'après trois jours j'aurais une telle nostalgie pour la famille, pour cette maison et le jardin, pour «notre chez-nous». Nous étions si contents d'arriver en voiture devant notre maison, de pénétrer dans notre antichambre familière et de retrouver tout comme nous l'avions laissé. Je ne peux pas décrire la sensation de bonheur éprouvée en embrassant Olga et en prenant ma délicieuse Mamoulitchka dans mes bras. Le pauvre Papa nous attendait au portail d'entrée, bien qu'il ne fût que six heures du matin.

J'écris tout à fait dans le désordre mais j'aimerais décrire notre voyage, comme un exemple des conditions et commodités actuelles. Je commence par le début.

Entre parenthèses, je dois dire qu'aujourd'hui des troubles importants ont éclaté dans les environs de Moguilev. Quelques villages, entre autres Lutchinets et Tatariski, sont entrés en rébellion. Les paysans ont assassiné un propriétaire terrien, le commandant de la caserne du district et un régisseur quelconque du district voisin. Tout ceci s'est passé à proximité d'Ogladaïev, à environ trente verstes d'ici. Chez nous, on craint évidemment une attaque de la ville. Les Autrichiens sont sortis, mais il est très douteux qu'ils puissent obtenir quelque chose. Ils sont trop peu nombreux et les soldats ruthéniens sympathisent avec les paysans. Nos gens de Grigorovka participent certainement avec enthousiasme à cette aventure. Aujourd'hui, André a déposé une demande de laissez-passer pour Czernowitz; mais il ne l'a pas obtenu car, comme on dit, la délivrance de laissez-passer pour l'Autriche a été suspendue pour quelques jours. Peut-être est-ce en rapport avec ces troubles? Veulent-ils amener des renforts ici? Mais d'où, si les Autrichiens et les Allemands se font corriger sur le front occidental et en Italie? Le mouvement atteindra-t-il les dimensions de Katchkovo ou du «territoire libre de Tarastcha»? – Dans le district de Tarastcha ils ont assassiné tous les Allemands et tous les membres de l'intelligentsia qu'ils ont pu attraper; les Allemands ne sont pas demeurés en reste et ont incendié les villages.

Maintenant, je poursuis ma relation de notre voyage à Czernowitz :

Nous avons quitté Moguilev peu de temps après dix heures du matin. Nous nous sommes bien installés, pour les conditions actuelles, sur deux banquettes près de la fenêtre, en troisième classe. À côté, sur les bancs plus longs, des officiers autrichiens d'excellente humeur étaient assis; ils se lancèrent immédiatement à l'attaque et commencèrent à faire la cour à une vieille infirmière et à deux étranges jeunes filles. Lorsque Boba descendit au poste, ils firent aussi des tentatives d'approche avec nous, mais nous regardâmes par la fenêtre et fîmes semblant de ne pas les voir.

Ce train aurait dû aller jusqu'à Novosselitsa où nous aurions dû arriver à dix heures et demie du soir, longtemps avant le départ du train pour Czernowitz. Cela aurait été très commode et simple et Tatiana regrettait déjà que notre voyage se passât sans aventure. Mais notre calcul n'aboutit pas. Le train atteignit Oknitsa à trente-cinq verstes de Moguilev à deux heures et s'arrêta. Nous attendîmes longtemps qu'il continue sa route; finalement, un contrôleur autrichien apparut et dit : «*Alle müssen aussteigen*[1].» Le train

1. «Tout le monde descend» (en allemand dans le texte).

ne continuait pas sa route. Les gens étaient tous furieux et protestèrent mais descendirent quand même et s'installèrent tant bien que mal dans la gare. Nous posâmes les valises sur le quai et nous nous assîmes dessus. Les cheminots nous calmèrent en disant que le train de Jmerinka viendrait dans deux heures et nous transporterait plus loin. Nous restâmes assis jusqu'à ce que la pluie commence et que nous nous réfugiions dans le *Wartesaal*[1]. Puis nous apprîmes que le train de Jmerinka aurait de deux à trois heures de retard ou ne viendrait pas du tout. Là-dessus, un désespoir général s'installa : rester coincé à trente-cinq verstes de Moguilev était irritant. Finalement, un autre Autrichien arriva et dit qu'un train militaire était composé à Oknitsa et qu'il emmènerait tous les Autrichiens, mais ne transporterait pas les *Zivilisten*[2]. C'était encore plus désagréable. Le Hauptmann rosissant avec lequel nous avions parlé dans la salle d'attente proposa de faire passer Tatiana et moi comme femmes d'officier; ainsi nous aurions pu être du voyage. Mais nous ne fûmes pas d'accord avec cela : premièrement, on pouvait s'attendre à des contrôles; deuxièmement, qu'aurions-nous fait de Boba? Là-dessus, le Hauptmann se rendit chez le commandant de poste et le pria de nous emmener, ce que ce dernier refusa brutalement. Puis Boba l'en pria aussi, mais il refusa à nouveau.

Lorsque le train entra finalement en gare, deux wagons pour civils y étaient accrochés, un wagon de troisième classe et un wagon à bagages dans lequel tout le monde se serra comme des sardines. Tatiana et moi n'obtînmes de place que grâce à l'amabilité d'un employé des chemins de fer; il nous laissa la sienne. Le train ne partit qu'à six heures, ce qui ne laissait que très peu d'espoir de pouvoir atteindre à Novosselitsa notre correspondance pour Czernowitz. Ce

1. Salle d'attente (en allemand dans le texte).
2. Civils (en allemand dans le texte).

voyage ne fut pas très amusant; nous restâmes assis six heures sans bouger, car il y avait une telle cohue qu'on ne pouvait même pas poser ses pieds confortablement. Nous étions très fatigués mais ne perdîmes pas notre bonne humeur : la perspective d'arriver en Europe nous séduisait.

Lorsque notre train finit par arriver après minuit à Novosselitsa, le train pour Czernowitz était évidemment déjà parti et une nuit à la gare ou dans un hôtel juif dégoûtant nous attendait. Boba partit en reconnaissance et revint avec la triste nouvelle que seuls les quatre murs de la gare subsistaient, qu'il n'y avait pas de buffet et qu'il faudrait passer toute la nuit sur un fauteuil. Alors, un de nos compagnons d'infortune eut une idée brillante : il proposa de rester tout simplement toute la nuit dans le wagon, vu que ce train ne devait partir que le lendemain à dix heures. Comme la majorité des passagers avait disparu quelque part, il ne resta dans le wagon que nous trois, notre voisin dont c'était l'idée de dormir là, deux cheminots autrichiens, un officier et quelques soldats. Nous repliâmes les bancs du haut et nous nous allongeâmes. Il n'y avait pas de bougie, le calme s'installa donc vite et tout le monde s'endormit. Pour la première fois de ma vie, je dormais sur une planche nue et je dormis quatre heures profondément. À cinq heures, nous dûmes quitter le wagon. Nous étions contents de pouvoir bouger nos bras et nos jambes endoloris. Sur le quai, il faisait si froid que nous nous réfugiâmes dans une pièce transformée en kiosque à journaux autrichien. Il y avait encore une deuxième pièce où on pouvait manger, mais elle était encore fermée. On ouvrit à sept heures et nous achetâmes une horrible saucisse, certainement de viande de chien, que nous dévorâmes avidement.

Vers dix heures, le train entra en gare et nous occupâmes un compartiment de première classe. Nous étions seuls, ce qui était particulièrement agréable après la cohue de la veille. Au début, Tatiana et moi observâmes les maisons transpercées de balles, les anciennes tranchées, les tombes isolées. Il était triste de penser que dans ces tranchées gisaient des soldats russes victorieux, que tant de sang russe avait été versé ici, et pourquoi ? Pour annihiler ensuite soi-même les fruits du succès. Mais plus tard la fatigue prit le dessus et nous nous endormîmes paisiblement au son régulier des roues. Boba se réveilla le premier ; il nous éveilla alors que Czernowitz s'étendait déjà devant nous sur une colline élevée.

Czernowitz est très belle de ce côté. On a l'impression que la ville avec ses belles maisons, son hôtel de ville et sa grande église blanche, n'est pas détruite du tout. Un peu à l'écart on voit, au milieu d'arbres, l'énorme palais du métropolite. Je le reconnus immédiatement d'après une photographie parue en 1915 dans le *Novoïe vremia*.

Le train s'immobilisa un court moment dans la station « Faubourg Zuczka » puis traversa le Prout par le pont, dynamité quatre fois et qui paraît maintenant comme neuf, et arriva en gare. Dans la traversée de la ville, ce fut étrange de voir les maisons criblées de balles, le château d'eau dynamité et le parc saccagé. Ce sont là des traces de nos camarades révolutionnaires qui n'ont pas laissé ici de bons souvenirs.

À l'Hôtel Bristol, nous obtînmes immédiatement des chambres. À notre question pourquoi il n'y avait pas de rideaux, pourquoi les meubles étaient abîmés et tout était aussi sale, on nous répondit : « *Das haben die Russen gemacht* [1] ». Tout est très éloigné des conceptions européennes, mais nous dûmes nous adapter. Nous comptions que tout serait très bon marché mais nous nous étions trompés. Les prix sont bien inférieurs aux nôtres mais tout de même très élevés. Il n'y a pas du tout de chaussures ni de bas, au mieux des chaussures à semelles de bois…

(Suit une description détaillée de Czernowitz.)

1. « Ce sont les Russes qui ont fait ça » (en allemand dans le texte).

7 (20) août, 7 heures du matin

L'ancienne ambiance bien connue mais quand même quelque peu oubliée de l'époque bolchevique : des rumeurs tantôt mauvaises tantôt lénifiantes ; tension nerveuse chez les uns, bon moral chez les autres – en un mot un état de fait qui rappelle fortement les journées de décembre et de février. Depuis quelques jours il y a des troubles tout autour de Moguilev. Je l'ai déjà mentionné, mais ce n'était alors que le début et seul Dieu sait quand cela s'arrêtera. Je regrette de ne pas avoir écrit chaque jour à dater du 1er août. Maintenant, il ne m'est plus possible de décrire l'inquiétude croissante des bourjoui qui, à chaque nouvelle information, a plus de raisons d'être. Maintenant elle a certainement déjà atteint une grande dimension.

Les troubles ont éclaté simultanément dans plusieurs villages. Déjà le deuxième jour, une propriétaire terrienne serbe, Mme Rakusa, qui était ici il y a encore une semaine et qui passait quelques jours sur son domaine, a été assassinée. En fait, il faut dire que ces derniers temps tout était calme. Un paysan l'avait cachée dans un épouvantail puis était allé la dénoncer aux meurtriers. Ce paysan a été fusillé. Un autre qui l'avait assassinée, elle et son fils, a été pendu. Le même jour, son régisseur a aussi été tué. On a apporté son corps ici et on l'a enterré ; ce fut un drame terrible. Il paraît que plusieurs autres régisseurs auraient été tués – dans ces cas-là on cite toujours des chiffres exagérés –, en outre un prêtre orthodoxe et un catholique, quelques secrétaires, des fonctionnaires, un officier autrichien et plusieurs soldats. Ces derniers ont été inhumés avec beaucoup de cérémonial et en musique. Les Autrichiens ont entrepris une expédition punitive pour rétablir l'ordre. Près du village de Kukovka et près de Benditchany on en vint, à ce qui se dit, à des batailles ; on entendit parler de villages détruits par le feu, mais personne ne savait rien de plus précis. Finalement, on parla même à mi-voix de troubles en ville. Dans les magasins, il n'y avait pas assez de pain; sur cette base, des troubles éclatent très vite. Ce n'est qu'alors que tout le monde réalisa que l'ancien commandant de la place était toujours à son poste et disposait d'un groupe de «cosaques libres» composé de détenus et de criminels. On dit qu'une liste des propriétaires terriens et autres gens à supprimer circule de main en main.

Des unités autrichiennes se joignirent aux troubles en ville; elles refusèrent de monter dans un train qui devait les amener sur le front italien. La brigade qui est stationnée ici aurait déjà dû être remplacée par une autre venant de Yampol il y a trois mois. Une partie s'était déjà mise en route, mais une autre refusa et commença, les armes à la main, à se défendre. C'est pour cela qu'on en arriva au désordre d'aujourd'hui, qui a plongé une Moguilev déjà effarouchée dans une agitation terrible.

Aujourd'hui nous avons été réveillés à quatre heures du matin par un crépitement de mitraillettes assourdissant. Le bruit était si fort qu'on pouvait penser qu'on tirait tout près. Aux premiers coups de feu nous sautâmes hors du lit et, selon une habitude ancienne en cas d'alerte nocturne, nous fûmes lavés et habillés en cinq minutes. Bien qu'aucun d'entre nous ne soit un lâche, ce fut une minute désagréable. On avait trop parlé de l'état d'esprit de nos démocrates et des Autrichiens d'origine ruthénienne partageant leur avis pour ne pas tomber dans de sombres pressentiments. Nous nous efforçâmes de deviner : soit la ville était attaquée par une horde organisée de paysans, soit les Autrichiens se mutinaient et se battaient entre eux. Si la dernière éventualité devait prévaloir, les démocrates rencontreraient les mutins et il fallait s'attendre à de gros désagréments.

Maman réveilla Papa et Nadia, Boba et André se levèrent d'un bond. Nous nous tenions en haut tous les trois avec chacun un revolver dans la main ou dans la poche, pour tous les cas. Ainsi pas mal de temps passa. Le crépitement des mitraillettes, des fusils, et les explosions des grenades ne cessaient plus. Enfin, après de longues tentatives infructueuses, nous réussîmes à atteindre le central téléphonique. Là, on nous dit que des sections du 20e régiment de chasseurs avaient refusé d'être envoyées au front : qu'elles s'étaient barricadées dans le bâtiment du lycée de la rue Pouchkine, qu'elles étaient encerclées par des Hongrois et sous leur feu. Cette nouvelle ne nous plut pas ; nous craignîmes que là-dessus des troubles n'éclatent bientôt en ville. De toute façon, une fois l'agitation du premier instant retombée, tout le monde se calma. Vers sept heures, un samovar fit son entrée et on but du thé avec la musique d'accompagnement des coups de feu. Maintenant, les coups se sont tus et nous avons l'intention de nous coucher.

7 heures du soir

Des informations sur les événements du jour nous parviennent de sources diverses. À huit heures du matin, les bataillons mutinés ont été désarmés. En ville, il y a beaucoup de morts et de blessés dans la population civile, mis à part les Autrichiens. Certains officiers auraient également perdu la vie. Les maisons de la rue Grecque ont été les plus endommagées, des balles volant sans cesse dans cette direction. Là, deux maisons, dans lesquelles les Autrichiens s'étaient retranchés, ont aussi brûlé. On dit que cinq cents hommes ont été désarmés et que trois cents de plus sont restés retranchés dans une maison qui est maintenant encerclée par les Hongrois. S'ils ne se rendent pas avant demain, la nuit sera à nouveau agitée. Heureusement, nous saurons alors au moins de quoi il s'agit ; nous n'avons pas particulièrement besoin de nous inquiéter.

9 heures du soir

Je ne sais pas s'il sera possible de ne pas s'inquiéter. Il y a peu, le vieux Nicodia Krupko est rentré de la ville et nous a raconté les dernières rumeurs. On connaît maintenant les dessous de toute l'histoire. La révolte des Autrichiens était déjà en préparation depuis un certain temps avec la population rurale des environs et des habitants de Moguilev. Les Autrichiens comptaient sur l'aide des paysans de Moguilev qui, eux, préférèrent regarder de loin qui prendrait le dessus avant d'intervenir. Dans une rue plus décentrée une meute de gens se rassembla, prête à piller toute la ville sur son passage si les insurgés gagnaient. Les Autrichiens invitèrent aussi la meute des brigands miliciens, appelée *Derjavan Varta*[1], à faire cause commune avec eux. Ils invitèrent aussi la formation Tolstikov. – Elle a été constituée par les propriétaires et est payée par eux. Elle se compose de gens corrects. Nous l'appelons notre « garde du corps ». – Cette dernière prit en main, lorsque la Varta prit la fuite, la protection du maire, de la poste et de quelques bases dans diverses rues. Encore il y a quelques jours, un détachement autrichien envoyé à Kukovka observa seulement le village de loin, mais n'entreprit rien et se retira. Dans la fabrique de Benditchany, ils désarmèrent tous les employés mais ne touchèrent pas aux ouvriers en rébellion. Tout le monde s'étonna de leur comportement étrange mais maintenant tout est clair. Si les Autrichiens eux-mêmes ne font rien contre des choses pareilles, cela finira mal pour eux et pour nous.

1. Varta nationale d'État.

8 (21) août 1918

Les trois cents mutins se sont, paraît-il, rendus sans y avoir été forcés par les Hongrois. On n'a plus tiré. Aujourd'hui Tolstikov, le commandant du « détachement de cavalerie de la Varta d'État », autrement dit notre garde du corps, est venu et a dit que notre vie, et pas celle des démocrates de Moguilev, n'avait tenu qu'à un fil hier soir. Tout est bien qui finit bien, même si je ne crois pas que tout soit fini. Maintenant, ce sera calme en ville pour un certain temps, mais à la campagne le mécontentement et l'agitation augmentent de jour en jour. Jamais encore une telle incitation à la révolte contre les propriétaires terriens ni une telle haine contre eux n'a existé. Pourquoi ? Je ne le sais pas. Je pense que nous nous efforçons de faire quelque chose, d'établir des plans pour l'avenir, mais en fait tout cela est inutile : un avenir est inimaginable. La possibilité d'une existence future est exclue en raison de cette haine. Ils sont nombreux, nous sommes peu – il est naturel qu'ils finissent par nous réduire à néant. Nous ne pouvons ni nous défendre contre eux, ni les vaincre, ni les persuader qu'il ne nous incombe aucune faute face à eux. Alors, pourquoi continuer à vivre si la vie doit être très bientôt inimaginable même pour nous ?

14 (27) août

Comment dois-je vivre ? Que dois-je faire ? À continuer à vivre comme je le fais maintenant, on peut cesser d'être une personne vivante, on pourrait se laisser aller totalement, et tomber dans Dieu sait quels abîmes. Encore il y a quelques mois, j'étais une autre personne. Que s'est-il passé ? Qu'est-ce qui a agi ainsi sur moi ? Vais-je maintenant vraiment rester ainsi toujours ou tout au moins longtemps ?

En quoi consiste ma vie ? Des journées entières, j'essaie de l'organiser de façon que je n'aie rien à faire et que je puisse m'asseoir confortablement et me reposer. Me reposer de quoi ? De l'inaction ? Peut-être que ma faiblesse physique, qui continue à m'énerver, y contribue. Il ne m'est rien resté de mon ancienne énergie, de mon désir de faire quelque chose, de travailler. À ce moment-là aussi, il y avait la faiblesse et la fatigue, mais elles ne me gênaient pas. Maintenant tout me dégoûte, tout m'ennuie, tout est trop dur pour moi. Tout ce qu'il faut faire m'est trop pénible et je laisse tomber. Cela ne peut continuer ainsi. Il faut d'une façon ou d'une autre se reprendre en main et sortir de cet état de fait. Car la vie est encore devant moi, je ne l'ai pas encore goûtée jusqu'au bout, je la connais à peine, mais j'en ai peur et je la hais. À quoi me sert-elle, cette vie ? Vivre comme maintenant – même si cela devait être possible –, je ne le veux pas. Vivre comme tous les autres, ces hommes mauvais, insignifiants, malheureux, je ne le veux pas, j'en ai peur. Mais en quoi suis-je meilleure ? Vivre une vie heureuse comme je me l'imagine, cela n'est pas possible pour moi. J'ai ma propre représentation du bonheur. Deux fois j'ai fait l'expérience du bonheur. Je maîtrise trop mal mes pensées pour l'évoquer ici. Je peux seulement dire que c'est un bonheur spirituel, très éloigné de ce qu'on appelle habituellement « une vie heureuse ». Je ne voudrais pas rester assise sur le canapé, j'aimerais faire quelque chose, pas pour moi mais pour les autres. J'aimerais le faire discrètement pour que personne ne le voie, j'aimerais « souffrir » comme il est dit dans *Crime et Châtiment*. Vivre comme tous les gens, ne m'occuper que de mes affaires quotidiennes égoïstes – est-ce que cela vaut la peine de vivre pour une chose pareille ? Faire quelque chose, au moins quelque chose de petit, pour calmer ma conscience qui me réclame sans cesse quelque chose, voilà ce que j'aimerais…

6 (19) septembre 1918

On pourrait écrire beaucoup pour « s'en souvenir quand on sera vieux », mais je ne le fais pas. Je ne veux pas, cela me fait mal et m'effraie bien qu'il ne soit rien arrivé de particulier. Si c'était « plus calme dans mon âme », je décrirais au moins notre premier voyage à Bronitsa après le fameux 10 décembre. Un sujet intéressant pour un journal : un propriétaire terrien visite son nid détruit, les ruines de sa maison. Je m'y attaquerai une autre fois ❖.

10 (23) septembre 1918

J'ai la tête fatiguée. Encore il y a un mois, je n'aurais pas cru une personne qui m'aurait dit que j'étudierais l'arithmétique jusqu'à cinq heures par jour. Pour l'instant, je tiens vaillamment le coup. Il me semble que tout le monde me regarde d'un air étonné, mais jusqu'à présent personne n'a rien demandé. Pour l'instant, je n'ai fait part de mes projets qu'à Olga – non, pas seulement Olga – et elle me considère avec beaucoup de compréhension, mais quand même avec condescendance, du haut de la gloire d'une lycéenne en huitième classe.

Cela m'est venu d'un coup, à moi une dilettante bête, sans culture, qui n'ai rien appris. Je ne parle à personne de mes projets, car ils sont trop vastes, et comme je me connais, j'ai peu d'espoir de les concrétiser. Je sais que jamais de ma vie je n'ai encore eu assez d'énergie pour finir ce que j'avais

❖ L'auteur n'a visiblement pas eu le courage de « s'attaquer à ce sujet ». Elle a raconté par la suite qu'à son arrivée elle avait trouvé Bronitsa brûlée jusqu'aux fondations, que ces ruines s'étaient transformées en une jungle épaisse et que d'énormes fleurs blanches sortaient par les fenêtres béantes du rez-de-chaussée. (Note de Maria Razumovsky.)

commencé. Ce serait étonnant que cette tâche difficile me réussisse.

J'aimerais me préparer pendant l'hiver, et au printemps passer les examens du lycée local. Évidemment, pas pour toutes les classes ! Dieu fasse que j'en réussisse quatre ou cinq. Si j'y arrive je pourrai étudier pendant l'été et passer l'examen sur les matières de la sixième classe. Le diplôme de fin d'études me paraît quelque chose de si terriblement éloigné que je m'efforce de ne même pas y penser. Très loin quelque part m'attendent l'université, la faculté de médecine. Quelquefois, le soir dans mon lit, quand j'en viens à rêver, je m'imagine mes futures activités de médecin, soit dans une clinique pour tuberculeux, soit comme collaboratrice d'un médecin, soit comme médecin dans une zone de choléra. C'est ma vocation.

Mais tout ceci est si éloigné et il y a tant de tâches plus urgentes. Je n'ai encore jamais passé d'examen de ma vie ni étudié avec méthode. Il est également mauvais que je ne dispose pas librement de mon temps. À côté de cela, je dois nourrir les lapins, laver la vaisselle, mettre la table. C'est ennuyeux et cela me prend tant de temps...

Il y a quelques jours, Olga a passé son examen de fin de huitième classe et maintenant elle se repose sur ses lauriers. Elle lit *Crime et Châtiment* et se promène d'un air absent. L'année dernière j'ai beaucoup parlé de Dostoïevski avec elle – je n'avais pas d'autre auditeur –, ce qui fait qu'elle est préparée à cette lecture. Si j'ai du temps libre, je me plonge à fond dans Dostoïevski. Pour moi, il est « le sang de la terre ».

22 septembre (5 octobre) 1918

Maintenant, je suis extraordinairement active, contrairement à ces derniers mois. Ma journée se passe ainsi :

Moi, qui auparavant ne me levais jamais avant neuf heures

et qui trouvais déjà cela très tôt, je me lève maintenant chaque jour à sept heures – je n'oublie jamais de me réveiller ! Je me lève, je mets ma robe de chambre et je m'assois à table pour étudier. Je le fais le plus silencieusement possible pour que les voisins – Mamoulitchka et Tatiana – ne m'entendent pas. Évidemment, il n'y a là rien de mal mais je ne veux pas que de grands débats sur mon surmenage commencent. Vers huit heures et demie ou neuf heures, je m'habille, je fais d'abord mon lit, puis celui de Maman si elle est déjà levée – une fois de plus nous n'avons pas de femme de chambre comme il est de mise en période révolutionnaire –, puis je me précipite en bas. Si tout est prêt en bas – le matin c'est Nouditchka qui prépare le petit déjeuner, fait le café, met la table –, je bois du café, sinon je mets la table. Depuis qu'Olga va au lycée, le café est préparé tôt, je n'ai donc pas à attendre. Le plus souvent, André est là aussi, il partage également son temps en heures, car il doit se préparer à l'examen de fin d'études.

Pendant que nous prenons notre petit déjeuner arrive Maman, puis Papa qui s'est levé très tôt et vient déjà prendre son deuxième thé. Je termine mon repas, lave les tasses, les verres et les assiettes, range la vaisselle dans l'armoire et vais nourrir les lapins. C'est un processus long et pénible. Je m'efforce d'en avoir terminé à onze heures, puis je me hâte vers ma chambre pour recommencer à étudier alors que Tatiana descend à peine pour le petit déjeuner. J'étudie avec entrain jusqu'au moment où je dois à nouveau courir en bas mettre la table. Avant, j'ai attendu, et pas qu'une fois, que cette table haïe « se mette elle-même », c'est-à-dire que quelqu'un d'autre le fasse, mais comme cela n'a jamais été le cas, maintenant je n'attends plus. Si le repas est prêt à l'heure, ce qui arrive assez rarement, nous nous mettons à table à une heure. Après le repas il faut débarrasser à nouveau, puis je nourris les chiens et remonte en courant. À deux heures, ma Maria Fedorovna vient ; elle a terminé les cours Bestujev et est très sympathique. D'abord, il faut réviser certaines choses. J'étudie avec elle jusqu'à quatre heures, puis je prépare le thé. Vers cinq heures, tout le monde se rassemble pour le thé. Puis je lave à nouveau la vaisselle, la range et à partir de six heures j'étudie l'arithmétique avec Olga. À sept heures ou plus tard, je mets la table pour le repas du soir, puis nous mangeons, débarrassons la table, puis je me réfugie dans ma chambre et cette fois ne lave pas d'assiette. Je reste en haut et ne descends pas pour le thé du soir ; Nouditchka lave les tasses. Parfois j'y vais quand même, alors je lave encore les tasses.

Ces derniers temps, la grippe espagnole m'a rongée et tous les soirs j'ai dû me coucher avec une forte migraine. Mon programme journalier était dur à tenir, car je me sentais malade tout le temps. Aujourd'hui c'est samedi, demain je ne me lèverai peut-être pas tout à fait aussi tôt, bien que j'aie beaucoup de choses à faire. Maintenant il est seulement minuit, mais je vais aller me coucher pour ne pas gaspiller mes forces.

23 septembre (6 octobre) 1918

Cela fait déjà longtemps que je n'ai rien écrit sur les « événements », pourtant il s'est passé tellement de choses. Je crois que nous sommes à la veille de la fin de la grande guerre mondiale et du début des non moins grandes révolutions mondiales. L'Allemagne, qui si longtemps a dû subir des défaites terribles, demande maintenant instamment la paix et accepte toutes les exigences de Wilson : l'évacuation de la Russie, la restitution de l'Alsace-Lorraine, le rétablissement de la Belgique et de la Serbie, et ainsi de suite. Dès que les déboires de l'Allemagne ont commencé, les socialistes ont naturellement aussi relevé la tête dans le pays. Ils sont maintenant le principal parti d'Allemagne ; on a même constitué un cabinet ministériel avec des socialistes. L'Allemagne se meut sur un terrain dangereux. Ne parlons pas de l'Autriche : là-bas, la révolution va éclater dans un futur très proche.

Et chez nous, la réaction commence ! Trois armées qui se préparent à la bataille pour libérer la Russie sont en voie de formation sur le Don. Le mécontentement augmente sans cesse, de même la haine et l'amertume, mais malgré cela la Russie ressuscitera et renaîtra, à vrai dire seulement par le sang versé par ses fils, car cette dernière bataille définitive provoquera un bain de sang.

Il y a peu de temps encore, nous avons pensé avec horreur à l'époque où les Autrichiens quitteraient la Russie. Maintenant, on dirait que quelque chose s'est passé, un tournant vers quelque chose de meilleur après lequel rien de vraiment mauvais n'est possible. Le plus rapidement possible, on voudrait ne plus voir les casquettes autrichiennes qui nous sortent par le nez. Encore il y a peu de temps je n'avais rien contre eux, mais maintenant je les trouve insupportables. S'ils partent, la situation sera assurément mauvaise. On peut dire avec une quasi-certitude qu'on nous tuera si nous ne disparaissons pas. Mais comme nous ne pouvons aller nulle part – on peut se faire tuer partout –, cela ne vaut pas la peine de se creuser la tête à ce sujet.

Aujourd'hui, nous avons appris tout à fait par hasard que nous sommes vraiment enregistrés comme citoyens ukrainiens. La classe d'âge d'André (1899) est appelée sous les drapeaux et Papa a pris des renseignements sur ce qu'on peut faire pour qu'il ne doive pas aller « chez les cosaques ». Si nous avions fait avant une déclaration dans ce sens, il pourrait maintenant être déclaré comme étranger, mais il est désormais trop tard. Il a été décidé pour l'instant de l'inscrire au lycée local.

Avant, cela m'aurait vexée et outragée d'être une « citoyenne ukrainienne ». Maintenant, cela m'est égal. Je n'en suis pas moins russe pour autant. D'autant plus que toute l'Ukraine est au bout du rouleau. On dit que Pavlo aussi se pose sérieusement la question s'il ne doit pas jouer le rôle de Bogdan Khmelnitskyj [1] .

25 septembre (8 octobre) 1918

Les Allemands se rendent complètement aux vainqueurs et ne restitueront pas seulement l'Alsace-Lorraine, mais aussi Poznań. C'est ce qu'on se raconte à Kiev, en ajoutant des détails aussi invraisemblables que par exemple la traversée des Dardanelles par les Anglais et leur feu sur Odessa. Les Allemands à Kiev ont l'air très triste et n'attendent qu'une chose : quitter complètement l'Ukraine. À Kiev c'est la panique qui règne, qui le peut quitte la ville. Kiev est de toute façon une ville de paniqués, la population est très effrayée, mais est-ce que s'enfuir quelque part a maintenant un sens? Les Allemands abandonnent toute l'Ukraine, c'est-à-dire qu'on ne peut se cacher du danger nulle part. Cela n'a aucun sens de fuir en *Sovdepie* [2] ! Il reste l'Autriche où ce sera bientôt tout aussi dangereux, et le Don. Pour l'instant, on dirait que c'est là l'endroit le plus sûr de toute la Russie.

Boba n'est rentré de Kiev qu'hier. Il a à peine pu quitter la ville ; ce qui se passe à la gare est indescriptible. Il a voyagé sans billet et n'a pas pu emporter ses bagages. Il est malade ; à Kiev, il a attrapé une forte grippe espagnole. Il gisait tout seul, sans aucune aide, et cela aurait probablement mal fini si Sténia Krupko ne l'avait trouvé et ne lui avait amené un médecin. D'ailleurs, si des gens se rencontrent maintenant et ne savent de quoi parler, la fameuse *ispanka* fait immé-

1 . Voir l'index en fin d'ouvrage.

2. Expression péjorative et méprisante pour l'État soviétique.

diatement son apparition. Avant, c'était l'inflation qui jouait le même rôle, mais entre-temps on s'y est tellement habitué que cela n'étonne plus personne si à Kiev le loyer annuel d'un appartement – de six malheureuses pièces! – coûte trois cent mille roubles, un complet pour homme de très mauvais tissu trois mille cinq cents roubles, le plus simple chapeau pour dame trois cents roubles et une paire de chaussures entre deux cents et six cents roubles. Personne ne calcule plus en roubles, mais en centaines et en milliers. Mais vraiment tout le monde s'y est habitué.

Mais la ispanka, la grippe espagnole, fait maintenant sensation. On n'entend parler de rien d'autre que : un tel est tombé malade, un autre est mort, un troisième est en voie de guérison. Certains attrapent, après, une pneumonie, chez d'autres elle s'attaque aux reins. C'est une maladie très contagieuse, toute l'Europe en souffre. Chez nous, tout le monde l'a déjà eue, sauf Papa et Tatiana. Maintenant, à Bronitsa, tous les employés l'ont attrapée l'un après l'autre.

Aujourd'hui c'est fête, donc je ne me suis pas levée à sept heures, mais je suis assise dans mon lit et j'écris. Je n'ai encore jamais fêté Jean-Baptiste, mais comme c'est la fête de tous les étudiants et que pour mes vieux jours j'en fais partie, je constate avec plaisir le fait que cette fête existe. C'est pourquoi j'irai aujourd'hui au marché avec Olga et Nouditchka, ce soir j'irai voir la vieille Mme Krupko pour lui dire que son cher Sténia a sauvé Boba à Kiev. Cela lui fera plaisir, si elle ne meurt pas d'effroi à la pensée qu'il ait pu être infecté par Boba, et qu'il gise lui-même maintenant quelque part.

25 septembre (8 octobre), le soir

Le programme a été tenu. Le matin, nous sommes allées au marché et y avons acheté dix plats pour les lièvres et un beau, grand, pour moi, deux cuillères en bois et une livre de bougies, le tout pour seize roubles. Le soir, Tatiana et moi sommes allées voir la vieille Mme Krupko. Elle nous aime beaucoup et se réjouit de nous voir. Nous apprenons le polonais chez elle ; nous avons de plus en plus de relations polonaises, et comme les dames polonaises ne parlent pas le russe, à part Mme Krupko, il faut leur parler en français.

12 (25) octobre 1918

C'est toujours quand on ne le peut pas qu'on a envie d'écrire. Maintenant, l'objet de nos conversations c'est la paix imminente, la défaite de l'Allemagne, l'effondrement de l'Autriche, l'arrivée d'une escadre anglaise en mer Noire et ainsi de suite. Avant, il y a longtemps, nous attendions ces événements, nous étions persuadés qu'ils interviendraient. Maintenant qu'ils – la victoire sur l'Allemagne et l'effondrement de l'Autriche – sont vraiment arrivés, ce n'est pas un jour de joie. En ce moment, il n'y a pas de joie possible pour nous. Si la Russie avait eu sa place parmi les nations victorieuses – comme cela aurait été différent ! Je peux m'imaginer l'enthousiasme, la joie, l'ivresse des Anglais, des Français, des Belges, des Serbes ! Mais nous n'avons aucune place au milieu de la joie générale.

Nous entreprenons d'autres démarches en vue de l'obtention de passeports pour l'étranger. Il est plus que probable que les Autrichiens partiront d'ici. Si nous ne restons alors que sous la protection de la Varta d'État ukrainienne, ce ne sera pas sans danger. Nous avons décidé « en tout cas » de nous procurer des passeports.

C'est très difficile. La première question : où aller ? En Autriche l'anarchie règne, en Allemagne la faim, et s'il n'y a pas encore d'anarchie elle ne saurait tarder. Il reste la Suisse que nous avons choisie dès le tout début, mais qu'il est le plus difficile d'atteindre. Parmi tous les pays où nous avons séjourné, c'est la Suisse qui bénéficie de notre plus grande sympathie pour ne pas dire de notre amour. Mon désir personnel serait de me rendre en Suisse, à Davos.

Le malheur, c'est qu'on ne laisse entrer que des gens très malades. Au consulat suisse, pour obtenir un passeport et un visa de transit pour l'Autriche, il faut une attestation médicale authentifiée par un notaire. Ces attestations doivent sonner si juste que les diverses autorités estiment ce voyage indispensable. Sur un point, notre situation est plus facile que pour les autres : nous avons habité Davos cinq ans ; il est aisé de prouver que puisqu'un membre de la famille a été en traitement à Davos et qu'il y est mort, les autres aussi ont besoin d'un traitement. Notre cher docteur Chachurski n'a pas eu de scrupules à délivrer de magnifiques attestations pour tous les membres de la famille.

Maman est atteinte de goutte et a le cœur malade ; elle a besoin de se reposer dans une station thermale. On a découvert chez Tatiana un « processus chronique » dans le sommet du poumon gauche, chez moi la même chose mais à droite. André a une cage thoracique sous-développée, il est anémique et neurasthénique au plus haut point. Papa a plusieurs maladies cardiaques terribles, Nouditchka la tuberculose. Je n'ai pas spécialement besoin d'ajouter que tout ceci est pure invention.

À Innsbruck, nous passerons dix jours de quarantaine ; j'espère seulement qu'on ne nous auscultera ou examinera pas. Alors on pourrait tous nous renvoyer. Au consulat, ils pourraient refuser de laisser entrer une famille aussi malade ou alors ils ne donneront pas d'autorisation d'entrée à Olga qui a l'air en si bonne santé qu'on n'a pas pu inventer pour elle la moindre maladie.

Je ne crois pas une minute que nous pourrons réellement partir d'ici et atteindre la Suisse. Je regretterais de partir d'ici : nous nous sommes trop bien acclimatés à cette maison et à cette propriété. Abandonner tous nos animaux, l'exploitation, mes études – voilà qui serait très dommage. D'un autre côté, ce serait très agréable de quitter ce trou de Moguilev et de vivre en Suisse. Aujourd'hui, Boba se rend à Odessa avec un sac plein de procurations, « questionnaires » et ainsi de suite. S'il a du succès, nous obtiendrons les passeports au plus tôt dans un à deux mois. Jusque-là, beaucoup de choses se seront clarifiées.

16 (29) octobre 1918

C'est une étrange impression de lire dans le journal qu'en Autriche tout est sens dessus dessous. Ils glissent sur la même voie que nous il y a six mois, plutôt ils chancellent sans garde-fou dans un précipice. Pour eux, c'est encore nouveau et intéressant : la richesse pour tous, les assemblées populaires, la démocratie, le suffrage universel. Nous connaissons tout cela sur le bout des doigts. Ils ont aussi commencé dès le premier jour à liquider leur Autriche, tout comme nous nous étions efforcés de détruire la Russie. Qu'ils essaient ! Qu'ils passent donc par toutes les affres que nous avons dû supporter ! Je ne suis pas socialiste, mais je serais vraiment contente si les autres empires suivaient aussi l'exemple de la Russie. Au moins ainsi la honte oppressante que chaque Russe devrait éprouver devant le monde entier n'existerait plus.

Je ne comprends pas pourquoi les unités autrichiennes qui sont stationnées ici n'ont pas encore absorbé assez d'idéologie socialiste pour massacrer leurs officiers et courir chez eux. Sans doute, cela arrivera bientôt. Alors ça va démarrer ici. Avant, ne serait-ce que cette pensée aurait paru monstrueuse bien que tout le monde sache que cela pourrait se produire. Cela nous a toujours fait peur de vivre pas seulement la nôtre, mais encore une autre révolution.

Maintenant, pas même cela ne nous paraît effrayant et le départ des Autrichiens est attendu dans le calme. On dirait qu'on n'a plus non plus peur de la population rurale. Pourtant, ce serait bien d'avoir un passeport en poche «pour toutes les éventualités». «Pour toutes les éventualités», c'est aussi ainsi que cette maison avait été achetée. Alors cela nous paraissait tout à fait invraisemblable que nous l'utilisions un jour. Il est également possible que nous ne puissions pas utiliser les passeports non plus; dans deux mois, l'Autriche sera dans un tel désordre que nous ne pourrons pas la traverser.

Ici, tout le monde sait déjà que nous voulons aller en Suisse. On nous demande si c'est vrai. Quand on se renseigne d'où ils le savent, la réponse est qu'Afenieff l'a raconté. C'est le notaire local qui est un espion, et naturellement le journal local ambulant.

Soudain, nous nous trouvons à la fin de l'automne. Aujourd'hui il est tombé des cordes toute la journée, un vent fort a fait tomber d'un coup toutes les feuilles des arbres fruitiers, et il fait froid. Probablement que nous aurons le premier gel aujourd'hui ou demain. Je hais l'automne. Ce serait quand même bien si on pouvait déménager à Davos, s'y chauffer dans ce soleil magnifique, s'allonger sur une chaise longue sur le balcon et savoir qu'il ne faut ni nourrir les lapins sous la pluie, ni mettre la table, ni se creuser la tête pour diverses questions domestiques : est-ce que les Autrichiens ont laissé les vaches dehors sous la pluie parce qu'ils ont mis leurs chevaux dans l'étable, est-ce que la pluie va tremper les betteraves à sucre dans les silos encore ouverts? Les carottes vont-elles geler si le premier gel vient cette nuit? Et nous n'avons pas de cuisinière, personne n'est là pour faire la cuisine, il n'y a pas de nourriture pour le chien et ainsi de suite. Cependant, je ne peux penser sans tristesse que Rex et les lapins resteraient sans surveillance si nous partions réellement.

Ma hanche ne me fait plus mal. Probablement qu'elle s'est aussi adaptée, habituée au mauvais temps comme nous nous sommes habitués à beaucoup de choses. Probablement qu'elle supportera aussi très bien l'hiver à Moguilev et qu'elle trouvera un voyage à l'étranger trop luxueux. Je préfère quand même rester ici, continuer mes études et arrêter de m'imaginer des destins fantastiques. Moins on fait de vœux plus ils se réalisent. Bien que d'un autre côté – tout dépend de quel côté on le considère – je n'aie que des désirs très modestes et que peut-être tout le monde ne se contenterait pas d'aussi peu.

20 octobre (2 novembre) 1918

Après-demain, les Autrichiens quittent Moguilev. En Autriche, la révolution a éclaté tout à fait. Hier, le comte Tisza a été assassiné; cela se passe comme d'après une partition, exactement selon le même modèle. Ici tout le monde a, je ne sais pourquoi, perdu sa vieille peur et est très content que les Autrichiens disparaissent. L'état d'esprit des Agrariens est en général bon. Seuls quelques craintifs racontent qu'« on dit » que l'anarchie dans le district croît sans cesse et que la population rurale n'attend que le départ des Autrichiens pour régler leur compte aux propriétaires terriens. On n'accorde pas beaucoup d'attention à ces voix. De toute façon, nous ne pouvons rien faire. Nous ne pouvons aller nulle part et ne pouvons nous défendre. Nous verrons ce qui va se passer.

22 octobre (4 novembre) 1918

Aujourd'hui est une journée aux événements désagréables : tous les Autrichiens ont quitté Moguilev. En partant, ils ont chahuté en ville et à la gare. Cet exemple est évidemment tentant pour nos démocrates. L'ambiance est tendue et inquiète.

Aujourd'hui, Boba est rentré d'Odessa et a apporté avec lui nos passeports. Il n'est plus possible de les utiliser : on ne peut plus traverser l'Autriche. L'Autriche ne se désagrège pas de jour en jour, mais d'heure en heure. L'armée quitte la Russie ou plutôt s'enfuit tout comme en leur temps nos camarades étaient partis en courant de Galicie. Odessa a été occupée par un corps allemand qui, comme on le dit, attend l'arrivée des Anglais. Ces derniers doivent venir d'un moment à l'autre. Ils sont attendus comme la manne céleste. La pauvre population civile a été plongée dans la peur et l'angoisse par le départ des Autrichiens ; on s'attend à des troubles.

Boba est rentré dans un état d'esprit très pessimiste. Les troupes ont été retirées ; personne n'est venu ; les cheminots peuvent faire la grève ; tout le monde nous connaît ici : Boba pense que nous devons nous rendre à Odessa demain et y attendre les Anglais. Toutes ces raisons sont si convaincantes que nous sommes complètement anéantis. Tout laisser en place ici, se rendre à Odessa sans bagage, où nous n'avons non seulement pas d'appartement, mais encore pas même une pauvre chambre – ce sont là des perspectives bien sombres. L'atmosphère habituelle des réunions familiales en temps de danger, les réflexions sur la façon de sauver sa vie – tout ceci est si difficile à supporter, si désagréable, que je donnerais beaucoup pour arriver à un endroit où de telles situations ne se produisent pas.

Papa s'est rendu immédiatement auprès des autorités pour apprendre ce qu'il y a de nouveau. En arrivant chez le général Iltchaninoff, il a entendu dire que des troupes allemandes arrivaient. Nous avons été soulagés, tout le monde est immédiatement redevenu joyeux. L'arrivée des Allemands garantit notre sécurité au moins pour quelques jours. Nous allons pouvoir réfléchir et entreprendre quelque chose. La soirée, commencée dans un état d'esprit si sombre, s'est passée tranquillement.

24 octobre (6 novembre) 1918

Aujourd'hui les Allemands ne sont pas venus, mais cela n'influe pas sur l'état d'esprit et tout le monde est particulièrement calme. Tout suit son chemin habituel. Simplement, je ne crois pas qu'il puisse se produire quelque chose.

25 octobre (7 novembre) 1918

Ce matin, la rumeur que les Allemands avaient occupé Jmerinka s'est répandue. Tout le monde s'en réjouit beaucoup. Entre-temps une garde armée organisée protège la ville. Boba aurait dû aller à Kiev, il n'a pas pu, car tous les trains débordent d'anciens prisonniers de guerre qui rentrent d'Autriche en quantité énorme, veulent aller quelque part et pillent sur leur passage. Il paraît que Proskurov a été complètement dévalisée. À partir de demain les trains régionaux ne passeront plus par Jmerinka.

À neuf heures, le maire a appelé et a dit que les Allemands seraient là dans à peu près quatre heures. C'est une bonne nouvelle. Ce sera intéressant demain de voir les Allemands, évidemment seulement à la condition qu'ils ne veuillent pas habiter chez nous, ou tout emporter loin de Bronitsa. On dirait qu'il nous est quand même donné de vivre encore un peu plus longtemps sur cette terre.

26 octobre (8 novembre) 1918

Le maire était mal informé : il n'y a pas d'Allemands ici; il n'en viendra pas non plus. En revanche, une unité internationale composée d'Anglais, d'Américains et de Français est attendue. C'est encore mieux. Cela fait déjà longtemps que nous voulions voir nos anciens alliés. Sur les murs est affiché un avis de notre *Polizeimeister*[1] Mardanov concernant l'arrivée de l'unité « dans un ou deux jours ». La population est invitée à respecter la loi et l'ordre, à accueillir l'unité avec hospitalité et à préparer des quartiers. Si nos autorités publient de tels avis, cela signifie que cette unité existe vraiment et qu'elle n'est pas seulement un fruit de leur imagination.

Ce qui se passe maintenant en Autriche est vraiment affreux ! Le pays s'effondre encore plus vite que la Russie. C'est en Hongrie que cela semble être le pire, cette Hongrie que tous tenaient pour le bastion le plus solide de la monarchie. En Bulgarie se passe la même chose : le tsar Boris frais émoulu s'est enfui à Vienne et la Bulgarie s'est proclamée république. Comment les autres pays qui ont encore gardé un aspect décent peuvent-ils se sauver de cette gangrène ? Et malgré tout, ce ne sera plus une telle honte face aux Alliés; de telles cochonneries ne se passent pas seulement chez nous !

27 octobre (9 novembre) 1918

Quelle belle matinée ! Après une interruption de trois jours, des journaux sont arrivés et nous y avons appris beaucoup de bonnes nouvelles. Une escadre anglaise

1. Chef de police (en allemand dans le texte).

composée de quarante bateaux a traversé le Bosphore et est arrivée à Novorossisk. Encore en route, les Alliés ont demandé par télégraphe à l'armée des volontaires ce qui lui faisait le plus défaut. Celle-ci ne dispose ni de canon ni de munitions avec lesquels elle pourrait mener la lutte contre les bolcheviks – maintenant les Alliés lui viennent en aide et apportent tout en excès. On dit dans le journal que le moral des troupes dans l'armée s'est beaucoup amélioré après ce télégramme.

Un des croiseurs est entré dans le port d'Odessa. La délégation des Alliés a été saluée par les notables de la ville et des officiers de l'état-major allemand. Les habitants d'Odessa leur ont préparé un accueil solennel. Je peux m'imaginer leur joie. Maintenant, la seule question est de voir comment les Anglais vont répondre à cela. S'ils se comportent en conquérants et nous toisent comme des sujets inférieurs – ce serait trop amer. Au moins une chose semble claire : ils sont venus pour nous aider dans la lutte contre les bolcheviks et peut-être aussi pour sauver la Russie. Pour cette raison, je suis prête à les aimer et à leur pardonner leur mépris pour nous. Si on pouvait maintenant tout oublier et commencer une nouvelle vie, pleine d'espoirs, de désirs, d'énergies – et si les Alliés pouvaient nous y aider ! Il est absolument nécessaire de former un front unique du Don au Kouban pour combattre les bolcheviks. Il faut enfin se souvenir que l'Ukraine n'est qu'une partie de la Russie, de « la Russie une et indivisible ». L'Ukraine a joué son rôle : un ordre relatif y a régné alors que le reste de la Russie était plongé dans l'anarchie. Maintenant, le sauvetage de la Russie peut venir de l'Ukraine et du Don.

2 (15) novembre 1918

J'ai eu à nouveau la grippe espagnole, mais heureusement, cette fois, personne ne l'a attrapée. Je ne suis restée couchée que trois jours avec une fièvre élevée ; maintenant je me sens encore mal, car ma température n'est toujours pas normale, mais je n'y prête pas attention. Probablement que tout sera bientôt fini. Ce qui est mauvais, c'est que cette maladie a perturbé mon rythme habituel ; pendant toute une semaine, je n'ai pas eu de leçons. Étudier m'est encore difficile. Je dois faire un effort.

Ataki, 11 (24) novembre 1918

Ces derniers jours, il s'est passé tellement de choses que je vais préciser le jour et la date pour tout décrire dans l'ordre. Je vais m'efforcer de me rappeler le plus important, tous les détails des derniers jours pour pouvoir décrire le plus exactement possible cette aventure qui va figurer à une place prééminente parmi toutes nos aventures révolutionnaires.

Moguilev, 6 novembre

En ville, l'agitation croît de jour en jour. Depuis que les Autrichiens sont partis, les habitants de Moguilev sont de plus en plus nerveux. Il y a assurément de bonnes raisons pour cela : la *Zagin*[1] commence à faire preuve d'un toupet incroyable. Aujourd'hui, ils ont voulu désarmer notre « garde du corps » et se saisir du pouvoir. Le maire a reçu une lettre anonyme dans laquelle on dit qu'il serait le premier tué et

1. Milice.

après lui tous les propriétaires terriens. Cela sent le malheur. Les Agrariens sont calmes ; on dirait que personne ne croit vraiment au danger.

Moguilev, 7 novembre

Un bouleversement politique ! Le maire a été déposé et également le général Iltchaninoff ; le pouvoir est entre les mains du bolchevik Kirienko et de la Zagin ukrainienne. Ils sont favorables à l'indépendance de l'Ukraine, en veulent au Hetman en raison de son décret sur l'unité de la Russie et ont décidé avec de grands éclats de voix d'ériger une Ukraine indépendante comme elle leur convient : avec de la terreur, des troubles, et d'autres choses similaires. Jusqu'à trois heures de l'après-midi nous n'en avons rien su, puis le vieux Krupko est arrivé et, complètement brisé, nous a donné cette nouvelle. Puis Papa a été appelé auprès du général Iltchaninoff ; Krupko voulait repasser encore ce soir pour apprendre ce qu'il y aurait de nouveau. Mme Jarus-zinska, avec laquelle nous sommes devenus amis, est venue ; avec elle aussi nous avons débattu de ce qu'il fallait faire.

Papa revint, ses nouvelles n'étaient pas rassurantes : le général Iltchaninoff avait tout confirmé, et dit que Kirienko et ses hommes de main avaient préparé un manifeste pour les paysans et appelaient à l'anarchie, au pillage et aux pogroms ; il doit être publié demain. Iltchaninoff avait dit à Papa qu'il risquait d'être arrêté et lui avait conseillé de se cacher. Que faire ? Les nouvelles étaient très mauvaises, les trains ne circulaient pas ; cette proclamation était comme une étincelle dans un tonneau de poudre. Pour nous sauver des « Ukrainiens libres » et des paysans, il ne restait qu'une seule solution : la fuite par-dessus le Dniestr. Comme toute la Bessarabie est occupée par les Roumains, les bolcheviks ukrainiens ne pourront rien nous y faire.

Mme Jaruszinska rentra à la maison pour entreprendre des démarches le plus rapidement possible au vu des nouvelles conditions; nous nous rassemblâmes pour débattre et décidâmes de tout préparer pour la fuite. C'était vers cinq heures. Nous commençâmes immédiatement à faire nos bagages, à confectionner des poches secrètes, à coudre de l'argent dans les doublures et à rassembler le plus important. Sans perdre une minute, Boba partit se procurer des laissez-passer pour le pont. C'est bien que chez nous personne ne perde la tête dans une situation donnée, mais au contraire vaque tranquillement à ses occupations. Alors ce fut aussi le cas. Comme nous voulions tous nous enfuir au même moment et que nous ne savions pas pour combien de temps, il fallait préparer pas mal de choses pour vivre dans un trou juif aussi répugnant qu'Ataki. Vers une heure tout était fini, un plan d'action établi, et tout le monde se coucha. Il fallait se lever tôt le lendemain matin pour arriver tôt au pont ❖.

Ataki, la petite ville en face de Moguilev, le 8 novembre

Ce fut une journée pénible. Pour la première fois de notre vie, nous avons quitté notre maison sans savoir où nous logerions. Nous sommes partis pour nous soustraire au contrôle de nos ennemis. Nous avions déjà fui auparavant, mais aujourd'hui c'était autre chose.

À huit heures, nous étions tous prêts. Nous avons bu du café, emballé nos dernières affaires, et ne nous sommes pas

❖ Je me souviens mal comment chacun se prépara à la fuite. Chacun emporta ce qu'il voulait avoir avec lui, probablement un peu de linge, du savon et ainsi de suite. Chacun avait une petite valise qu'il pouvait porter lui-même. Je sais seulement que je mis mon Journal dans mes bagages. Je crois me souvenir que nous n'avons pas emporté de nourriture du tout. Nous nous sommes assis, avons fait le signe de la croix et quitté la maison. (Complément de l'auteur, 1982.)

beaucoup pressés de quitter notre rue Sadovaïa n° 16. À dix heures, nous nous sommes mis en route avec la triste sensation que nous quittions notre propriété pour longtemps et que quelque chose de mauvais allait se passer ici. Nouditchka nous accompagna ; elle reste pour tout surveiller jusqu'à notre retour. On la connaît moins que nous ; si un danger menace, elle peut se cacher chez les voisins.

Nous nous mîmes en route dans l'ordre suivant : Maman et moi dans la « pirogue » – c'est là notre vieille voiture que nous avons toujours à Moguilev –, Olga sur le siège, les autres à pied. Derrière nous venait une voiture avec nos bagages. Il n'y avait pas encore de gel, la boue était si profonde que la « pirogue » glissait d'un côté à l'autre ; je descendis et continuai à pied. Nous choisîmes le chemin le plus court mais le plus difficile, le long de la rue Pouchkine qui mène à la gare. Nous pataugeâmes dans la boue ; puis Papa et moi trouvâmes une calèche et Boba, Tatiana et André s'installèrent sur le porte-bagages.

En route, un spectacle effrayant s'offrit à nous. Depuis quelques jours déjà, des centaines et même des milliers d'anciens prisonniers de guerre en Autriche envahissaient Moguilev. Ils étaient presque tous malades : ils souffrent de différentes sortes de typhus, dysenterie ou tuberculose en phase terminale. On peut difficilement s'imaginer un spectacle plus horrible que tous ces gens à moitié nus qui n'ont rien mangé depuis des jours et submergent la gare. Ils sont presque tous tellement faibles qu'ils restent couchés, là où ils tombent, et ne peuvent même plus ramper. Les malades et les mourants, les vivants et les morts, ils sont tous couchés pêle-mêle. Des gens qui ont souffert longtemps en captivité, qu'on a fait souffrir de la faim et travailler dur pour que le plus grand nombre possible d'entre eux ne revienne pas dans leur patrie, s'étaient maintenant traînés jusqu'à Moguilev pour y mourir. D'autres avaient atteint d'autres endroits qui leur étaient tout aussi étrangers. C'est terrible d'imaginer quelle quantité de souffrance et de malheur existe autour de nous – que sont nos désagréments par rapport à cela ?

Nous parvînmes au cimetière municipal. Je remarquai déjà de loin un attroupement de curieux debout près de la clôture. Lorsque nous arrivâmes tout près, un spectacle terrifiant s'offrit à nous : tout le long du mur gisaient des morts côte à côte ; une immense ligne blanche se détachait sur le gazon gris et desséché du cimetière. Un petit groupe de gens circulait entre les cadavres et quelques voitures stationnées à l'entrée ; des bâches qui recouvraient les voitures émergeaient des jambes et d'énormes mains aux poings serrés. Sur le cimetière on ne voyait ni prêtres, ni êtres humains qui seraient venus par compassion pour ces malheureux. Seule une petite troupe d'enfants s'y tenait ; ils regardaient avec une curiosité indifférente, et les porteurs s'acquittaient de leur travail avec paresse et mauvaise volonté, comme s'il ne s'agissait pas du devoir sacré de la restitution des morts à la terre, mais plutôt d'un travail dur et ennuyeux. Cette image laissa dans mon âme une impression terrible et inoubliable.

Après un instant, nous fûmes au-delà et passâmes à côté d'une cuisine roulante autour de laquelle s'agglutinait une mer humaine vêtue de la façon la plus fantastique. Entre eux, des lycéens et divers volontaires circulaient et distribuaient du thé et du pain. Le point de ravitaillement fonctionnait à plein. Sur une grande place, des tentes étaient dressées et des feux vacillaient ; sur un hangar flottait le drapeau de la Croix-Rouge. C'était triste de voir ces gens dont encore tant devaient se retrouver sur les charrettes bâchées – et de là sur un cimetière anonyme dans une fosse commune anonyme.

Nous passâmes rapidement devant la gare et, après avoir renvoyé le fiacre, nous marchâmes vers le pont en essayant de nous faire remarquer le moins possible. Les autres n'étaient pas encore là ; Papa et moi fîmes tranquillement les cent pas et attendîmes. Devant nous, par le pont depuis Ataki, on transportait sur des brancards d'anciens prisonniers de guerre qui ne pouvaient plus faire un pas eux-mêmes. On dit que les Roumains ne leur mettent pas de véhicules à disposition et obligent ces malheureux à faire tout ce chemin à pied. Il est difficile de s'imaginer comment ils arrivent jusqu'à Moguilev et combien d'entre eux meurent en route.

Papa et moi commencions déjà à avoir froid, pendant notre attente il n'y avait pas de gel ; en fait il ne gelait pas, mais un fort vent soufflait et il faisait très froid. Enfin, les autres arrivèrent et aussi les bagages. Nous nous approchâmes du pont. C'était vers onze heures, et à partir de ce moment-là commença notre infortune.

Un petit groupe de gens se pressait déjà près du pont ; à notre approche, ils nous dirent qu'on ne laissait passer personne par le pont. Nous posâmes nos bagages à terre et attendîmes ; Boba partit étudier la situation. Nous attendîmes assez longtemps puis nous prîmes nos bagages et allâmes sur le pont. La foule nous suivit : des juifs gelés, quelques lycéens et lycéennes. Quelques soldats de la Zagin se précipitèrent derrière nous en criant. Puis ils acceptèrent de nous laisser passer, mais voulurent garder nos affaires. Une corbeille que nos valets Grigori et Danilo portaient leur déplut particulièrement. Ils voulurent la fouiller, mais, après avoir reçu de Papa un « salaire » – dix roubles, ensuite le montant augmenta de jour en jour –, ils nous laissèrent en paix.

Au milieu du pont se trouve une glissière, la frontière entre l'Ukraine et la Roumanie. Là, nous tombâmes sur des soldats roumains. Ce sont d'autres gens : ils ne comprennent aucune langue, à part la leur ; ils sont d'une brutalité que je n'ai encore jamais vue et surpassent là même nos démocrates révolutionnaires.

Cela se passa mal pour nous sur le pont : nous attendîmes

plus de trois heures avant qu'ils nous laissent passer ! Une fois on nous dit que c'était possible, puis on nous repoussa ! Finalement, nous fûmes si gelés et épuisés par cette attente que nous voulûmes rentrer chez nous. Ceci se passa après deux heures d'attente. Ce n'est qu'alors que Papa nous dit qu'il y avait dans la proclamation bolchevique un point dont nous ne savions encore rien ! On y dit que tous les propriétaires seront arrêtés et que leurs familles n'auront pas le droit de quitter la ville. Naturellement, Papa aurait été le premier arrêté. Il s'avéra que quelques minutes avant notre fuite deux juifs étaient venus trouver Papa, lui avaient montré la proclamation et l'avaient supplié de se cacher rapidement❖. Après avoir entendu ce passage, il n'était plus possible de songer à un retour. Nous restâmes sur le pont et attendîmes encore. Il faisait terriblement froid. Sans arrêt, on transportait devant nous des prisonniers de guerre mourants sur des civières. Le temps était gris, les nuages bas. Comme je me tenais assise là, sur ma valise sur ce pont, transpercée par un vent glacial, je ressentis clairement pour la première fois que je n'avais pas de maison où me cacher, pas de toit sur ma tête. Ce fut une pensée accablante. Tatiana, Olga, André et même Maman faisaient les cent pas sur le

❖ Je me souviens que j'entendis le son des voix directement sous ma fenêtre. C'est là que se trouvait la porte d'entrée. Je vis que Papa était debout sur les marches de l'entrée et qu'en bas, au pied du petit escalier, se trouvait le vieux juif Yankel que nous avions vu souvent à Bronitsa, un vénérable vieillard avec une grande barbe complètement blanche, vêtu d'une houppelande noire avec une calotte sur la tête. Il ressemblait à un patriarche ou à un prophète de l'Ancien Testament. Ils étaient très nerveux tous les deux. Je regrette de n'avoir compris que peu de chose de cette conversation ; cela sonnait à peu près ainsi :

« Votre Altesse, je vous en supplie, ne perdez pas une minute ! Vous et votre famille êtes en danger de mort ! Croyez-moi, à l'instant ! On vous recherche ! » Je ne me souviens pas de la réponse de Papa, il parla à voix basse, peut-être pour ne pas nous effrayer. Je me retirai de la fenêtre en silence ; j'eus l'impression d'avoir surpris un secret. Cela me fut désagréable et j'en eus honte. (Complément de l'auteur, 1982.)

pont pour essayer de se réchauffer, moi seule ne pouvais me résoudre à m'éloigner de ma place. Mon âme était lourde, le froid m'engourdissait. Le temps s'écoulait terriblement lentement. Finalement je devins tellement apathique que tout m'indifférait. À nos pieds, très bas, entre les piliers du pont, le Dniestr roulait, froid, puissant, vert. L'eau avait un certain effet apaisant sur les nerfs ❖.

Enfin, un mouvement se fit sur le pont. Un petit soldat roumain, qui parlait allemand et qui, dans l'attente d'un pot-de-vin, était avec nous un peu plus aimable, vint vers nous pour un instant et nous dit que le commandant du pont était arrivé. Tout le monde reprit un peu espoir. Le commandant, un homme très peu intelligent avec un uniforme d'un bleu clair grotesque, avait une dame à son bras. Il l'amena jusqu'à la glissière qui faisait office de frontière, lui baisa galamment la main et se tourna vers nous. Maman s'adressa à lui en français et lui expliqua notre situation : nous devons traverser le pont, nous attendons depuis trois heures, nous sommes complètement glacés et ainsi de suite. Il commença à faire des simagrées et dit que la frontière était fermée, qu'il était impossible de la franchir; finalement, il s'écria avec un geste tragique en levant les bras au ciel : «*Eh bien, pour vous, madame, je ferme les yeux*!*»

À ce moment-là, Tatiana commença à parler italien avec l'un des soldats roumains – la langue roumaine a un son très voisin. Le commandant fit un bond et un flot d'italien jaillit de sa bouche : il raconta qu'il avait étudié en Italie,

❖ Alors que j'étais assise sur ma valise au-dessus du Dniestr froid, au courant rapide, ce fleuve qui avait assisté à tant de jours heureux, ensoleillés et chauds de notre enfance et de notre jeunesse, je pensai : mon Dniestr peut accueillir en son sein, pour toujours, toute ma peine, chaque situation sans issue, toute l'obscurité sans espoir du futur. Et après, la pensée : et Maman? Et les autres? Qu'est-ce que cela signifierait pour eux? – Si j'y repense maintenant, je sais que cette pensée de la mort salvatrice de la vie, que l'on rencontre si souvent dans mon Journal, m'est alors venue pour la dernière fois sur ce pont. (Complément de l'auteur, 1982.)

combien il aimait l'Italie, et nous questionna sur ce pays. La glace était rompue. Accompagnés par son bavardage, nous traversâmes le pont, libérâmes les domestiques et respirâmes profondément. Comme nous nous installions dans un fiacre, Lissner, Krassowski et le directeur de la fabrique de Benditchany traversaient également le pont : « Bonsoir, mon Prince, nous voici donc à l'étranger », s'écria Krassowski. Immédiatement nous nous sentîmes mieux. En riant, nous nous saluâmes. Maintenant, avec la compagnie d'autrui, toute cette aventure nous apparut plutôt comme un événement divertissant qui allait durer au maximum deux à trois jours.

Krassowski raconta qu'il avait été informé de l'existence d'une liste d'après laquelle Papa, lui-même et Lissner auraient dû être arrêtés aujourd'hui. Nous rîmes du plan avorté des camarades et partîmes à la recherche d'un appartement. Nous allâmes directement chez le prêtre du lieu, lui exposâmes notre situation et lui demandâmes l'hospitalité pour un jour. Là, on nous accueillit de façon inattendue : on nous permit de nous réchauffer, on nous pria de rester et en outre on nous donna un repas copieux et une chambre pour passer la nuit. Nous fûmes très touchés par la bonté du prêtre et de sa femme. Nous passâmes chez eux le reste de la journée ; entre-temps, Papa et Boba trouvèrent chez le notaire un appartement, le meilleur d'Ataki. Krassowski loua lui aussi trois pièces minuscules, Lissner disparut.

Le soir, nous eûmes du mal à parvenir jusqu'à la maison du notaire. Ataki n'est pas éclairée du tout, les rues ne sont pas pavées. Dans une profonde obscurité et à travers une saleté indescriptible, nous atteignîmes notre but. Là aussi on nous accueillit avec la plus grande amabilité ; la maîtresse de maison nous céda même sa chambre à coucher parce que la chambre à nous destinée n'était pas chauffée. Nous nous installâmes sur les lits incommodes, Olga dut se coucher par terre sur un matelas. La nouvelle aventure révolutionnaire cessa d'être amusante ; maintenant, chacun n'avait plus qu'une pensée : rentrer le plus rapidement possible à Moguilev.

Papa et André s'installèrent chez le prêtre, Boba dans une des pièces de Krassowski. Ce fut le premier jour de notre fuite.

Ataki, le 20 novembre (3 décembre) 1918

Cela fait aujourd'hui exactement deux semaines que nous sommes à Ataki. Nous ne nous serions pas imaginé que notre séjour ici, cette comédie qui finit si tragiquement, allait durer aussi longtemps. En fait, elle n'est pas encore terminée, mais après le 17 tout le monde a perdu espoir. *Rira bien qui rira le dernier**, mais on dirait que maintenant il n'y a même plus assez d'énergie pour rire. Je veux m'efforcer de décrire précisément et dans l'ordre ce qui s'est passé. Les événements ne manquent pas d'importance ; nous ne savons pas s'il s'agit là seulement de troubles locaux ou si c'est maintenant la même chose dans toute la Petite Russie. Nous sommes coupés du monde depuis déjà longtemps et ne savons que ce qui se passe à portée de notre district, et cela même pas précisément. Il est arrivé la chose suivante :

Le deuxième jour après notre traversée du pont, des groupes de bourjoui en fuite commencèrent à apparaître à Ataki ; comme nous, ils figuraient sur la fameuse liste et avaient préféré se mettre en sécurité « à l'étranger ». Nous étions bien informés de ce qui se passait à Moguilev : presque chaque *pan* avait son juif privé qui traversait le pont et apportait des lettres ou des colis de Moguilev. Ainsi, nous connaissions toutes les démarches du nouveau « gouvernement », d'un commissaire, de « l'Assemblée populaire » et ainsi de suite. Elles provoquaient quelque hilarité dans notre cercle. Avec les rapports sur la façon dont chacun avait franchi le pont, des rumeurs circulaient, des «proclamations» et autres inepties passaient de main en main. La veille de notre fuite, un long appel au contenu purement bolchevique fut lancé. Un point concernait «l'arrestation immédiate des propriétaires et leur détention jusqu'à un procès. Il faut empêcher leurs familles de quitter la ville». Ce jour-là, tous les propriétaires se sont cachés. Le jour suivant, une proclamation sortit : «Si on ne peut trouver les propriétaires, il faut prendre des otages dans leurs familles.» Puis vint l'ordre : «Plus personne ne peut passer le pont.» Malgré cela, de nouveaux réfugiés arrivaient à Ataki tous les jours. Pour traverser le pont, ils avaient à vaincre les obstacles les plus variés ; de jour en jour les sommes à payer étaient plus grandes, mais ils passaient. Aussi bien les Ukrainiens que les Roumains faisaient de bonnes affaires.

Pendant ce temps, les Agrariens ne dormaient pas. Ils se rencontraient chaque jour et débattaient de la situation. Il était clair pour tout le monde que la clique actuellement au pouvoir à Moguilev ne pourrait tenir longtemps. Tous observaient avec intérêt le comportement des paysans ; lorsqu'ils réagissaient aux proclamations, se réunissaient en bandes et soutenaient les bolcheviks à Moguilev, la situation était mauvaise. Si ce n'était pas le cas, la «révolte» devait se liquider d'elle-même. On attendit pendant trois jours les suites de la proclamation, puis on décida d'agir soi-même et de mettre fin à cette aventure, c'est-à-dire d'organiser une deuxième révolte.

À Moguilev, nous disposions d'un pouvoir réel, en l'occurrence le groupe de cent hommes constitué par les Agrariens, qui n'avait pas déposé les armes au moment où les bolcheviks l'avaient exigé. S'il n'y avait eu l'attitude honteuse de notre maire qui avait préféré prendre la fuite plutôt que de rester à son poste et de maintenir l'ordre avec le soutien de cette centaine d'hommes, toute cette aventure ne se serait peut-être jamais concrétisée. Mais il s'enfuit à Maki et donna depuis là l'ordre au groupe de cent hommes de déposer leurs armes, ce qu'ils ne firent pas, sous le prétexte qu'étant en fuite il n'était plus maire et n'avait donc pas d'ordres à donner. Pour la révolte, on trouva également un chef, un colonel Poustchine qui, auparavant, enrôlait des officiers pour l'armée des volontaires. Le plan était qu'il retourne à Moguilev, s'y proclame commandant en chef et prenne le pouvoir.

Évidemment, nous savions tout cela. Tous les Agrariens étaient très excités; car beaucoup dépendrait du succès de cette action. De temps en temps, il paraissait que cela ne pouvait pas réussir, puis les espoirs renaissaient. Tout le monde s'efforçait de se donner du courage par des rumeurs sur l'arrivée prochaine des Alliés. Nous étions tous persuadés qu'ils viendraient et nous sauveraient, Moguilev et nous. Finalement, les Autrichiens nous avaient sauvés en février. Pourquoi n'y aurait-il pas un second miracle?

Le soulèvement eut lieu la nuit du 10 novembre. Cette nuit-là, Poustchine traversa le pont et se rendit à l'état-major du groupe des cent officiers volontaires, où ne se trouvaient alors que quatre personnes. Lorsqu'il leur montra une lettre du maire concernant le transfert du pouvoir au colonel Poustchine, il fut immédiatement reconnu comme leur supérieur. Sa première démarche fut d'arrêter tous les meneurs. Trois officiers arrêtèrent Kirienko, puis le docteur Kazin, le commissaire Junkevitch, Silkov et encore quelques autres. Immédiatement, tout le groupe de cent hommes se rallia à Poustchine. Ils désarmèrent la Zagin endormie. Poustchine informa le commandant du régiment Voznessenski, le colonel Lioubimov et le commandant de l'ancien régiment d'Odessa, maintenant régiment de Moguilev qui s'était tenu activement du côté des bolcheviks, mais qui était maintenant passé tout aussi naturellement aux «volontaires». Le soulèvement se passa sans effusion de sang.

Il s'accomplit au nom du général Denikine. Le colonel

Poustchine proclama un ordre du jour selon lequel Denikine était le commandant en chef de toutes les formations russes, y compris celles d'Ukraine. Il se déclara représentant de l'armée des volontaires et prit en main le commandement de la garnison de Moguilev. Jusqu'à présent, personne à part les initiés ne sait qui a vraiment réalisé le soulèvement ! Tout le monde croit qu'un détachement de volontaires a fait son apparition et pris le pouvoir. Certains disent cependant que cela n'a pas pu se passer sans les Agrariens. S'ils savaient que tout ceci a été pensé ici à Ataki et que l'initiateur principal en est Vassili Vladimirovitch Krassowski, unanimement connu ici, ils seraient probablement déçus.

Maintenant, je ne sais pas moi-même si ce soulèvement a été positif ou négatif. L'avenir le dira. On sait seulement que la nuit du 10 au 11 novembre, le colonel Lioubimov aurait dû être assassiné et d'autres après lui. Lorsque le docteur Kazin – un médecin sanitaire provocateur et juif, un bolchevik connu pour sa cruauté – fut arrêté, on trouva chez lui une liste de soixante noms de personnes condamnées à mort. Elle portait le titre de « Liste numéro 1 ». Est-ce qu'un numéro 2 et un numéro 3 auraient suivi ? Sur cette liste figuraient des noms d'Agrariens et d'officiers. Si Poustchine n'avait pas arrêté toute cette bande de terroristes cette nuit-là, on n'aurait pas commis qu'un seul crime. Depuis lors il y a eu quelques victimes, mais probablement que cela n'aurait pas pu se passer différemment.

Ataki, le 21 novembre (4 décembre) 1918

J'interromps ma narration un instant pour décrire la journée d'aujourd'hui à Ataki :

Maman est tombée malade, si gravement que nous en sommes fous d'inquiétude. C'est, paraît-il, la grippe espagnole, mais dans une forme mystérieuse et dangereuse. Elle a très mal à la gorge qui est fort enflée; depuis ce matin, elle a 39,8 °C de température. Nous essayons de trouver un docteur et d'envoyer quelqu'un à la pharmacie. Tout ceci est très difficile. Depuis plus d'une semaine il ne gèle plus, il pleut et la boue est si profonde qu'on a du mal à se frayer un passage même avec des bottes hautes. Le médecin vit à quatre verstes d'ici et il est impossible d'obtenir un cheval pour aller le chercher.

Dès le matin, Tatiana est allée chez Papa qui habite assez loin de chez nous. À son retour, elle nous a apporté diverses nouvelles et rumeurs. En route elle a rencontré Mme Malinowska qui lui a raconté que sa sœur, Mme Wassilewska, avait traversé cette nuit toute seule le Dniestr en bateau. Hier, c'était assez calme à Moguilev; on n'a pillé qu'environ vingt magasins dans les rues de Kiev et de Vladimir. Cette nuit, les attaques et pillages de maisons privées ont commencé. Tatiana a rencontré Krassowski qui a également été rejoint par quelqu'un aujourd'hui. Il semble que sa maison et la nôtre n'aient pas encore été attaquées, mais celle de Jaruszinski oui. Dans toute la ville, on recherche les derniers « ennemis de la révolution ». Cela doit être grave pour que Sossia Wassilewska, célèbre dans toute la ville pour son manque de courage, ait risqué de s'enfuir en bateau à travers le Dniestr. Les Roumains ne le permettent pas; on tire sur des bateaux de ce genre. Je ne sais pas ce qu'il est advenu de la pauvre Mme Jaruszinska; son mari est ici, le petit Antocha s'est caché quelque part, elle a disparu. Que se passe-t-il avec ma pauvre Nouditchka? J'ai très mauvaise conscience à la pensée qu'elle est restée pour défendre notre bien. Si la ville est pillée, il est impossible que notre maison soit épargnée. Ce n'est pas une question de jours, mais d'heures.

Lissner a ajouté encore quelque chose à toutes ces mauvaises nouvelles : il affirme que les pillards de Moguilev – le docteur Kazin? – exigent des Roumains l'extradition de tous les réfugiés. Personne n'y croit vraiment, comme avec toutes les rumeurs issues de Lissner. Mais peut-être est-ce vrai, car peut-on se fier aux Roumains ? C'est un peuple qui fait tout contre paiement : il suffit de le menacer.

Nous discutions à voix basse pour que Maman ne nous entende pas et aboutîmes à la conclusion que si tout était vrai, nos hommes devaient disparaître. Les Roumains ne nous laissent pas dépasser Oknitsa. Au fond, c'est la même chose qu'Ataki. S'il n'y a pas d'hommes ici, les Roumains n'arriveront peut-être pas à trouver la force de livrer des femmes et des enfants. Il est compréhensible que ces nouvelles n'aient pas amélioré notre humeur.

Si notre maison a été pillée – ce qui s'est certainement déjà passé – nous n'aurons plus que ce que nous avons avec nous ici à Ataki. Nous nous retrouverons avec la robe que nous portons, pratiquement sans linge, avec un oreiller et une couverture par personne. Nous avions rassemblé tout ce qu'il nous restait de biens dans la maison de la rue Sadovaïa. Maintenant, nous sommes des mendiants, et ne pouvons aller nulle part.

À peu près une demi-heure après la première rumeur, le colonel Jürgens arriva d'Oknitsa ; là, un détachement est en voie de formation avec les officiers qui ont pu se sauver de Moguilev. Ils avaient l'intention de se rendre à Beltsy, d'y attendre les Français et de conquérir Moguilev avec eux. Mais ils furent désarmés par les Roumains, on leur prit leurs revolvers, leurs jumelles et ainsi de suite pour les revendre immédiatement à Ataki. – Ce sont des officiers roumains qui se sont abaissés à cette action ! – On ne les a laissés aller que jusqu'à Oknitsa et les y a pratiquement internés. Aujourd'hui, on dit qu'on va les renvoyer à Ataki. Mais quand même pas pour les livrer au docteur Kazin ?

Mais cette rumeur fut démentie après une heure. Le colonel Jürgens raconta qu'un homme de confiance avait été envoyé à Kiev et à Odessa pour se renseigner sur la situation. – Nous ne savons rien de précis, car le télégraphe ne fonctionne pas. – Cet homme a appris qu'un corps d'Alliés avait débarqué à Odessa et également à Sébastopol. Kiev n'est pas, comme on l'affirme ici, aux mains des bolcheviks, mais tient bon grâce à l'armée des volontaires. En gros, la situation n'est pas aussi désespérée qu'on ne le croit ici. La formation des officiers reste à Oknitsa pour l'instant et attend les Français. Le moral s'est à nouveau amélioré.

Je poursuis ma narration commencée : lorsque nous nous réveillâmes le 11 novembre et nous assîmes pour prendre notre petit déjeuner, le commandant de la *Bahnwache* arriva en courant et nous raconta ce que j'ai déjà décrit, à savoir le colonel Poustchine et ses actes héroïques. Ce matin-là, tous les Agrariens étaient ravis. Nous allâmes immédiatement chez les Krassowski où se tenait déjà Rafalski, tout gonflé d'orgueil. Notre maire est un homme gentil et sympathique, mais *il n'a pas inventé la poudre**; il ne peut pas faire un pas sans Krassowski. Maintenant aussi il s'attribua tous les mérites et raconta à tout le monde l'importance du soulèvement politique qu'il avait mené à bien. Personne ne l'écoutait vraiment, nous étions tous trop contents et heureux. Krassowski apporta une bouteille de liqueur et du cognac, et tout le monde but à la « Russie une et indivisible ». Ce fut un beau moment.

Ce jour-là, on parla beaucoup de la proximité des Français et de notre prochain retour. Nous décidâmes d'attendre encore un jour, lundi le 12 novembre, et de rentrer le mardi à Moguilev. Bien qu'on cherchât à nous en dissuader, nous en restâmes là et écrivîmes même une lettre à Nouditchka dans laquelle nous commandions les chevaux pour mardi deux heures. Auparavant on avait parlé qu'il fallait absolument envoyer quelqu'un à Yassy auprès des Alliés pour les prier d'envoyer de l'aide, mais maintenant, dans un moment de joie, on repoussa cette pensée à plus tard. Ainsi se passa cette journée.

À partir de là, des informations différentes de jour en jour nous parvinrent de Moguilev. Une fois on dit que l'unité augmentait sans cesse, et qu'il y avait assez de forces, puis on entendait dire que de plus en plus de bandes se rassemblaient autour de Moguilev et qu'il fallait se presser pour demander de l'aide.

Deux jours après le soulèvement, Krassowski traversa le pont et rencontra Poustchine. Alors, il avait déjà été décidé qu'une délégation se rendrait à Yassy. Poustchine reprocha ce retard à Krassowski ; il dit qu'ils étaient trop peu nombreux, que les bandes étaient de plus en plus grandes et qu'en cas d'attaque il ne pouvait garantir aucun résultat. Il pria Krassowski de se dépêcher avec ce voyage à Yassy. Ils partirent le jour même : Rafalski, Krassowski, le général Iltchaninoff et Boba. C'était le 13. Dans la soirée, nous apprîmes la mort du lieutenant Spivatchevsky. C'était le meilleur officier de l'unité, pratiquement son âme. Cette nouvelle fit grosse impression ici. Il parut à tous que toute l'affaire n'avait pas été traitée assez sérieusement, si des gens devaient laisser leur vie à cause d'elle.

Entre-temps, de nouveaux réfugiés continuaient sans cesse d'arriver ici, surtout des femmes d'officiers. Leurs maris leur disaient de partir pour pouvoir mieux se battre en cas de coup dur.

Le 14 novembre fut calme, bien qu'on sût que des bandes de plus en plus grandes se rassemblaient autour de Moguilev, et que la ville était encerclée. Ce jour-là, certains de nos Agrariens traversèrent, parmi eux Dembicki et Lissner.

Le 15 aussi tout fut calme durant la journée. Le soir vers cinq heures, la femme du colonel Lioubimov se rendit auprès de Papa : le colonel le priait d'aller trouver le commandant roumain et de lui demander cent hommes ; on n'aurait pas besoin d'eux pour se battre ; ils devaient seulement patrouiller dans les rues avec des mitraillettes, ce qui ferait impression sur les habitants de Moguilev favorables aux bolcheviks. Le colonel fit dire que leur moral était bon; ils n'avaient pas besoin de renforts. Avec Mme Lioubimov venait une vague de courage. Tout le monde renaissait à la vie et se réjouissait. Elle nous apporta aussi la fausse rumeur de l'approche des Alliés qui avait été colportée si souvent et à laquelle tout le monde croyait toujours. Cette rumeur nous aida à garder espoir en une prochaine issue favorable de cette affaire.

Je m'interromps à nouveau pour remarquer que les événements du jour ne sont pas encore terminés. À trois heures, le fils du prêtre local vint de Moguilev – il habite notre maison de la rue Sadovaïa. C'est le premier signe de vie de Nouditchka depuis le 16 novembre. Ce garçon sait comment négocier avec les gardes du pont et pouvait jusqu'à présent circuler d'un côté à l'autre. Il apporte de mauvaises nouvelles; la seule chose positive, c'est que Nouditchka va bien.

Le pillage de notre maison a débuté. Ils commencèrent par emmener les chevaux, puis ils prirent les réserves de nourriture, les tonneaux d'huile de tournesol et atteignirent les armoires à vêtements. Nouditchka et le prêtre ont vaillamment défendu ce qu'ils pouvaient, mais ils n'ont finalement rien obtenu. Lorsque les pillages commencent on ne peut plus les arrêter. C'est encore une chance que la maison puisse être habitée jusqu'à maintenant. Quand on se met à penser à divers objets favoris, à nos animaux, à notre vie heureuse à la maison... La maison! Nous n'avons plus d'endroit qu'on pourrait appeler notre maison!...

À part nous, les Jaruszinski, les Bogudski et les Walewski ont été également dépouillés aujourd'hui. Bogudski a été arrêté, puis relâché et arrêté à nouveau. Maintenant il est en prison. Jaruszinski et Walewski sont ici.

Ataki, le 22 novembre (5 décembre) 1918

La grippe espagnole de Maman n'a toujours pas faibli. La fièvre est très élevée, les amygdales très gonflées. Hier soir le médecin est venu et a dit que nous l'attraperions aussi. Tatiana et Papa n'ont pas encore eu cette grippe, moi déjà deux fois. Tous les réfugiés en souffrent.

Aujourd'hui, nous avons appris quelques détails sur les pillages dans notre maison. Cela ne paraît pas être aussi grave que Boba l'avait décrit… Les bandes viennent nous chercher ; ils disent que le prince et sa famille sont déjà rentrés. Ils nous ont cherchés partout, même au grenier ; je ne sais pas ce qu'ils auraient fait s'ils nous avaient trouvés.

Bronitsa adopte un comportement extraordinairement calme. Ils ont convoqué une assemblée et décidé que tout devait rester en place. Aucun hangar, ni la clôture, ni le parc, n'a été touché. Nous avions déjà fait une croix sur la récolte de cette année ; c'est en tout cas une heureuse surprise. Nous pouvons être sûrs que c'est vrai ; un paysan est venu voir Nouditchka et le lui a raconté. Les paysans, avec le temps, sont devenus plus intelligents, ils voient qu'on ne peut piller sans être puni. Cette désillusion est une manifestation très réjouissante. C'est en elle que se trouve le futur de la réaction ; sur elle, on pourra construire une vie de l'État, nouvelle et plus raisonnable. Les paysans, avec le temps, deviendront des « contre-révolutionnaires » plus redoutables que les officiers ou les propriétaires.

Maintenant, je continue à raconter ce qui s'est passé ici ces derniers jours :

Le soir du 15 novembre, sur demande du colonel Lioubimov, Papa se rendit auprès du commandant roumain Stefanescu pour le prier d'envoyer une unité de cent hommes à Moguilev. Le major Stefanescu fut très aimable, parla abondamment et promit que l'unité traverserait le fleuve cette nuit encore. Dans une certitude absolue que tout était en ordre, nous nous séparâmes pour regagner nos appartements.

Vers neuf heures, nous entendîmes soudain un feu d'artillerie proche. Olga, Tatiana et moi revêtîmes nos manteaux et sortîmes pour nous enquérir de l'origine du bruit. Mme Lioubimov nous dit que la sotnia voulait conquérir Sulateckaïa et que des bandes très puissantes s'étaient rassemblées près de Serebria, le domaine des Krassowski. Nous n'avions aucune expérience en ce qui concerne les tirs d'artillerie et crûmes que les nôtres tiraient sur Serebria ou Sulateckaïa. Nous restâmes assez longtemps dans la cour à écouter, impressionnées par la belle sonorité puissante de ce que nous croyions être des tirs de notre côté. En réalité, c'était l'impact. C'était une batterie ennemie qui tirait sur Moguilev. Depuis la ville des mitrailleuses répondirent puis elles se turent. Nous écoutâmes cette musique dans le calme ; nous ne savions pas que ce n'était pas nous qui tirions et nous nous réjouissions que la bataille ait enfin commencé et que cela aille mal pour les camarades.

André aussi sortit lorsqu'il entendit tirer. Il habite plus haut que nous ; de là-bas, on voit Moguilev. En ville, aucun éclairage électrique ne fonctionnait et dans l'obscurité on pouvait très bien voir les coups de feu des canons des bandits. Pendant une demi-heure environ nos batteries se turent, puis elles aussi tirèrent quelques coups. Dans l'obscurité, un échange de coups de feu précis n'était pas possible. Vers dix heures, le silence se fit. À ce moment-là, Tatiana, Olga et moi allâmes à la maison et nous couchâmes tranquillement comme si de rien n'était. Le feu commença le 16 novembre à six heures trente. Nous écoutâmes longtemps ce bruit, discutâmes sur la bataille – sur le fait que les nôtres tiraient sur les bolcheviks – ou sur des choses sans aucun rapport avec cela. Vers neuf heures, alors que nous n'étions pas même encore habillées, Mme Krassowski entra d'un bond. Elle était terriblement énervée et nous raconta que d'énormes bandes de bolcheviks pillaient les entrepôts de Serebria, qu'il était impossible, en raison de leur bonne artillerie, de les en chasser et que les Roumains refusaient de traverser le pont. Nous fûmes assez secouées par ces événements – hier encore tout paraissait si bien.

Nous nous dépêchâmes et sortîmes; je me mis en retard de quelques minutes parce que je fis le lit de Maman et l'aidai à se laver. Je sortis seule sur le pas de la porte et fus ébahie par la force incroyable des coups de feu à l'air libre. Hier, ils avaient été moins forts et moins nombreux; maintenant, à une distance d'une demi-verste, avait lieu une vive bataille. Des tirs d'artillerie des deux côtés, des coups de mitraillettes et de fusils, tout se rejoignait en une symphonie combattante pleine d'effets, mais minante pour les nerfs. Sur l'escalier extérieur une balle me frôla. Tatiana et Olga se tenaient derrière la maison entre deux murs de pierre et Mmes Krassowski et Lioubimov étaient près d'elles. On y était à l'abri des balles perdues.

Nous restâmes debout un certain temps et écoutâmes. Maintenant, le son de nos tirs s'entendait plus clairement, puis la sonorité éloignée et douce de l'explosion. Les tirs de l'ennemi étaient moins bruyants avec une force qui s'enflait jusqu'au bruit terrifiant de l'explosion. Des mitraillettes aboyaient de plus en plus; des balles de fusils, quelquefois isolées, quelquefois en salves entières, bruissaient dans l'air. À pas rapides, André traversa la place. Là les balles perdues sifflaient. Papa voulait attendre, mais lorsqu'il vit que la bataille ne cessait pas, il se fraya un passage vers nous.

Vers dix heures, les pièces d'artillerie roumaines commencèrent aussi à se manifester. Depuis la montagne derrière nous, ils tiraient sur Moguilev des grenades et des shrapnels, et les coups partaient plutôt vers Nemia. Ici, cela faisait une impression encore plus grande que le feu précédent. L'air était plein d'un bruit assourdissant; après chaque tir suivait un tel coup qu'on aurait dit que le ciel se séparait en deux.

Maintenant plus personne ne croyait à une heureuse issue de la bataille. On aurait dit que notre petite unité de deux cents hommes ne pouvait pas survivre à ces combats.

Olga et moi étions seules sur l'escalier lorsque le premier blessé fut apporté. À ce moment-là, le feu avait atteint son zénith; nous étions plongées dans le spectacle beau et effrayant des shrapnels explosant sur la ville lorsque nous entendîmes des voix. Mme Iltchaninoff arrivait avec un groupe d'officiers qui portaient une civière. Je ne me souviens plus que vaguement de cet épisode. Tatiana dit que j'arrivai dans la pièce et dis qu'un blessé venait d'être amené, *but it is better not to look*. Je crois que je voulais dire que Maman ne devait pas le regarder. – Maintenant, je pense avec honte que je me suis quand même agitée alors. Probablement que mes nerfs étaient très tendus en raison du combat que nous n'avions pas vu, mais du moins entendu. Ce blessé pâle, maculé de sang, un véritable participant à cette bataille vécue par nous en pensée, terminait le tableau et nous priva pour un instant de notre sang-froid habituel.

Une certaine confusion se fit jour, les gens couraient dans tous les sens. Des enfants entrèrent, ils furent chassés; on prépara un lit. Je m'approchai du colonel Jürgens, qui était l'un des porteurs du blessé, et demandai :

«Arrivez-vous directement de Moguilev?» et je voulais ajouter : «Quelle est la situation?» Il eut juste le temps de dire : «Oui» et porta la civière plus loin. Puis il se tourna vers moi et dit : «Vous aussi vous êtes de Moguilev? Est-ce vous qui vous promeniez toujours avec le gros chien?»

Je voulais savoir où en était la bataille. On pouvait retirer des conversations des officiers que tout était perdu. C'était tout ce que je voulais savoir; je ne voulais pas les questionner.

Le deuxième blessé fut amené presque en même temps. Comme il n'y avait pas de deuxième lit, j'appelai André et le fils aîné de la logeuse et ils sortirent le mien. Il fut posé dans la pièce où se trouvait déjà le premier. Pour la première fois, je voyais des blessés provenant directement du feu. Jusqu'à présent nous n'avions vu que ceux qui étaient amenés à l'arrière. Ils étaient tous les deux très excités et paraissaient ne pas comprendre tout à fait ce qui se passait. Ils étaient inhabituellement peu blessés ; ils pouvaient remercier Dieu de l'avoir si heureusement échappé belle. La logeuse nous donna du linge ; Tatiana et moi les déshabillâmes, les installâmes sur les lits et leur donnâmes à chacun un verre de cognac. Un médecin arriva, qui aurait tout aussi bien pu ne pas venir, car nous aurions mieux fait les pansements que lui. Les blessés voulaient parler ; ils étaient si survoltés qu'ils ne pouvaient rester calmes dans leur lit ; ils bougeaient d'un côté à l'autre et parlaient. Tatiana et moi chassâmes les enfants de la pièce et essayâmes de les calmer. Puis nous les laissâmes seuls.

Entre-temps la canonnade continuait. Notre maisonnette tremblait de haut en bas. Mais maintenant nous ne prêtions plus qu'une attention réduite à ces bruits ; désormais, nous savions l'aspect que pouvait avoir un champ de bataille. Panser les blessés se passa aussi calmement que dans un hôpital de l'arrière. Pas même une minute nous ne pensâmes qu'une grenade pouvait tomber ici – ce qui aurait pu être tout à fait possible, car ce même jour un juif fut blessé sur cette place et un shrapnel explosa dans la maison à côté de celle où habitaient Papa et André, heureusement dans une pièce vide.

Vers une heure, Olga et moi sortîmes de nouveau devant la maison. Nous n'y étions pas encore depuis dix minutes qu'une autre procession apparut : un groupe d'officiers avec une civière et devant eux encore Mme Iltchaninoff. Cette fois, ce ne fut pas aussi facile que pour les deux premiers blessés. Les visages des officiers étaient sérieux : le blessé était mourant.

« Donnez-lui de l'oxygène et une injection de camphre. Il n'a plus deux heures à vivre ! » nous dit Mme Iltchaninoff. Elle raconta qu'elle l'avait trouvé dans un bouge juif. Il s'avéra que des passants l'avaient déshabillé et avaient caché ses affaires dans l'espoir qu'il n'en aurait plus besoin.

Notre logeuse protesta et dit qu'il n'y avait plus de place, mais refuser d'accueillir un mourant aurait été trop inhumain. Toute la maison se rassembla, certains gênaient, d'autres aidaient. Finalement, le blessé fut transporté avec toutes les précautions possibles dans la pièce la plus proche et couché sur un lit de fortune. Tout le monde quitta la pièce, sauf Tatiana, moi et un officier qui avait apporté la civière. Derrière le brancard, Jaruszinski, l'air perdu, était également arrivé. J'eus à peine le temps de lui demander ce qu'il était advenu de sa femme et d'Antocha. Il dit qu'ils étaient encore à Moguilev, puis disparut à nouveau. L'officier était si fortement atteint de grippe espagnole qu'il tenait à peine sur ses jambes ; nous dûmes le renvoyer. Je l'accompagnai dehors, lui demandai le nom du blessé et le priai d'informer la famille. Puis Tatiana et moi restâmes seules.

C'était un spectacle difficile à supporter : le malade gisait immobile, seulement de temps en temps il bougeait la tête d'un mouvement saccadé. Il était si pâle que même ses lèvres étaient d'un blanc bleuâtre, chacune de ses respirations s'accompagnait d'un gémissement plaintif. Il avait une blessure à la poitrine, directement sous le cœur ; il avait perdu tant de sang que le manteau sur lequel il était couché était complètement transpercé.

Qu'aurions-nous pu faire ? On ne pouvait pas l'aider. Il ne nous restait rien d'autre à faire qu'observer sa souffrance et sentir notre impuissance. En même temps, les grenades continuaient à exploser sur Moguilev. Le bruit des impacts poussait le malade à ouvrir les yeux d'un air inquiet. Un infirmier militaire vint – le médecin avait refusé de venir ;

en joignant nos forces, nous fîmes un pansement. Puis nous restâmes seules à nouveau. Ainsi le temps s'écoulait. Nous allions manger à tour de rôle; j'avais du mal à me forcer à avaler quelques bouchées.

J'attendais chaque minute la mort du blessé. Je n'ai jamais vu personne mourir. Entre-temps Maman avait trouvé des médicaments : nous ne pouvions pas suivre le conseil avisé de Mme Iltchaninoff de lui faire une injection de camphre, mais Maman avait dans sa pharmacie de ménage du camphre homéopathique. Après cela il se sentit mieux et il prononça même quelques mots. Alors nous décidâmes de le transporter à l'hôpital local régional. L'hôpital se trouve à quatre verstes d'Ataki; personne ne voulait transporter le malade aussi loin. Alors, Papa engagea quatre soldats roumains qui se déclarèrent prêts, pour quarante roubles, à l'y transporter sur une civière. Avec d'énormes efforts nous le posâmes sur le brancard, et les Roumains l'emportèrent.

À cette heure-là – il était à peu près quatre heures – les tirs avaient presque cessé. La ville était aux mains des bolcheviks. Tous les officiers qui le purent se sauvèrent par le pont et vinrent à Ataki.

Quand tout fut fini, j'allai dans la chambre où dort Maman. Elle était vide. Je m'assis sur une chaise. Je me sentais si terriblement fatiguée que je restai assise sans bouger du tout. C'était le crépuscule. Je ne voulais même pas penser au passé, ne parlons pas du futur. André entra; il avait l'air lui aussi de rechercher la solitude. Nous restâmes assis, échangeant un mot de temps en temps. Dans nos oreilles résonnait le bruit de la journée; avec beaucoup de clarté je continuais à voir devant moi les explosions; maintenant que tout était calme, mon cœur se serrait de peur au souvenir de ce vacarme.

À partir de ce jour-là, les Roumains ont déclaré l'état de siège; après six heures, on ne peut plus sortir dans la rue. Papa, André et Boba partirent tôt, ils étaient tous épuisés et avaient sommeil. Des craintes de tout genre, des souvenirs et des peurs ont remué, le soir de ce jour mémorable, les cœurs de nombreuses personnes. Depuis Moguilev, on entendait des tirs isolés. À chacun, on avait l'impression que l'un des nôtres était fusillé.

Notre détachement s'est battu vaillamment. Cent soixante-dix hommes étaient opposés à des milliers, et ils ont pris trois fois la gare et l'ont défendue pendant plusieurs heures. Mais de l'autre côté ils étaient trop nombreux et ils ont gagné. « Notre » centurie s'est particulièrement distinguée. Ils étaient coupés des autres mais ont réussi à passer et ont été les combattants les plus courageux. De notre côté, les pertes ne sont pas élevées : seize morts, trente-deux blessés. Chez les autres, il y aurait eu presque quatre cents morts. Il paraît qu'il y aurait aussi des pertes élevées dans la population civile : rien que dans l'hôpital juif se trouvent cinquante blessés, parmi lesquels de nombreux enfants. Moguilev est restée aux mains des voleurs.

Ataki, le 24 novembre (7 décembre) 1918

Pour la première fois de ma vie, j'ai oublié que c'était aujourd'hui ma fête. Puis je m'en suis souvenue, et je l'ai dit à Tatiana et à Olga qui l'avaient également oublié. Comme si des choses de ce genre avaient maintenant la moindre importance !

Mamoulitchka est très malade, elle a le rouget. Pendant que le médecin était chez elle et donnait ses prescriptions, je restai près de la porte pour écouter ; je sentis alors soudain que j'avais mal au cœur et que j'allais tomber. Heureusement, Olga était près de moi. Les expériences révolutionnaires laissent des traces. La température de Maman est presque normale aujourd'hui, mais elle a une horrible tumeur au visage. Le médecin dit que cela va durer au moins deux semaines.

Aujourd'hui, le colonel Jürgens a reçu une information du colonel Poustchine. Dans l'armée des volontaires, on sait déjà ce qui s'est passé ici. Notre unité de Moguilev, qui se trouve maintenant à Oknitsa, doit se rendre à Galatzi, et de là avec les Français occuper la Podolie. C'est une bonne nouvelle. Peut-être ces Français cesseront-ils un jour d'être un mythe et se transformeront-ils en quelque chose de réel. Seulement, cela fait déjà longtemps que nous les attendons. C'est une chance que toutes les sensations soient maintenant si diminuées qu'on puisse prendre avec indifférence même l'attente. Dans quelques jours, Boba lui aussi ira à Galatzi pour rejoindre l'unité.

Ataki, le 26 novembre (9 décembre) 1918

Aujourd'hui, Maman va un peu mieux : elle n'a plus de fièvre et a mangé avec appétit un bouillon avec un peu de semoule. Son état général s'est amélioré, seulement la tumeur au visage est toujours aussi grande.

Des bourjoui continuent à traverser le pont. Les premiers temps après le 16 novembre, personne ne réussissait à se sauver par le Dniestr. Maintenant, une nouvelle possibilité a été découverte : une fois par jour un bateau traverse le Dniestr. Un certain risque s'attache à cela, car les Roumains ne laissent pas toujours les passagers accoster. Mais là aussi une solution a été trouvée : des groupes entiers de prisonniers de guerre traversent sur ces bateaux ; nos collègues se joignent à eux et ils portent naturellement des manteaux militaires tout aussi déchirés et ont l'air d'être des prisonniers de guerre affamés. Le premier à fuir de cette manière a été le fils de Dembicki. Maintenant Jaruszinski et Zalesski qui prennent leurs repas avec nous ; nous apprenons d'eux diverses nouvelles.

Avant le 16, toute la famille Dembicki était déjà à Ataki.

La veille de la bataille ils eurent l'idée folle de retourner à Moguilev. Évidemment, ils y sont restés coincés. Dembicki, le président de la «Société des Agrariens», figurait sur la liste des bolcheviks. Il se déguisa, rasa barbe et moustache et se cacha plusieurs jours dans une cave. Puis il arriva d'une façon ou d'une autre à traverser la nuit en bateau tout en se faisant taper dessus à coups de crosse de fusil par les Roumains. Zalesski nous a raconté cela comme quelque chose de comique, mais je ne crois pas que cela ait été amusant. Puis son fils arriva, déguisé en prisonnier de guerre; Zalesski nous raconta qu'il portait un manteau et une casquette militaires indescriptibles et qu'il transportait ses vêtements décents dans un sac.

La fille de Dembicki arriva elle aussi en bateau, mais elle dut affronter une série d'obstacles. Elle aussi vint déguisée en prisonnier de guerre, mais par malheur Krassowski la découvrit à l'accostage. C'est maintenant le lieu de promenade favori des «réfugiés». En voyant un visage connu, elle commit l'imprudence de soulever son capuchon et de lui sourire. Celui-ci s'approcha et voulut l'aider à descendre. Alors le soldat roumain remarqua que quelque chose n'allait pas; il saisit Mlle Dembicka et la tira vers lui. «Je la tire vers moi, le Roumain vers lui», nous raconta Krassowski. «Je vois que la situation n'est pas favorable et je fais déjà semblant de ne pas la connaître. Je me précipite chez le commandant pour qu'il la sauve et en route je tombe sur Dembicki et Victor. Au même instant, un juif arrive de la rive et crie que les Roumains sont en train de la frapper. Nous retournons en courant, Dembicki hurle que c'est sa fille, Victor que c'est sa femme. Les Roumains n'écoutent personne et la repoussent à coups de crosse sur le bateau. J'en ai reçu moi aussi, mais pas beaucoup.» Krassowski termine son histoire.

Ataki, le 1er (14) décembre 1918

C'est mon anniversaire. J'ai de nouveau un an de plus ; j'ai maintenant vingt-trois ans !

Je ne sais pas pourquoi je suis d'une humeur aussi massacrante depuis ce matin. « Des poux m'ont couru sur le foie. » Tout me paraît si vil et répugnant. Lorsqu'on commence à broyer du noir il est difficile de s'arrêter. On continue à ruminer ses pensées et on finit par devenir fou. Le présent est laid, le futur se dessine en couleurs sombres, seul le passé se montre comme un beau rêve. Malgré nous, nous vient à l'esprit la pensée que ce sont nos meilleures années qui s'écoulent ici dans cette situation, que nous ne réussirons jamais à sortir du cercle du malheur qui s'est refermé autour de nous et qui, en se resserrant, menace de nous étouffer tout à fait.

Et malgré tout, nous aimerions vivre quand même ! Vivre une vie pleine et heureuse comme tout le monde auparavant. Pourquoi le sort m'a-t-il désignée pour pourrir dans ce trou quand auparavant les jeunes gens tels que moi jouissaient de la vie sans penser le moins du monde que cela pouvait être différent ? Qui est responsable de notre malheur ? Dans notre classe, nos ancêtres étaient responsables devant le peuple. Est-il possible que nous devions maintenant souffrir pour leurs péchés ? Distribuer la souffrance de manière équitable pour que le monde soit en harmonie ? Si au moins j'étais persuadée que les péchés de l'humanité puissent être rachetés par les souffrances d'une autre partie de cette humanité – ce serait alors plus facile !

Il y a trois jours, Nouditchka est venue nous voir. Elle était déguisée parce qu'on la recherche, et malgré sa grande peur elle est arrivée par bateau. Elle nous a apporté de l'argent et un peu de linge, tout ce qu'elle a pu mettre sur elle. Mais le but principal de son voyage était de nous prévenir qu'on nous observait tout le temps, que notre vie n'était assurée que grâce aux Roumains et qu'ils viendraient nous chercher dès que le Dniestr serait gelé, parce que chaque camarade à Moguilev connaissait notre adresse à Ataki ainsi que celle des autres propriétaires. Ce que Nouditchka a dû ressentir, à entendre répéter cela tous les jours ! On voit sur son visage ce qu'elle a dû endurer ces derniers temps. On voit à quel point son âme a souffert. Pour moi, Nouditchka est une personne tout à fait extraordinaire. Ce serait une grande rareté qu'il existe encore quelqu'un d'autre d'aussi altruiste et prêt au sacrifice. Elle est pratiquement une sainte.

Les informations de Nouditchka nous ont plongés dans un abattement profond. Elle s'est trouvée dans une situation pire que beaucoup d'autres parce qu'elle habitait notre maison. La première nuit après la bataille, neuf bandits armés firent irruption dans la maison. Toujours la même question : « Où sont les propriétaires ? », toujours les mêmes menaces. Puis le pillage commença. Après cela, ils prirent leurs quartiers dans les communs. Ils venaient dans le corps principal de la maison pour tenir des réunions, manger et se divertir. À cette occasion, Nouditchka les entendait parler : tuer, anéantir, arrêter, voler, piller. Car tout cela est propriété seigneuriale, c'est-à-dire que cela leur appartient, les « maîtres » doivent être exterminés. « Malheur à eux s'ils reviennent à Moguilev ! Nous les retrouverons, pas seulement après un mois, mais même après une année ! Si ce fleuve finit par geler et que nous puissions traverser pour les attraper », toujours le même sujet…

Depuis la visite de Nouditchka, l'état d'esprit est très mauvais. Nous rasons tous les murs comme si nous avions reçu une douche écossaise. Après son départ, nous nous sommes tous trouvés encore plus désolés. Elle est repartie hier vers onze heures ; les Roumains ont tiré sur le bateau, mais heureusement personne n'a été blessé.

Depuis cinq jours, deux jeunes Pavlov qui ont également

fui Moguilev viennent manger chez nous. Ils sont terriblement pessimistes. À les en croire plus rien de bon ne peut arriver, tout est perdu. Cela n'a aucun sens de se défendre, d'entreprendre quelque chose, puisqu'il n'y a plus rien à sauver. Ils ne croient pas à l'aide des Alliés ; ils disent que la révolution éclatera aussi en Angleterre et en France. Ce genre de conversations trouve maintenant un terrain propice, cet état d'esprit est contagieux. Si tout autour il n'y a rien de réjouissant, qu'on ne croie plus à rien et qu'en plus on doive entendre tous les jours des discours de ce genre, on tombe soi-même dans l'état d'esprit le plus désespéré. En fait, les Pavlov sont innocents : depuis le début de la révolution, ils ont subi tous les pires coups du sort. Leur père était général et collègue de Papa dans le corps des pages ; il avait une grande propriété dans le royaume de Pologne et une plus petite dans notre arrondissement. Il était presque millionnaire. Au fil des années, ils avaient rapporté de nombreuses merveilles de leurs voyages à l'étranger dans leur maison de Podolie ; c'était un palais et un musée. Évidemment, elle fut pillée et les objets de valeur emportés à Odessa. Là ils furent détruits. Trois semaines avant notre fuite, le vieux Pavlov attrapa le typhus. À Moguilev, ils vivaient dans une maison minuscule de deux pièces, presque sans meubles, car ils n'avaient rien sauvé du domaine. Nous apprîmes qu'il était mort trois jours avant le début des combats. Cela nous a tous fortement impressionnés…

Hier, on a tenu ici une panikhida, le service des morts, pour le vieux Pavlov. Dans l'église minable et froide il n'y avait que Tatiana, Papa, Olga, André, moi et les deux frères Pavlov. Un vieux prêtre moldave et un pauvre diacre ont officié de façon pitoyable. Toute l'atmosphère était bouleversante. Malgré moi, je ne pus m'empêcher de penser qu'il y a deux ans on aurait célébré cette panikhida dans une église de Petrograd en présence d'une foule énorme d'amis et de relations. La différence est tout aussi grande qu'entre la vie luxueuse de cet homme et sa mort de mendiant à Moguilev. Au fond, c'est bien égal dans quelle église on prie pour le salut de l'âme d'un défunt. Malgré tout, cela m'a profondément touchée.

Je crois que nous n'avons plus rien à faire à Ataki. Nous faisons des projets divers concernant notre départ. Papa était hier chez le commandant Stefanescu pour le prier de nous procurer des laissez-passer. Il a été très aimable, a dit «mon Prince» dans presque chaque phrase et juré que nous serions chez nous à Moguilev dans deux semaines. Il nous donnera des laissez-passer dès que nous les voudrons.

Maintenant, nous réfléchissons si nous devons partir et si oui, où. Papa est pour Czernowitz, car on peut s'y rendre de façon plus ou moins normale; il ne faut changer qu'une fois à Novosselitsa et on y arrive en général en vingt-quatre heures. On pourrait aussi aller à Yassy ou à Bucarest, ou encore à Constantza et de là en bateau en Crimée. Mais tout cela est beaucoup plus compliqué. De Beltsy à Yassy existe un chemin de fer construit par les Roumains pendant la guerre. Il n'a pas été édifié sur un soubassement, de sorte que, quand le train roule, les wagons se balancent d'un côté à l'autre, surtout au moment du dégel. De temps en temps les rails sont complètement emportés par l'eau, ce qui fait qu'on ne peut pas voyager du tout.

Il y a encore une difficulté; nous disposons de peu d'argent. Maintenant, nous avons environ treize mille roubles, ce qui n'est pas beaucoup par les temps qui courent! L'argent est toujours à la banque et à la Caisse d'épargne. Nous n'avons pas réussi à réaliser la récolte de cette année. On a suggéré à Papa de vendre la fabrique pour six cent mille roubles, mais même cela n'a pas été effectué. Ici, nous dépensons plus de cent roubles par jour. Si les dépenses sont déjà aussi élevées à Ataki, qu'en sera-t-il à Bucarest ou à Yalta? Si l'époque était plus calme, nous pourrions obtenir un crédit bancaire, mais en ce moment on ne peut se procurer de l'argent nulle part.

Ataki, le 2 (15) décembre 1918

Boba conseille Czernowitz, mais je n'aimerais pas y aller. J'aimerais rester en Russie, ne pas aller à l'étranger. À la rigueur en Suisse, si on avait beaucoup d'argent. Mais il n'y a pas d'argent et je ne veux pas aller en Suisse non plus!

Aujourd'hui, Mme Malinowska a raconté qu'il n'y aurait pas d'Alliés du tout à Odessa; il paraîtrait que la ville a été conquise par les hommes de Petlioura[1], de même pour Kiev. Est-il possible que ces rumeurs soient vraies ou s'agit-il d'une provocation? Que pouvons-nous savoir dans ce trou d'Ataki? Tout le monde ment à la perfection. Maintenant, nous avons une source par laquelle nous apprendrons peut-être la vérité : hier les frères Pavlov sont partis pour Yassy et nous télégraphieront de là. Évidemment, il n'est pas possible d'écrire *en toutes lettres* *, mais Papa a convenu d'un code avec eux. Les Alliés par exemple s'appelleront «frères». En outre, ils doivent nous faire savoir si le trajet pour Yassy est très mauvais, si on peut s'y loger, s'il y a quelque chose à manger et ainsi de suite. Les Pavlov essaieront de se placer auprès de l'état-major français parce qu'ils parlent très bien les langues. Ils ont proposé à Boba de voyager avec eux. Ils sont incroyablement débrouillards; pendant la guerre, ils ont occupé des postes similaires au quartier général à Moguilev-Gubernski. Voilà des gens comme on en rencontre souvent dans le «monde» de Saint-Pétersbourg ou de la «garde» : ils ne font jamais rien eux-mêmes, il y a toujours quelqu'un qui s'occupe de tout pour eux. Ils ont partout des relations prêtes à leur aplanir toutes les difficultés. Ils font partie d'un type d'hommes contre lequel les démocrates

1. Chef d'un groupe «ukrainien» de paysans et de soldats déserteurs, appelés les «Verts», qui se battaient contre tous : contre les bolcheviks, contre le gouvernement ukrainien et contre les volontaires «blancs». Les conquérants de Moguilev appartenaient aussi à l'armée de Petlioura.

ont le plus raison de partir en croisade. Ils sont « d'extrême droite » comme je n'ai encore jamais vu personne l'être. Je suis monarchiste moi aussi, mais je ne pourrai jamais approuver leur point de vue. Ils sont soit des monarchistes aveugles, soit simplement entêtés.

Les camarades à Moguilev disent que toute l'Ukraine est entre leurs mains et pour cela la joie règne et des coups de canon sont tirés sans cesse. Entre-temps, ils ont fait porter à la connaissance du public qu'ils entendent rassembler une contribution de deux millions de roubles. Les premiers deux millions, plutôt un million deux cent mille roubles, ont été subtilisés par Maïevski et il s'est enfui avec eux. Maintenant, c'est le camarade Kirienko qui collecte l'argent de son voyage.

Ici, certains affirment que les Alliés sont à Slobodka. Les Roumains aussi jurent qu'ils franchiront bientôt le Dniestr. Toutes ces histoires sur les Alliés ne provoquent maintenant plus que de la colère ! Tout le monde les attend comme des défenseurs et des sauveurs, mais ils n'en finissent pas d'arriver. Je commence maintenant à comprendre les sentiments de haine que les habitants de Petrograd ont ressentis à leur égard. Des êtres humains périssent, mais ils ne veulent pas comprendre qu'ils peuvent nous sauver. Évidemment, ils ne s'intéressent pas du tout à nous. De temps en temps, je me sens devenir lentement mais sûrement de plus en plus mauvaise. La vie dans un trou tel qu'Ataki laisse des traces. Lentement nous nous enfonçons de plus en plus ; nous traversons tous les cercles dantesques, sinon de l'enfer, du moins du purgatoire. Lorsque nous sommes arrivés à Bronitsa depuis Petrograd et qu'on nous a dit que nous allions désormais vivre ici, je pensais souvent : « Tout l'hiver à Bronitsa ! » Puis nous avons déménagé à Moguilev. Je me souviens de la répugnance que cette petite ville endormie avait éveillée en moi : « Comment, nous devons vivre à Moguilev ? » Puis nous nous sommes habitués à Moguilev.

Maintenant, nous nous trouvons dans le troisième cercle. Comparée avec Ataki, Moguilev, c'est-à-dire la rue Sadovaïa n° 16, était un paradis. Qu'est-ce qui viendra après Ataki ?

Ataki, le 3 (16) décembre

Je n'ai pas encore décrit Ataki et la vie que nous y menons. C'est une petite ville juive sur la rive droite du Dniestr, face à Moguilev. Le centre d'Ataki et son quartier aristocratique, c'est la grande et minable place principale ou *majdan*. C'est ici que se trouvent les plus belles maisons ; d'un côté il y a l'église. Les places les plus animées sont le vieux et le nouveau marché. La petite ville se compose de nombreuses petites rues et ruelles affreuses et sales, avec des maisons tordues et à moitié détruites qui débordent de monde.

Pour décrire une rue pareille, il faudrait un plus grand écrivain que moi. Quand je la traverse de temps en temps et que je vois cette saleté, cette pauvreté et toutes ces choses désespérées et détruites, cela me semble un cauchemar. Vos cheveux se dressent sur votre tête à la pensée de vivre ici ! De tous les côtés rampent des vieux juifs, des vieilles femmes qui ressemblent à des sorcières et des petits enfants sales. On voit peu de jeunes gens, ils font des affaires quelque part. Et tous nous dévisagent avec une curiosité de sauvages.

Toute notre colonie de réfugiés vit sur le majdan. Nous sommes logés dans la maison du notaire, la plus belle d'Ataki. Dans cette maison, nous avons deux pièces dans lesquelles vit la partie féminine de la famille. Papa et André vivent dans la maison du prêtre, Boba a une petite chambre dans la même maison que les Krassowski. Au début de notre aventure, quand des réfugiés se rencontraient, ils demandaient : « Avez-vous un lit ? » et : « Y a-t-il d'autres habitants indésirables dans votre chambre ? » En ce qui concerne cela, notre quartier est particulièrement mauvais. Pour nous quatre, nous n'avons qu'un lit et un petit divan cassé. Dans l'une des chambres, au début, il y avait des punaises que nous avons chassées grâce à la poudre emportée par précaution. Ici, on ne sait même pas ce que c'est. J'ai vraiment peur des punaises, « plus que des chiens enragés », comme dit Maman. Il y a des gens qui ont peur des crapauds, des souris ou des araignées ; moi, j'ai peur des punaises, bien que je n'aie jamais eu affaire à elles.

À notre arrivée, nous obtînmes deux lits, un divan et un sofa. Ils étaient si terribles qu'on ne pouvait y dormir ; dans le divan, des punaises ; le sofa était cassé. Nous étions tout à fait désemparées. Finalement, Maman dormit sur un des lits, sur trois matelas, Tania sur le sofa sans matelas, moi sur le divan recouvert de poudre contre les punaises et Olga sur une montagne de choses diverses sur le plancher. Cela ne pouvait continuer ainsi. Papa se procura chez le prêtre un lit décent pour Maman, avec un sommier et deux matelas. Tatiana prolongea son sofa par une chaise et posa un matelas dessus ; le trou fut comblé avec tout ce qu'on pouvait trouver. J'essayai de dormir sur le divan, mais lorsqu'un matin je trouvai une grosse punaise devant mon oreiller, je rassemblai mes affaires et déménageai par terre. Olga et moi nous nous partageâmes les matelas et nous installâmes assez bien, mais après une nouvelle vague de réfugiés, notre logeuse nous prit les trois oreillers que j'avais posés sur le matelas. Maintenant, nous dormons ainsi : Mamoulitchka seule dans la petite chambre, dans son lit plus ou moins supportable ; la grande pièce fonctionne comme asile de nuit ; Tatiana est allongée sur son lit morcelé, moi sur le sol à côté du poêle, et Olga sur le sol, dans le coin sous le piano. La journée nous rangeons tout, le soir nous allons chercher des matelas, des couvertures, des coussins dans la petite pièce froide à côté de nous qui sert de dépôt. Chacune cherche ses affaires et s'installe pour la nuit ; quand tout est étalé, il est difficile de bouger dans la chambre.

Le matin, vers dix heures et demie, André vient nous apporter du pain blanc. Nous buvons du café, et quand la table est débarrassée nous allons au marché. Les premiers temps ce fut amusant ; c'est seulement dommage que nous ne sachions pas marchander. À Ataki, il est difficile de garder son incognito. Nous arrivons à un étal de fruits : « De bonnes pommes de votre jardin ! » dit un Moldave au visage rusé. « De quel jardin ? » demandons-nous. « Eh bien de Bronitsa ! De bonnes pommes ! » répond-il.

« N'êtes-vous pas de Bronitsa ? Vous êtes bien les maîtres de Bronitsa ? » devons-nous nous entendre dire presque chaque jour. La pauvre Nouditchka, qui pensait que nous sommes bien cachés ici, s'est trompée énormément. Nous avions à peine quitté le pont et étions assis dans le premier fiacre, que le cocher nous regarda un certain temps et dit : « Êtes-vous de Bronitsa ? » Et à notre réponse affirmative : « La situation est-elle vraiment aussi mauvaise là-bas ? »

Pendant quelques jours les habitants d'Ataki n'ont pas su qui nous étions. Comme à l'époque des rumeurs selon lesquelles les Alliés se dirigeaient vers nous circulaient, quelqu'un lança le bobard original que nous trois n'étions pas des femmes, mais des éclaireurs français : « Ils sont si grands, ont les joues rouges et des manteaux et des bottes d'un gris inhabituel. » Mais cette version ne tint pas longtemps ; bientôt tout le monde sut qui nous étions. Un exemple, Tania traverse le majdan et entend derrière elle la voix d'une femme : « Regarde, la fille du prince, mais elle porte des bottes ! » Il s'avéra que c'était une lingère de l'administration du domaine et l'autre y avait travaillé aussi. Les deux gagnaient bien leur vie et étaient satisfaites.

« Est-ce que les maîtres ont jamais volé quelqu'un ? Maintenant les paysans enrichis oppriment les pauvres gens », disent ces femmes. Toujours la même chanson ! À quelque pauvre ouvrier agricole qu'on pose la question, on obtient la même réponse : c'est là une base solide pour une contre-révolution.

Les premiers temps, quand tout le monde était encore plein d'une attente joyeuse, les membres de notre colonie se rencontraient sur le majdan et se racontaient les nouvelles. Nous restions à la maison et savions tout ce qui se passait à Ataki. Maintenant, une triste époque commence, la mélancolie règne partout, personne ne croit plus à rien ; beaucoup qui se sont fatigués d'attendre des temps meilleurs sont partis ou se contentent d'en parler. Il me semble que tout le monde a le projet de déménager à Czernowitz. Je préfère ne pas penser que je pourrais me retrouver à l'Hôtel Bristol, et non dans cette chambre sale infestée de punaises, et devoir aller prendre mes repas au restaurant *Schwarzer Adler*.

Ataki, le 5 (18) décembre 1918

Les dernières rumeurs : aujourd'hui une locomotive est arrivée de Woltchantsy et a apporté la nouvelle que les Alliés avaient déjà pris Slobodka depuis deux jours et qu'ils étaient arrivés à Beltsy aujourd'hui. Ici, beaucoup de gens ont repris courage. D'autres disent qu'une grande activité règne à Moguilev : de grandes colonnes de voitures quitteraient la ville sans arrêt ; sur la rive d'en face, des soldats patrouillent et tirent sur les bateaux si quelqu'un se risque à traverser le fleuve. Kirienko encaisse une contribution de deux cent mille roubles, mais les juifs ont refusé de payer. On dit que les bolcheviks ont menacé de piller la ville. Si cela était vrai, ils sentent venir quelque chose de désagréable.

Maintenant, il ne manquerait plus qu'ils fassent sauter le pont comme pendant leur première fuite en février. Cela nous serait très désagréable, bien que cela fût un signe révélateur de leur faiblesse. Premièrement notre maison se trouve si près du pont qu'alors, pendant le premier dynamitage, toutes les fenêtres s'étaient brisées, deuxièmement notre déménagement de l'autre côté serait sensiblement plus difficile à réaliser – si tant est qu'il nous soit permis de retourner là-bas un jour. Ma pauvre Nouditchka ! Mon cœur se serre quand je pense à elle. Que lui arrive-t-il ? Pourvu qu'on ne lui fasse pas de mal !

Ataki, le 6 (19) décembre 1918

Au fond, je n'ai aucune envie d'écrire, mais je suis si triste que je dois me changer les idées. On reste assis toute la journée, sans savoir quoi faire ou à quoi s'occuper. Un rien vous énerve, tout vous tape sur les nerfs. En général, je supporte de moins en moins l'exil à Ataki…

Le chemin de fer entre Beltsy et Yassy est complètement détruit et impraticable. Il était déjà inutilisable quand Boba s'est rendu à Yassy. On dit que les Alliés sont immobilisés à Falenty et ne peuvent continuer leur route. C'est à Beltsy aussi que notre unité, c'est-à-dire Zalesski, Lissner et les deux Pavlov, qui a été transférée à Yassy, est restée coincée. Stefanescu avait juré que cette section était déjà réparée, sinon ils ne seraient pas partis. Nous nous étions étonnés pourquoi ils ne nous avaient pas envoyé le télégramme promis. Maintenant, on le comprend.

Aujourd'hui, des Roumains sont venus chez nous chercher un appartement et des chaises pour une réunion. Ils ont dit qu'ils seraient bientôt tellement nombreux qu'il leur faudrait tous les appartements. Boba a appris qu'une brigade d'infanterie se dirigeait vers nous. Stefanescu s'efforce de persuader notre colonie de ne pas partir, mais de rester plutôt tranquillement à Ataki. Il jure qu'il n'y a aucun danger. Pour l'instant, personne n'y pense ; aujourd'hui, il règne un état d'esprit si bon que personne ne veut quitter Ataki.

Ataki, le 9 (22) décembre 1918

Je m'ennuie tellement que je pense devenir folle bientôt ! Hier, cela a fait un mois que nous sommes dans ce trou pourri. De temps en temps je deviens folle de colère, je m'énerve pour tout et j'aimerais dire des choses désagréables à tout le monde. Si nous continuons à végéter ainsi, je ne sais pas ce que nous deviendrons. L'ambiance est de plus en plus mauvaise, on se chamaille pour un rien.

Il y a trois jours, Krassowski s'est élancé dans notre appartement : les Roumains auraient laissé entendre que c'était dangereux ici, que quelque chose allait se passer et un officier aurait ajouté en chuchotant qu'il pourrait y avoir des désagréments déjà cette nuit. Nos Agrariens ont pris peur ; ils se sont secoués et sont partis hier – c'est-à-dire qu'ils ne sont pas partis, parce qu'ils ont raté le train à Woltchantsy : ce sont les familles Krassowski, Vlassoff et Bresenski. Les Lissner auraient dû partir avec eux, mais ils ont changé d'avis à la dernière minute.

Notre colonie s'est divisée en deux camps : les optimistes et les pessimistes. Les premiers pensent que quelque chose se passera malgré tout et que la situation s'améliorera. Quelqu'un d'apparenté à Bogudski a vu de ses propres yeux des Français à Yassy ; il dit qu'ils avancent en direction d'Ackerman-Bendery et que les Roumains passeront de l'autre côté du fleuve. Pour l'instant, nous faisons aussi partie des optimistes. Les pessimistes pensent que Kiev et Odessa sont occupées par les hommes de Petlioura, qui ont conclu un accord avec les Alliés selon lequel on ne les considère plus comme des bolcheviks, mais seulement comme des nationalistes purs ; que les Alliés n'ont pas du tout l'intention de conquérir l'Ukraine ; que les bolcheviks traverseront le fleuve « dans deux à trois jours » et qu'ils tueront tout le monde. La conclusion en est : partir aussi vite que possible.

Je ne crois pas une seule des rumeurs journalières idiotes. Il doit être difficile à un homme normal de comprendre à quel point on peut devenir indifférent à tout lorsqu'on vit dans des conditions telles que les nôtres. Je ressens une indifférence et une lourdeur de plus en plus grandes dans ma tête et dans mon corps tout entier. Nous nous enfonçons de plus en plus dans un précipice. C'est là la raison pour laquelle j'ai été la première en faveur du départ lorsque nous avons discuté aujourd'hui s'il fallait partir ou rester. Les « événements » se font attendre et c'est vraiment trop de rester ici encore un mois ou même seulement deux semaines ! J'ai peur de bientôt ne plus avoir figure humaine.

D'ici on ne peut aller qu'à Czernowitz, puisque le chemin de fer entre Beltsy et Yassy ne fonctionne toujours pas. On dit que des troubles vont bientôt éclater à Czernowitz, le voyage là-bas est un cauchemar selon certains, selon d'autres très confortable. Sans prêter attention à toutes ces histoires horribles nous allons, dirait-on, partir quand même.

Ataki, le 10 (23) décembre 1918

Aujourd'hui, Tania et Papa ont rencontré le major Sandu sur le majdan et lui ont demandé s'il y avait du danger ici et s'il nous donnait une autorisation de voyager à Czernowitz. Sandu fut très amical ; il est persuadé qu'il n'y a pas de danger et que ces rumeurs ne sont mises en circulation que par des personnages douteux. Il nous donnera des laissez-passer dès que nous les voudrons.

Notre colonie ici fond de plus en plus : aujourd'hui, Walewski et la famille Malinowski sont partis. Ne sont restés que nous et Jaruszinski, qui attend les « événements ».

Ataki, le 11 (24) décembre

Hier soir, on frappa à notre porte. À la question : « Qui va là ? » des voix répondirent : « Des amis, des amis. » C'étaient de nouveaux réfugiés – cette fois, de Kiev : l'ancien officier de police Brazul du parti du Hetman avec son fils, un officier. Les nouvelles qu'ils nous ont apportées de là sont pires qu'on peut se l'imaginer. Kiev est occupée par les hommes de Petlioura, le Hetman s'est enfui, la terreur règne en ville. Il est arrivé là-bas la même chose qu'à Moguilev, mais dans une dimension beaucoup plus grande : environ trois mille officiers volontaires étaient opposés à quinze mille bolcheviks de Petlioura. Les Allemands, desquels on disait qu'ils étaient du côté des volontaires, passèrent aux bolcheviks. Leur *Sovdep* s'est mis d'accord avec le Sovdep des autres et l'affaire fut entendue. Puis les gardes du corps du Hetman se sont rendus. D'après une version, le Hetman s'est réfugié en Suisse, d'après une autre il se cache dans l'ambassade d'Allemagne. En ville, on pourchasse les officiers. Une partie des ministres a été arrêtée, d'autres se sont enfuis. Si nous n'avons pas d'aide extérieure à temps, la situation sera très mauvaise. Avant la dernière invasion des bolcheviks, on a propagé tous les jours des rumeurs provocatrices sur l'approche des Alliés, crues par la population qui les a attendus tous les jours. La même chose que chez nous, Brazul lui-même est à moitié fou ; il court d'un côté à l'autre dans la chambre et sursaute lorsque quelqu'un ouvre la porte. D'après lui tout est perdu, tout est détruit. Il pense que les Roumains le renverront chez les bolcheviks.

Dans l'appartement de Krassowski, à côté de Boba, vit un médecin qui est rentré depuis peu de captivité en Allemagne. Il était à Strasbourg lorsque les troupes françaises y sont entrées. Il est polonais et a beaucoup parlé avec Boba de l'avenir de la Pologne. Poznań doit être abandonnée à la Pologne, de plus la Galicie, la Volhynie et la Podolie. À Varsovie, on attend l'arrivée de Wilson qui veut fonder la grande Pologne avec un geste grandiose. Ce futur État prendra la forme d'une république, c'est-à-dire qu'il va se passer ce que des Polonais eux-mêmes nous ont déjà dit : il y aura une foule de partis différents qui vont tirer chacun d'un côté et *la Pologne ne va pas durer trois jours* *. Si tout cela est vrai cela signifie-t-il que notre gouvernement deviendra une partie de la Pologne ? Il me semble qu'après tout notre malheur, nous avons mérité quelque chose de mieux !

Ataki, le 13 (26) décembre

Hier, la rumeur que Petlioura avait été chassé de Kiev et que Lénine avait été proclamé nouveau dictateur s'est levée. La Sovdepie va maintenant de Petrograd à la frontière roumaine, jusqu'au Dniestr. L'Ukraine s'est dissoute elle-même et jointe aux bolcheviks. Ce n'est pas en soi-même un événement dépourvu d'intérêt, mais maintenant nous sommes tous habitués à tant d'événements importants presque toujours catastrophiques, que ça ne fait plus grande impression. On dirait que les Alliés ne savaient pas jusqu'à présent si les hommes de Petlioura étaient des bolcheviks ou des nationalistes. Maintenant, on n'a plus de doute ; on peut seulement espérer qu'ils entreprendront quelque chose et se battront contre eux.

Ataki, le 14 (27) décembre 1918

... J'ai donc pris un bain aujourd'hui pour la première fois depuis que nous sommes à Ataki ; c'est un véritable événement, parce qu'il n'y a pas d'eau courante et que l'eau doit être apportée de très loin dans un tonneau. Mais cela ne dérange personne, car je ne crois pas que beaucoup de gens ici aient l'idée de prendre un bain. Après avoir cherché longtemps, nous avons trouvé quelqu'un de prêt à nous apporter de l'eau; ce n'est qu'alors que je commençai à espérer que cela serait possible. Lorsqu'on me dit que le bain était prêt, c'est-à-dire que l'eau était chaude, quelque chose d'étonnant m'attendait. La baignoire était installée dans la cuisine, près du poêle, et là, ceux qui désiraient se baigner pouvaient y entrer. Lorsque j'entrai dans la cuisine, j'éprouvai une impression pénible : quatre filles employées dans la maison s'y trouvaient à vaquer à quelque occupation. Que devais-je faire? «N'apporte pas tes propres règles dans un monastère étranger», dit le proverbe. Je ne pouvais pas les envoyer ailleurs, *j'ai donc pris mon courage à deux mains* * et je suis entrée dans la baignoire. Les filles observèrent ce processus avec beaucoup d'intérêt.

Ataki, le 16 (29) décembre 1918

Les Alliés ne viennent pas pour rétablir la Russie en tant qu'État. Ils ne veulent pas moins que nos anciens ennemis les Allemands la rendre esclave! Maintenant que la guerre s'est terminée avec d'un côté une glorieuse victoire unique à ce jour et de l'autre une défaite encore jamais vue, les armées victorieuses n'ont certainement pas d'autre désir que de rentrer à la maison se reposer et non de sauver la Russie du bolchevisme. On ne rend pas des services de ce genre pour rien. À partir de maintenant, la Russie ne sera plus que le théâtre et l'arène des entreprises d'autrui.

Tout le territoire de l'État sera partagé en parties dans lesquelles les puissances de l'Entente auront le dernier mot. On dit que la France obtiendra toute la partie méridionale, l'Amérique le Nord et le Centre, le Japon la Sibérie, l'Angleterre le Caucase, l'Asie centrale et le Turkestan. La Russie cessera pratiquement d'exister, exactement comme l'Autriche ! Pour Wilson, c'était auparavant profitable de proclamer la solution « sans annexion ni contributions », mais l'Entente trouve maintenant plus pratique de ne pas s'y conformer. On dit qu'ils exigent de l'Allemagne deux cent quatre-vingts milliards or, ce qui est tout à fait impossible, car aucun pays ne peut payer une somme pareille ; et surtout pas l'Allemagne actuelle, appauvrie et affamée.

Ataki, le 18 (31) décembre 1918

Notre départ pour Czernowitz est décidé, mais aucune date n'a encore été fixée. Hier, nous avons reçu des lettres des Krassowski dans lesquelles Czernowitz est décrite avec des couleurs séduisantes. Tout le monde est maintenant favorable à un déménagement là-bas. Ils écrivent qu'il est très agréable d'y vivre ; on trouve de tout, tout est bon marché, même les chaussures ; il est seulement difficile de trouver un appartement, il faut vivre à l'hôtel. Nous nous sommes habitués aux conditions les plus folles, c'est-à-dire que nous pourrons vivre aussi là-bas, mais je n'ai pas envie d'aller à Czernowitz. Peut-être surtout parce qu'il y a là-bas trop de gens que nous connaissons. Je m'imagine vivement les repas à la table d'hôtes du restaurant. Nos Agrariens ne font pas partie de la « société » et leurs manières ne sont pas raffinées non plus. Probablement que Lissner a déjà raconté à tout le monde qu'ils ont dû s'enfuir devant la terrible révolution, que sa tête avait été mise à prix, qu'il a dû abandonner des millions en Podolie et ainsi de suite. Il est certain que tous les hôtes du restaurant savent déjà qui ils sont et les dévisagent de tous les côtés. Pour cela, je n'aimerais pas manger dans le même restaurant qu'eux et vivre dans le même hôtel.

Les conditions de voyage sont les suivantes : d'ici à Woltchantsy, deux verstes en voiture et puis de là le train. Si on tombe sur un wagon avec des vitres on a de la chance. Le train part à trois heures de l'après-midi et arrive à Oknitsa à six heures. Là, on passe la nuit chez le juif Motcaru. À six heures du matin le train part et arrive à quatre heures de l'après-midi à Novosselitsa où attend le train de Czernowitz. – Avant il n'attendait pas et il fallait rester vingt-quatre heures à Novosselitsa. – À sept heures du soir, le train est à Czernowitz. Pour nous cela n'a pas d'importance, mais pour Maman ce voyage sera dur.

Ataki, le 19 décembre 1918 (1er janvier 1919)

Nous avons décidé de partir dans deux jours, le samedi 21 décembre. Nous voyagerons probablement en deux groupes mais peut-être aussi tous ensemble.

Aujourd'hui, nous avons eu une joie inattendue : les filles du prêtre local sont venues de Moguilev et nous ont apporté une foule de choses auxquelles nous ne pensions déjà plus. Nous ne possédions que les robes que nous avions sur nous et qui, entre-temps, sont devenues sales et répugnantes. Les enfants m'ont apporté ainsi qu'à Tatiana un beau manteau neuf, des robes en laine, des chemisiers en soie, ma jupe en velours noir, à Maman et Olga également des robes et pas mal de linge. Maintenant, le souci de devoir apparaître à Czernowitz comme un épouvantail s'est envolé.

La vie à Moguilev est de plus en plus terrible. Les pillages sont de plus en plus importants, l'anarchie croît. Ma pauvre Nouditchka ! Quand je pense à elle, j'ai très mauvaise conscience. Si au moins on pouvait la persuader de tout laisser tomber et de nous suivre ! Mais elle n'abandonnera pas la maison tant qu'il y reste un objet intact.

Ataki, le 20 décembre (2 janvier)

Nous avons changé d'avis : nous partons dimanche tous ensemble. Certaines choses ne sont pas prêtes, le linge n'est pas encore sec. Le voyage ne nous paraît plus tellement terrible. La seule mauvaise chose c'est que les soldats roumains arrêtent à peu près chaque vingtième voyageur et fouillent ses bagages et ce faisant choisissent ce qui leur plaît.

Malheureusement, les hôtels sont très mauvais à Czernowitz. Ici on nous conseille l'Hôtel Central qui, à mon idée, est certainement un trou terrible. Vivre longtemps à l'hôtel n'est pas seulement inconfortable, mais aussi cher…

Ataki, le 22 décembre (4 janvier)

C'est aujourd'hui notre dernière nuit dans notre asile de nuit. Notre logeuse nous a encaissé cinq cents roubles pour deux pièces. En tout et pour tout, notre séjour à Ataki a coûté plus de dix mille roubles. Il est grand temps de prendre congé.

Czernowitz, le 26 décembre (8 janvier) – Hôtel Central

C'est notre deuxième journée à Czernowitz, mais nous avons déjà eu le temps d'attraper un sérieux malaise moral. À la fin nous en avions tellement marre d'Ataki que nous voulions venir ici autant qu'au paradis. Comme il fallait s'y attendre, ça ne ressemble pas au paradis ici. La vie à l'hôtel est désagréable, inconfortable et chère ; nous ne pouvons prendre de l'argent nulle part. Notre situation est au plus haut point incertaine et tendue. Il faudra attendre des années jusqu'à ce que la situation se clarifie, mais comment nous devons vivre pendant ces années ou ces mois, ce que nous ferons, avec quoi nous gagnerons notre vie, je ne le sais pas et je suis incapable de trouver quelque chose. Tout le monde a perdu courage, erre d'un air déprimé, est silencieux et d'humeur sombre. En un mot : cela va mal.

Notre voyage s'est passé mieux que nous ne pouvions l'imaginer.

(Suit une description exacte du voyage.)

À Czernowitz, nous n'avons pas eu de chance. Nous allâmes d'hôtel en hôtel, nulle part il n'y avait de chambre libre. Il était déjà neuf heures et demie du soir, un brouillard épais tombait, il faisait froid, nous étions tous fatigués. Une nuit dans la rue nous attendait. Finalement, nous nous retrouvâmes dans un hôtel juif terrible, dans lequel nous n'aurions jamais mis les pieds auparavant. Les chambres étaient extrêmement sales et si froides qu'au moment d'y entrer nous ne pûmes nous décider à ôter nos manteaux. Il nous suffit de regarder les lits d'une saleté repoussante pour être désespérés. Papa et Maman s'installèrent à nouveau dans un fiacre pour aller chercher autre chose ; nous restâmes avec nos manteaux sur le dos à les attendre. L'ambiance était à zéro. Jamais encore nous n'avions passé ainsi la veille de Noël.

Enfin, Papa revint et nous dit qu'il avait obtenu des chambres à l'Hôtel Central, dans lequel on ne nous avait rien donné auparavant. Il s'avéra que Zalesski, Walter et un Polonais inconnu nous avaient abandonné leurs chambres, et après que le portier eut obtenu un pot-de-vin, nous en obtînmes encore deux. Notre chambre, de la taille d'un hangar, bien éclairée, propre et relativement bien chauffée, nous parut d'un luxe raffiné. Nous allâmes au restaurant pour manger encore quelque chose et on nous y observa d'un air étonné. Puis nous allâmes dormir.

Le lendemain, nous mîmes des robes décentes et nous nous sentîmes comme transformées. Après les loques d'Ataki, nous ressemblions enfin à des êtres humains. Nous étions contentes d'avoir à nouveau plus ou moins notre aspect antérieur. Nous nous promenâmes en ville et achetâmes des chapeaux neufs. Les prix ici sont très élevés et la vie à l'hôtel est beaucoup trop chère.

Puis nous mîmes toutes nos forces dans la balance pour trouver un appartement. Où que nous habitions finalement, nous voulons essayer de nous installer confortablement à Czernowitz aussi. On dirait que notre séjour ici risque de traîner en longueur.

Czernowitz, le 30 décembre (12 janvier) – Hôtel Central

Demain, cela fera une semaine que nous sommes ici et il n'y a pas encore d'espoir de quitter cet hôtel. Nous avions pensé ces derniers jours que cela serait bientôt le cas ; nous avions un appartement en vue, même un très bon. Mais il n'en a rien été et une nouvelle fois nous en avons été pour nos frais. Aujourd'hui, un individu louche nous a promis de nous procurer un appartement ou même une villa et de nous fournir du café, du cacao, du savon, du sucre et tout ce que *die Herrschaften* ordonneront. Je ne sais pas ce qu'il en adviendra.

L'état d'esprit de tous s'est un peu amélioré ; on se dispute un peu moins. La situation est toujours aussi incertaine.

1919

Czernowitz, le 1er (14) janvier 1919 – Hôtel Central

Encore une nouvelle année, toujours la même question : est-il possible qu'une telle année nous attende à nouveau, n'y a-t-il pas d'espoir pour une amélioration ? Ce sont de tristes souvenirs qui me restent des années 1917 et 1918. Je ne veux pas y penser, cela fait mal.

Hier nous n'avons pas fêté le Nouvel An, mais avons quand même passé une soirée inhabituelle. À huit heures, nous sommes allés au cinéma voir *Anna Karénine*. Le tout perd beaucoup avec les sous-titres allemands idiots, mais malgré tout c'était réjouissant de voir à nouveau quelque chose de russe. Après le film, nous sommes allés manger quelque chose au *Rumelia*, où je me suis presque endormie.

Aujourd'hui, Tatiana et moi, nous nous sommes levées à huit heures et demie parce que nous voulions aller à la cathédrale où le métropolite officie. À Czernowitz, la plupart des églises sont orthodoxes, mais depuis que les Roumains ont occupé la Bukovine, le service religieux se tient uniquement en roumain. Le métropolite Vladimir Repta a l'air d'un vieil homme inoffensif. On dit qu'il a quatre-vingt-deux ans. Quand on le voit comme cela, on a du mal à s'imaginer que c'est sur le même Repta qu'on pouvait lire dans le *Novoïe vremia* des articles aussi méchants, très étonnés qu'un métropolite orthodoxe puisse prendre la fuite à l'approche de l'armée russe au moment de la première conquête de Czernowitz par des troupes russes. Il soutiendrait la politique ukrainienne…

Si l'Ukraine continue à exister, l'Église uniate s'y introduira sans faute. Le catholicisme ne dort pas et il existe des gens tels qu'Andreas Szeptyckyj qui s'occuperont de l'extension de l'union en Ukraine en tant que religion du peuple ukrainien. Nos Ukrainiens réussiront-ils à se défendre contre cela ? Peut-être seront-ils un peu étonnés par le premier ou le deuxième service religieux, mais déjà le troisième aura pour eux l'aspect des anciens et ils ne remarqueront même pas qu'ils auront changé de religion…

Czernowitz, le 2 (15) janvier 1919

Mauvaises nouvelles ! Si elles sont effectivement vraies, elles sont très mauvaises ! Aujourd'hui, Rafalski, Potocki et Lissner sont allés à la mission anglaise pour y remettre un quelconque mémorandum idiot sur la situation en Podolie – comme si cela les regardait ! Ils furent accueillis froidement. On leur annonça que les Anglais et les Français avaient reconnu Petlioura ; il s'est engagé à payer ses dettes et à placer son armée contre les bolcheviks. On leur donna le conseil de se rendre à Odessa d'où les Français pourraient se retirer. À leur question concernant Denikine et l'armée des volontaires, les Anglais ne donnèrent que des réponses évasives. On peut conclure de tout cela que nos prétendus alliés se préparent à faire une chose tellement laide qu'elle n'a même pas d'équivalent dans l'histoire de l'Angleterre. D'abord, ils n'ont pas reconnu l'Ukraine, mais appuyé l'armée des volontaires ; en reconnaissant maintenant l'Ukraine, ils portent à l'armée des volontaires le coup de grâce, sans même parler de la mort probable de plusieurs milliers d'innocents. C'est tellement monstrueux qu'on a du mal à le croire. Ce ne serait excusable que si une révolution avait éclaté chez eux aussi et qu'ils ne puissent plus penser à autre chose. Mais pour l'instant, il n'y a pas de base pour cette supposition. Si c'était vrai, le monde se renverserait et ce serait mieux ainsi. Alors, que tout se détruise et pas seulement nous ! J'ai toujours pensé qu'ils nous feraient un sale coup mais on ne pouvait pas s'attendre à une trahison aussi incroyable !

Czernowitz, le 5 (18) janvier 1919 – Hôtel Central

Après-demain, nous déménageons enfin dans un appartement. Nous en avons assez de l'Hôtel Central avec ses souris, sa température glaciale et les voisins ronfleurs de la chambre d'à côté ! Il est vrai que dans le nouvel appartement seules Maman, Tatiana, Olga et moi aurons de la place ; Papa, Boba et André habiteront deux pièces dans des rues différentes, mais je suis quand même contente que nous puissions avoir notre coin personnel où personne ne nous dérange. J'aimerais tellement vivre dans une atmosphère qui rappelle d'une certaine façon la maison que je pense même avec joie à des occupations telles que la cuisine et la lessive. On dit qu'il est pratiquement impossible de trouver des domestiques. Nous avons dû louer l'appartement pour trois mois, mais de toute façon personne ne croit plus que nous partirons d'ici avant.

Nous commençons même à faire des projets d'avenir. Ces derniers temps, nous avons repris un peu courage – sauf le soir où nous avons entendu parler des Alliés. Papa et Maman sont occupés avec l'appartement et nous sommes même redevenus gais. Selon une vieille habitude de Petrograd, Olga et moi parcourons la ville des jours entiers, achetons des babioles et cherchons de nouvelles rues…

Hier, avec Krassowski, Tatiana et moi avons rendu visite à un prêtre orthodoxe que toute la colonie russe connaît. Le père Mikhaïl❖ est une personne très sympathique qui aime beaucoup les Russes et n'apprécie pas les uniates et le cardinal Szeptyckyj. Demain, nous y retournons tous.

Ces deux derniers jours, nous sommes à nouveau de meilleure humeur grâce à un plan de Krassowski : nous aimerions louer non loin de la ville une petite propriété et y fonder une colonie de travail, composée de la famille Krassowski et nous. Nous voulons y commencer un peu d'agriculture, un élevage de poules et tout faire nous-mêmes. Pour les travaux des champs, on pourrait obtenir d'anciens officiers qui, avec Boba et André, s'acquitteraient des travaux pénibles ; l'exploitation laitière, l'élevage des poules et des lapins et le potager seront notre domaine. Nous essaierons que cette ferme nous apporte des revenus pour améliorer nos finances bientôt épuisées. Toute la colonie de Moguilev se creuse la tête pour gagner de l'argent. Les temps sont durs. Cela va durer encore longtemps avant que nous puissions rentrer chez nous, peut-être jamais. Krupensky et quelqu'un d'autre veulent acheter le plus grand café de Czernowitz. Seulement, je ne sais pas comment ils veulent le faire, puisqu'ils n'ont pas d'argent.

Je crois que notre plan est meilleur. Qu'est-ce qui pourrait être plus beau que l'exploitation du sol, une chose que nous connaissons et que nous aimons ? Seulement pour pouvoir avoir affaire aux animaux, traire des vaches, nourrir des veaux, élever des poules, je donnerais une année de ma vie. Nous retrouver dans une atmosphère campagnarde, ne pas dépendre des domestiques, collaborer avec des gens bons, vivre sur un coin de terre qui pourtant ne nous appartient pas mais reste néanmoins de la terre, avec de l'herbe, des

❖ C'était le diacre Mikhaïl Ursuleac, père de la célèbre cantatrice Viorica Ursuleac. (Complément de l'auteur, 1982.)

arbres et des animaux – peut-il y avoir quelque chose de plus beau ? Si tout cela se concrétise, nous nous installerons si bien que cela dépassera nos rêves les plus fous.

Dans quelques jours, Papa et Boba se rendront à Ataki et essaieront de faire venir quelques affaires de Moguilev. Si possible, ils doivent se procurer de l'argent. Je n'aimerais pas retourner dans cette Ataki sinistre et revoir le majdan et toute la société du notaire. Czernowitz a beau être une petite ville, il y existe quelques choses intéressantes et on n'a pas l'impression que le cerveau se rouille.

Demain, il y aura un service religieux à la cathédrale et ensuite une procession avec bénédiction de l'eau. Nous voulons absolument y participer, bien que je sois déjà enrhumée aujourd'hui.

7 (20) janvier 1919

Hier nous avons passé une journée très variée ; ici, c'est malgré tout mieux qu'à Ataki. Nous nous sommes levés plus tôt que d'habitude et sommes allés à l'église.

Après déjeuner, nous sommes allés dans le nouvel appartement avec Maman. Il y règne encore un chaos indescriptible, raison pour laquelle nous ne déménagerons que demain. Le soir vers quatre heures, avec les Krassowski, nous avons rendu visite au père Mikhaïl qui nous a régalés d'un plat de Noël traditionnel. Il me plaît beaucoup. J'aimerais le prier de m'écrire les *Ektenie*[1] en langue roumaine, pour qu'on puisse comprendre le sens des prières à l'église.

Le père Mikhaïl a promis de nous aider à trouver une ferme. Mais j'ai maintenant l'impression qu'il ne sortira rien de cette affaire ; nous avons déjà tous perdu notre élan. Nous autres Slaves ne sommes bons à rien ! Avant, j'étais furieuse

1. Intercessions pendant la messe.

quand quelqu'un le disait, mais maintenant je découvre en moi-même et dans mon entourage ces traits de paresse et d'inconséquence qui existent chez chaque Slave. Nous sommes très capables d'accomplir tout spontanément; dans l'instant, nous pouvons tout faire. Mais dès que l'enthousiasme refroidit et que l'énergie tombe, c'est terminé. Avant, nous croyions à l'hégémonie des Slaves, quelquefois nous le répétons encore. N'est-ce pas comme si l'on disait, en regardant un cheval à terre, que demain il tirera certainement à nouveau la voiture?

L'auteur, vers 1920.

РОССІЙСКОЕ КОНСУЛЬСТВО ВЪ БУКАРЕСТѢ

ПАСПОРТЪ

Объявляется через сіе всѣмъ и каждому, кому о томъ вѣдать надлежитъ, что показатель сего русскій гражданинъ Свѣтлѣйшая Княгиня Екатерина Николаевна Сайнъ-Витгенштейнъ православнаго вѣроисповѣданія, родившаяся 1 декабря 1875 г.

проживаетъ ~~отправляется~~ въ Румыніи

Во свидѣтельство сего данъ

сей паспортъ отъ Россійскаго Консульства въ Букарестѣ.

Дѣйствителенъ въ теченіе одного года

г. Букарестъ 8/21 мая 1920 года.

Консулъ:

Свѣтлѣйшая Княгиня Екатерина Николаевна Сайнъ-Витгенштейнъ.

Россійское Консульство въ Букарестѣ симъ удостовѣряетъ фотографіи и подписи Свѣтл. Княг. Екатерины Николаевны Сайнъ-Витгенштейнъ.

г. Букарестъ 8/21 мая 1920 г.

Консулъ:

N° 2187 Vu au Consulat de Russie à Bucarest valable jusqu'au 05 mai 1922 Bucarest 12 avril 1921

Consul

4 р. 50 к.

Passeport valable un an à partir du 8/21 mai 1920, donnant droit à la princesse sérénissime E. N. Sayn-Wittgenstein de se rendre de Roumanie en Tchécoslovaquie.

Une autre page du même document.

Olga vers 1922.

L'auteur, gouvernante, avec les enfants Kuni Spiegelfeld, Alex v. Hirschfeld, Wolfi et Nora Spiegelfeld, Meltsch, 1921.

André vers 1922.

L'auteur et le comte André Razumovsky lors de leurs fiançailles, Schönstein, Tchécoslovaquie, 1922.

Le mariage de l'auteur, Meltsch, 21 février 1922.

Le château de Schönstein près de Troppau, résidence de l'auteur après son mariage.

L'auteur vers 1924.

Tatiana, comtesse Wassilko-Serecki, 1924.

La mère de l'auteur, 1925.

Le père de l'auteur, 1925.

L'auteur, 1931, dessin à la craie de Chr. Muther.

L'auteur avec ses cinq enfants, 1932.

André peu de temps avant sa mort en 1939 à Schönstein.

Olga à Vienne en 1942, un an avant sa mort.

Tatiana à Lünen (République fédérale d'Allemagne) en 1973, juste après son émigration de Roumanie et un an avant sa mort.

L'auteur à Vienne en 1972, à l'âge de 77 ans.

REMARQUE FINALE

Ainsi s'achève le quatrième tome de ce Journal. Le cinquième n'existe plus. À la lecture des dernières pages, on s'aperçoit que le tréfonds a déjà été dépassé. Mais le tournant inattendu dans le sort de la famille Sayn-Wittgenstein n'est plus décrit ici.

Un soir, une vieille dame, la comtesse Saint-Quentin, apparut comme un deus ex machina *dans le petit appartement de Czernowitz. Épouse d'un ancien général et propriétaire terrien autrichien en Bukovine, elle avait entendu parler des réfugiés de Russie. Elle les invita et leur fit connaître les autres grands propriétaires de la vallée du Sereth. Surtout les trois filles furent accueillies partout les bras ouverts. Très vite, en novembre 1920, Tania épousa un des fils du plus riche propriétaire de toute la Bukovine, le comte Konstantin Wassilko. L'auteur du Journal arriva, par l'entremise de ses nouveaux amis, comme gouvernante dans un domaine de la Silésie autrichienne alors devenue tchèque depuis peu. Elle y fit la connaissance du plus jeune frère de sa patronne, le comte André Razumovsky, ancien officier autrichien et monarchiste, à peine rentré de captivité en Russie, et dont le monde s'était écroulé tout autant que le sien. Ils se marièrent en 1922 et la narratrice devint ce qu'elle décrit à un endroit de son Journal comme son vœu le plus cher : « le centre d'une grande famille, comme Mamoulitchka ». Jusqu'en 1946, la famille vécut sur une propriété des Razumovsky près de Troppau (Opava), et en partie également à Vienne. Puis l'auteur, avec sa famille, fut chassée pour la seconde fois de sa vie de sa maison et de son domaine par les communistes ; cette fois aussi, elle dut abandonner presque toutes ses possessions. Et pour la seconde fois, les cahiers du Journal, enfouis dans ses bagages à main, firent le voyage vers l'ouest.*

Un autre de ses vœux, exprimé dans le Journal, ne se réalisa pas. Elle a survécu à tous les êtres qui lui étaient chers et avec son mari s'est acquittée de la pénible tâche d'en soigner certains jusqu'à leur mort et d'accomplir « le devoir sacré de la remise des morts à la terre ». En 1927, sa mère mourut dans leur domaine de Schönstein ; là également, en 1939, son frère André, de la leucémie, à l'âge de quarante et un ans ; en 1943 à Vienne, sa sœur Olga, du cancer, à l'âge de quarante-deux ans. Le prince Sayn-Wittgenstein est mort à Capri en 1934 ; Tatiana – dont le destin suffirait à lui seul à remplir un gros livre – est morte à Lünen (République fédérale d'Allemagne) en 1974.

Catherine Razumovsky n'a plus écrit de Journal en Silésie ; elle ne s'est pas non plus livrée à une autre activité littéraire, mais elle a mis ses capacités spirituelles extraordinaires à la disposition exclusive de l'éducation de ses enfants. Jusqu'à sa mort, en juin 1983, elle est restée le centre de sa famille, d'abord en Tchécoslovaquie, puis en Autriche qui devint sa deuxième patrie.

Il reste encore une chose à dire : le prince Boris, le Boba si souvent cité, retourna en Russie méridionale dès que sa famille se fut à peu près installée en Roumanie. Il se joignit aux troupes de son ancien commandant, le baron Wrangel, et, d'après des sources parisiennes, serait tombé lors d'une de ses premières batailles contre les bolcheviks. La famille n'a jamais plus entendu parler de lui. De Nouditchka non plus ne vint aucun signe de vie.

INDEX DES PERSONNES CITÉES

ALEXANDRA FEDOROVNA, 1872-1918. Née princesse Alice de Hesse-Darmstadt, impératrice de Russie. Assassinée à Iekaterinbourg : 190.

ALEXEÏ NICOLAÏEVITCH, 1904-1918. Prince héritier de Russie. Assassiné à Iekaterinbourg : 190, 230.

ALEXEÏEV, Mikhaïl Vassilievitch, 1857-1918. Général. Chef de l'état-major général à Moguilev-Gubernski. En 1917 : commandant en chef sous Kerenski; en novembre 1917 : fuite vers le Don; 15 novembre 1917 : appel à entrer dans l'armée des volontaires pour combattre les bolcheviks : 116, 162, 201, 203, 235.

AVKSENTIEFF, Nicolaï Dimitrievitch, 1878-1943. Président du parti des Socialistes révolutionnaires (SR). 1917 : ministre de l'Intérieur sous Kerenski. 1919 : émigration à Paris : 145, 167.

VON BELTZ : voir BÖHM-ERMOLLI.

BOBRIKOFF, Nicolaï Nicolaïevitch, 1882-1956. Page de Sa Majesté (prom. 1901), diplômé de l'Académie militaire, colonel au régiment des gardes à cheval, grièvement blessé en Prusse-Orientale en 1914, décoré du sabre de Saint-Georges, de l'ordre de Saint-Vladimir (avec glaives) et de l'ordre de la Légion d'honneur : 39, 40.

BOBRINSKY, Gavrila Alexeïevitch, comte, 1898-1918. Fusillé par les bolcheviks en octobre 1918 : 38.

BÖHM-ERMOLLI, Eduard, Freiherr von, 1856-1941. Maréchal. 1918 : commandant en chef autrichien en Ukraine (jusqu'en juin 1918) : 266.

BRECHKO-BRECHKOVSKAÏA, Iecaterina Constantinovna, 1844-1934. Surnom : « Grand-mère de la révolution ». Une des organisatrices des SR, exilée en Sibérie de 1874 à 1896. 1917 : exclue de la Constituante. En 1918 : aux États-Unis ; dès 1924 : émigration en Tchécoslovaquie : 145 note.

CARUSO, Enrico, 1873-1921. Chanteur italien : 114.

CHALIAPINE, Fedor Ivanovitch, 1873-1938. Célèbre basse russe. Quitte l'Union soviétique en 1922. Meurt à Paris : 97, 114, 121, 122.

CHEVTCHENKO, Tarass, 1814-1861. Poète ukrainien : 242.

CHINGAREV, Andreï Ivanovitch, ?-1918. Médecin. Membre de la direction du parti des Démocrates constitutionnels (KD). Ministre des Finances du gouvernement provisoire. Arrêté le 28 octobre 1917. Emprisonné dans la forteresse Pierre-et-Paul. Emmené le 6 janvier 1918 dans un hôpital où il est assassiné : 188 et note.

CHLIAPNIKOV, A. Menchevik. Proclame le 26 février 1917 avec Molotov et Zalouski le manifeste révolutionnaire. Critiqué au congrès du Parti en 1922. Arrêté après le meurtre de Kirov en 1935 et disparu depuis : 163 et note, 385.

CHOULGUINE, Vassili Vitalievitch, 1878-1976. Monarchiste. Membre de la Douma depuis 1907. 1918 : à l'origine du concept pour une administration civile des forces armées du sud de la Russie. Membre de la direction politique auprès de Denikine et Wrangel. Émigre. Traverse illégalement la frontière russe en 1926. Écrit deux livres. Est arrêté lors d'un nouveau passage de la frontière et disparaît des dizaines d'années. Réapparaît à Moscou dans les années soixante-dix et y meurt en 1976 : 155 note, 208, 209, 253, 256.

DEMBICKI, propriétaire terrien de Podolie : 323, 333, 334.

DENIKINE, Anton Ivanovitch, 1872-1947. Général. Commandant en chef et chef de l'État des forces armées du sud de la Russie jusqu'en mars 1920. Émigre en France, après 1945 aux États-Unis : 16, 170, 318, 319, 358, 382, 383, 387, 390, 392.

DIMITRI PAVLOVITCH, grand-duc, 1891-1941. Un des meurtriers de Raspoutine : 193, 390.

DOUKHONINE, Nicolaï Nicolaïevitch, 1876-1917. Général. Membre de l'état-major général de Moguilev-Gubernski. Commandant en chef au moment de la révolution de Février. Donne l'ordre le 2 décembre de libérer les généraux emprisonnés à Bykhov. Est assassiné par des matelots le 3 décembre : 160, 166, 169, 170, 256.

DYBENKO, Pavel Efimovitch, 1889-1938. Révolutionnaire depuis 1911. Agitateur dans la flotte de la Baltique. Arrêté. En 1917, président du *Centro-balt*. Entre dans Petrograd avec des matelots mutinés. 1918 : commandant en Ukraine contre les Blancs. En 1921, réprime la mutinerie de Kronstadt. 1928-1938 : commandant en chef en Asie centrale. Fusillé le 29.7.1938 : 167.

EICHHORN, Hermann von, 1848-1918. Commandant en chef allemand en Ukraine en 1918. Assassiné à Kiev le 30.7.1918 : 250, 251.

ENERY, Irina. Pianiste. Émigre à Paris après la révolution : 87.

ERDELI, Ivan Gueorguïevitch. Général. 1918 : emprisonné à Bykhov. Général de division chez les Blancs sous Denikine : 170.

FILONENKO, Maximilien Maximilianovitch. Avocat. SR de droite. 1917 : commissaire dans la VIIIe armée. Participe à la révolte de Kornilov. 1918 : armée blanche à Arkhangelsk. Émigre à Paris. Défenseur des accusés lors du procès concernant l'enlèvement du général Miller : 143.

GAVRIÏL CONSTANTINOVITCH, grand-duc, 1887-1955. Émigre à Paris : 190.

GUDOVITCH, Pierre, comte. Tombé lors de la bataille de Kauschen en juillet 1914 : 40.

GURKO, Vassili Iossefovitch, 1864-1937. Général. Membre du Conseil d'État, participe à l'élaboration du programme du « Bloc progressiste ». Dirige l'attaque sur le front 1916-1917. Invité par v. Holz à commander les armées des anciens prisonniers russes contre les bolcheviks, G. refuse, restant fidèle aux Alliés : 195.

GUTCHKOV, Alexandre Ivanovitch, 1862-1936. Octobriste, membre de la Douma et du Conseil d'État. Ministre de la Guerre et de la Marine pendant le gouvernement provisoire (mars-avril 1917). Émigre : 272 et note.

HRUSEVSKYJ (GRUCHEVSKY), Mikhaïl Sergueïevitch, 1866-1934. Historien. SR. Professeur à Lvov. 1917 : président de la Rada centrale d'Ukraine. Après le départ des Alliés : représentant des SR ukrainiens à l'étranger. Retour en Union soviétique en 1924 : 165, 206, 208, 230, 251.

IOANN CONSTANTINOVITCH, grand-duc, 1886-1918. Tué à Alapaevsk : 190.

KALÉDINE, Alexeï Maximovitch, 1861-1918. Général. Le premier en 1917 à collecter de l'argent pour les Blancs. En juin 1917 : élu Ataman des cosaques. Se suicide le 13.2.1918 après la prise de Novotcherkassk par les bolcheviks : 158 et note, 159, 162, 164, 166, 169, 170, 171, 246, 256.

KAMENEV, Lev B., 1883-1936. Né à Tiflis. À l'étranger de 1908 à 1914. Collaborateur le plus proche de Lénine. Pendant la guerre : en déportation avec Staline. 1917 : soutien au gouvernement provisoire.

1934 : accusé du meurtre de Kirov. Condamné à cinq ans de travaux forcés. 26.8.1936 : procès et condamnation à mort : 127, 391.

KATKOFF, André A. Tombé le 6.8.1914 près de Kauschen. Officier dans le régiment des gardes à cheval : 39.

KATKOFF, M. A. Tombé le 6.8.1914 près de Kauschen. Officier dans le régiment des gardes à cheval : 39.

KERENSKI, Alexandre Fedorovitch, 1881-1970. Avocat pétersbourgeois. Président du parti SR. Membre de la Douma. 1917 : ministre de la Justice et de l'Armée, puis président du Conseil. Échappe à l'arrestation pendant la révolution d'Octobre. Rôle politique important dès l'émigration à Paris : 118, 124, 127 note, 134, 135, 139, 140, 141, 142, 143, 144, 145, 149, 150, 155, 157, 158, 160, 161, 163, 194, 195, 198, 199, 381, 386, 387, 392.

KHMELNITSKYJ, Bogdan, env. 1595-1657. Hetman d'Ukraine. En 1654 unifie l'Ukraine avec la Russie : 296.

KIRIENKO. Colonel. 1918 : commandant de la ville de Moguilev-Podolski après le départ des bolcheviks, sous l'administration autrichienne : 229-231, 308, 318, 340, 344.

KOKOCHKINE, Fedor Fedorovitch, 1871-1918. Juriste. Membre du comité directeur du parti KD. 1917 : ministre dans le gouvernement provisoire. Arrêté après la révolution d'Octobre. Assassiné en même temps que Chingarev à l'hôpital le 6.1.1918 : 188 et note.

KOLLONTAÏ, Alexandra Mikhaïlovna, 1872-1952. Membre du Parti communiste depuis 1915. 1917 : seul commissaire du peuple féminin. 1921 : chef avec Chliapnikov de l'opposition [des travailleurs]. À partir de 1922 : ambassadrice en Norvège, au Mexique, en Suède. Survit aux purges staliniennes : 150, 163.

KOLOKOLTSEV. 1918 : ministre ukrainien de l'Agriculture : 263.

KONOVALOFF, Alexandre Ivanovitch, 1875-1948. Industriel. Membre de la quatrième Douma. 1917 : ministre du Commerce (mars-avril).

A remplacé Kerenski dans le dernier ministère du gouvernement provisoire. 1921 : un des organisateurs de la rébellion de Kronstadt. En 1922, émigre à Paris. Membre du *Zemstvo*. Pendant la guerre : aux États-Unis, puis à Paris où il meurt dans la misère : 141.

KORNILOV, Lavr G., 1870-1918. Général. Commandant d'armée. Remplaçant du général Brusilov. Février 1917 : commandant en chef. Août-septembre : tentative de putsch. Octobre : s'évade de Bykhov. Commandant en chef des Blancs, tué à la bataille de Iekaterinodar le 13 (26).4.1918 : 127, 134 et note, 139, 140-145, 159, 160, 162, 164, 169, 170, 199, 203, 256, 257, 383, 387.

KRASSOWSKI, Vassili Vladimirovitch. Propriétaire terrien de Podolie : 151 note, 207, 233, 255, 258, 259, 270, 277, 315, 316, 319, 320, 322, 323, 326, 334, 341, 346, 348, 351, 360, 361.

KRUPENSKY. Propriétaire terrien de Podolie : 237, 268, 360.

KRUPKO, Nicodia. Propriétaire terrien de Bessarabie : 250, 251, 269, 278, 288, 308.

KRYLENKO, Nicolaï Vassilievitch, 1885-1940? Membre du VKP depuis 1904. Après la révolution de Février : agitateur principal des communistes sur le front sud-ouest. Pendant la révolution d'Octobre : commandant en chef de l'armée. Organise la bataille contre les Allemands. 1918 : fondateur de la Cour suprême. De 1931 à 1937 : commissaire du peuple à la Justice. Arrêté en 1937. Novembre 1937 : procès. Probablement fusillé en 1940 : 166, 169, 170, 205, 209, 215, 220.

LÉNINE, Vladimir Ilitch, 1870-1924 : 127 et note, 134, 142 et note, 149, 150, 156, 160, 161, 163, 164, 166, 167, 184, 204, 349, 384, 391, 393, 394.

LISSNER, docteur Elias. Propriétaire terrien de Podolie : 233, 241, 260, 270, 315, 320, 321, 323, 345, 346, 351, 358.

LOPOUKHINE, Gueorgui Dimitrievitch. Tombé le 6.8.1914 à la bataille de Kauschen : 39, 191.

LOUNATCHARSKY, Anatoli Vassilievitch, 1875-1933. De 1917 à 1925 : commissaire du peuple à la Culture et à l'Éducation : 163.

LUKOMSKY, Alexandre Sergueïevitch, 1868-1939. Général. Chef d'état-major général au quartier général. Révolution d'Octobre : arrêté à Bykhov. Septembre 1918 : commandant en chef des Blancs. Ministre de Denikine. 1920 : en Turquie comme représentant de Wrangel. Émigre à Paris : 143.

LVOFF, Anna Nicolaïevna (Nioura), 1898-1963, épouse Dournovo. Émigre en France et au Canada : 121, 122, 195.

LVOFF, Gueorgui Yevguenievitch, prince, 1861-1925. Au service de l'État depuis 1886. Membre de la première Douma. Président du *Zemgor*. 1917, mars-juin : président du Conseil. 1922 : à Paris, président du Zemstvo : 121, 122.

LVOFF, Nicolaï Nicolaïevitch, 1867-1944. Parti progressiste. Membre de la Douma. Participe à la guerre civile auprès de Wrangel et Koutepov. Membre du gouvernement civil des forces armées du sud de la Russie : 194.

LVOFF, Vladimir Nicolaïevitch, 1872-?. Parti KD. Membre de la Douma. 1917 : haut procureur du Saint-Synode. Rôle inconnu lors du putsch de Kornilov. Arrêté par Kerenski : 38, 122, 139.

MANUIOV, Alexandre Apollonovitch, 1861-1929. Économiste. Dès 1901 professeur d'économie politique à l'université de Moscou. De 1905 à 1908 vice-recteur. Ennemi de Stolypine. Parti KD. En février 1917 : ministre de l'Éducation. Participe à la réforme de l'orthographe. 1918 : membre de la direction de la Banque nationale : 124.

MARKOV, Sergueï Leonidovitch, 1878-1918. Général. Dès 1914 dans la « brigade de fer » du général Denikine, un des premiers volontaires de la guerre civile. Tombé en 1918 : 170.

MARKOV II, Nicolaï Yevguenievitch, 1866-?. Monarchiste. Leader de la droite. « Centurie noire ». Fondateur du Parti de l'ordre populaire (1905). Membre des troisième et quatrième Doumas. Pendant la guerre civile : auprès du général Ioudénitch : 194.

MAZEPPA, Ivan Stepanovitch, 1644-1709. Élevé à la Cour royale de Pologne. S'enfuit chez les cosaques du Dniepr. Devient Hetman de l'Ukraine sous domination russe. Pendant la guerre russo-suédoise, d'abord du côté de Pierre le Grand, puis passe du côté des Suédois. Est battu avec eux près de Poltava en 1709. S'enfuit en Turquie : 249 note, 256.

MIKHAÏL ALEXANDROVITCH, grand-duc, 1878-1918. Frère du tsar. 1912 : mésalliance. En 1917 le tsar abdique en sa faveur. Il refuse la couronne. Fusillé le 5 (15).7.1918 à Perm : 230 et note, 235, 240.

MILIOUKOFF, Pavel Nicolaïevitch, 1859-1943. Historien, politicien, chef des KD. 1917 : ministre du gouvernement provisoire. Émigre à Paris où il édite les *Poslednie novosti* : 194.

MOURALOV, Nicolaï I., ?-1937. Un des partisans les plus fidèles de Trotski. 1918 : commandant de la ville de Moscou. Inspecteur général des troupes [de l'armée]. Déporté en 1928 après la destitution de Trotski. En janvier 1937 : procès et condamnation à mort : 161.

MOURAVIEV, Mikhaïl Artemievitch, 1880-1918. Lieutenant-colonel. Surnom : « le buveur de sang ». SR de gauche. Février 1917 : président du Conseil central pour la fondation d'une armée révolutionnaire. Octobre : président du Conseil de défense à Petrograd. Commandant en chef du front oriental (13.6.1918). Participe à la révolte des SR contre les bolcheviks. Est tué par les siens lors de son arrestation : 157, 158, 163, 209, 210, 215.

MUMM von SCHWARZENSTEIN. Général allemand. 1918 : ambassadeur d'Allemagne en Ukraine et commandant en chef à Kiev : 259, 261.

NEJDANOVA, Antonina Vassilievna, 1873-1950. Chanteuse d'opéra : 114.

NEKRASSOV, Nicolaï Vissarionovitch, 1879-1940. KD. Membre des Troisième et Quatrième Doumas. Février 1917 : ministre des Transports du gouvernement provisoire. Septembre-octobre 1917 : gouverneur général de Finlande. Après octobre : travailleur dans un kolkhoze. 1922-1930 : membre de la direction du Soviet central de la RFSR; professeur à l'université de Moscou : 194.

NICOLAS II, Alexandrovitch, 1868-1918. Empereur de Russie de 1894 à 1917. Assassiné le 17.7.1918 avec sa famille à Iekaterinbourg : 190, 197.

NICOLAÏ NICOLAÏEVITCH, grand-duc, 1856-5.1.1929. Oncle du tsar. Commandant en chef de l'armée impériale de Russie jusqu'en septembre 1915. Émigration en France : 84 note, 235.

NOGUINE, Victor Pavlovitch, 1878-1924. Menchevik. Février 1917 : membre du soviet de la ville de Moscou. 1918 : reconnaît ses fautes. Devient vice-commissaire du peuple au Travail. De 1922 à 1924 : directeur d'une fabrique de textiles. Président de l'Union internationale des syndicats. Enterré sur la place Rouge : 163.

OMELIANOVITCH-PAVLENKO. Colonel dans l'armée impériale, se bat en 1917 dans la région du Dniepr comme «Vert» contre les bolcheviks. 10.12.1918 : commandant en chef de l'Ukraine. Émigre en Tchécoslovaquie : 159.

PAVLENKO : voir OMELIANOVITCH-PAVLENKO.

PETLIOURA, Simon, 1877-1926. Socialiste, nationaliste ukrainien, antisémite. 13.11.1918 : président de la Rada centrale d'Ukraine, chef de l'armée «verte» qui se bat contre les bolcheviks. Assassiné en 1926 par un juif : 159, 339 et note, 346, 348, 349, 358, 393.

PIATAKOV, Leonid Leonidovitch, 1888-1918. Organisateur actif de l'armée rouge. 1917 : membre de la Rada d'Ukraine. 1918 : assassiné à Kiev par des Hajdamaks : 159.

POURICHKÉVITCH, Vladimir Mitrofanovitch, 1870-1920. Monarchiste, fondateur de l'« Union du peuple russe ». Député de la deuxième à la quatrième Douma. Un des assassins de Raspoutine. Arrêté après la révolution d'Octobre, mais relâché. Meurt du typhus en 1920 à l'armée des volontaires : 193, 195, 390.

POUSTCHINE, Alexandre Fedorovitch, ?-1953. Colonel de l'état-major pendant la guerre, commande la bataille de Moguilev en novembre 1918, puis rejoint le général Denikine; est évacué en 1920 avec l'armée blanche à Gallipoli. Émigration à Paris : 318, 319, 322, 323, 333.

PROTOPOPOV, Alexandre Dimitrievitch, 1866-1918. Extrémiste de droite, dernier ministre de l'Intérieur du gouvernement impérial. Protégé de Raspoutine. 1916 : négociations secrètes avec les Allemands à Stockholm. 1918 : fusillé en tant que contre-révolutionnaire : 110 et note, 116.

RASPOUTINE, Grigori Yefimovitch, 1872-1916. Paysan sibérien, guérisseur. Gagne une influence malsaine sur l'impératrice et toute la politique russe. Assassiné en décembre 1916 par Pourichkévitch, Youssoupoff et le grand-duc Dimitri Pavlovitch : 110 note, 193, 383, 390.

RENNENKAMPF, Pavel Karlovitch, 1854-1918. Général. A pris part à la guerre russo-japonaise. En 1914 il commande la Ire armée en Prusse-Orientale mais, battu par Hindenburg, est aussitôt destitué. Trotski lui offre en 1917 le commandement de l'armée rouge mais, devant le refus inébranlable de R., le fait condamner à mort et fusiller : 44.

REPTA, Basile, ?-1926. Métropolite orthodoxe. 1896 : vicaire général et évêque de Radautz (Bukovine). 1902 : métropolite de Czernowitz : 357.

RODZIANKO, Mikhaïl Vladimirovitch, 1859-1924. Président du parti des Octobristes. Dès 1911 : président de la Douma, il unifie dans la quatrième Douma tous les éléments de droite. Après la révolution il rejoint l'armée des volontaires sur le Don et émigre en Yougoslavie : 116, 117, 137, 145, 192, 193, 194.

RYKOV, Alexeï Ivanovitch, 1881-1938. Vieux bolchevik. Rencontre Lénine en 1903 à l'étranger. Ami de Kamenev. Octobre 1917 : commissaire du peuple à l'Intérieur et membre du Comité central. Plus tard, commissaire à l'Économie. 1925 : à l'aile droite il refuse la dékoulakisation, se retire en 1929. Accusé lors du troisième procès des trotskistes, est condamné à mort le 13.3.1938 : 163.

SAMSONOFF, Alexandre Vassilievitch, 1859-1914. Général. En août 1914, perd la bataille de Tannenberg contre Hindenburg. Se suicide : 44.

SAVINKOV, Boris Victorovitch, 1879-1924. Terroriste SR, passe de nombreuses années à l'étranger. Août 1917 : ministre de la Guerre du gouvernement provisoire. 1918 : participe au meurtre de l'ambassadeur d'Allemagne Mirbach et au soulèvement des SR contre les bolcheviks. Émigre en Pologne, rentre secrètement en 1924, est arrêté et se suicide en prison avant le verdict : 142.

SAYN-WITTGENSTEIN, Maria Pavlovna, princesse sérénissime, née Zouboff («Mamoulitchka»), 1861-1927. Mère de l'auteur. Émigration en Roumanie. Décédée en Tchécoslovaquie : 12 et tout au long du livre.

SAYN-WITTGENSTEIN, Nicolaï Nicolaïevitch, prince sérénissime, 1862-1934. Père de l'auteur. Propriétaire et maréchal de la noblesse de la région de Skvira en Podolie. Émigration en Roumanie et en Italie. Meurt à Capri : 12 et tout au long du livre.

SAYN-WITTGENSTEIN, Peter-Ludwig-Adolf, comte, puis prince sérénissime, 1767-1843. Arrière-grand-père de l'auteur. Général. Feld-maréchal de Russie. Un des commandants pendant la guerre franco-russe de 1812, défenseur de Saint-Pétersbourg, victoire sur Napoléon à la bataille de Leipzig, entre dans Paris à la tête des troupes russes : 11.

SAZONOFF, Sergueï Dimitrievitch, 1860-1927. 1910-juillet 1916 : ministre des Affaires étrangères russe. 1918-1920 : fonctions politiques auprès de Denikine et Wrangel, représentant de la Russie blanche auprès de la conférence de la paix de Paris. Meurt à Nice : 110 note.

SKOBELEFF, Mikhaïl Dimitrievitch, 1843-1882. Général. Commandant en chef pendant la guerre russo-turque de 1877 : 48.

SKOROPADSKY, Pavel Petrovitch (Pavlo), 1873-1945. Général de l'armée impériale. Monarchiste. Du 29.4. au 14.12.1918 : Hetman de l'Ukraine. Quitte le pays avec les troupes allemandes. Émigre à Berlin. Collabore avec l'Allemagne : 108, 251, 252, 394.

SOBINOFF, Leonid Vitalievitch, 1872-1934. Célèbre ténor lyrique du Grand Théâtre (Bolchoï) de Moscou : 47, 48, 96, 97, 114.

STCHEGLOVITOFF, Ivan Grigorievitch, 1861-1918. 1903 : haut procureur du Saint-Synode. 1906-1915 : ministre de la Justice. 1917 : président du Conseil d'État. Arrêté en février 1917 et fusillé en octobre : 193.

STÜRMER, Boris Vladimirovitch, 1848-1917. Au service de l'État depuis 1872. 1904 : Conseil d'État. 1916 : président du Conseil et ministre des Affaires étrangères. Arrêté en février 1917 : 110 et note.

SUKHOMLINOV, Vladimir Aleksandrovitch, 1848-1926. 1909-1915 : ministre de la Guerre. 1915 : déposé mais toujours membre du Conseil d'État. Arrêté en 1916 et 1917. Fuite grâce à l'aide allemande. Ensuite à Berlin : 193.

SZEPTYCKYJ, Andreas, comte, 1865-1944. Archevêque uniate de Lvov et métropolite de Halycz. Vice-maréchal du Landtag autrichien. 1915-1917 : en captivité en Russie. 1917 : libéré par Kerenski. Représentant le plus éminent de l'Église uniate : 255, 358, 360.

TAGANTSEV, Nicolaï Stepanovitch, 1843-1923. Juriste. Membre du Conseil d'État : 192.

TCHELNOKOFF, Mikhaïl Vassilievitch, 1863-?. Parti KD, gouverneur de Moscou, membre et secrétaire de la deuxième à la quatrième Douma : 85.

TCHERNOV, Victor Mikhaïlovitch, 1873-1952. Président du parti des SR. Participe aux rencontres socialistes de Zimmerwald et de Kiental en Suisse. Février 1917 : chef du centre des SR, ministre de l'Agriculture. 1918 : guerre civile auprès de la Légion tchèque. Émigre en 1920 : 134, 142 et note, 167.

TCHKHEIDZÉ, Nicolaï Semenovitch, 1864-1926. Menchevik. Février 1917 : président du soviet des travailleurs et soldats. En octobre 1917, s'enfuit en Géorgie. Émigre en 1921. Se suicide en 1926 : 118, 194, 195.

TROTSKI, Lev Davydovitch (véritable nom : Bronstein), 1879-1940. Depuis 1897, marxiste et révolutionnaire. Déporté en Sibérie en 1900, s'enfuit; à Londres, ami de Lénine et Plekhanov (1902). En 1908 à Vienne fonde la revue *Pravda*. 1914 : en Suisse participe au congrès socialiste de Zimmerwald. 1917 : ministre des Affaires étrangères du gouvernement provisoire, mène à Brest-Litovsk les négociations de paix avec l'Allemagne. Créateur de l'armée rouge, commissaire à la Guerre, défait les Blancs pendant la guerre civile 1918-1920. À la mort de Lénine perd son poste en 1925. Exclu du Parti en octobre 1927. Expulsé en Turquie en 1929. Assassiné au Mexique le 20.8.1940 : 150, 158, 161, 163, 165, 166, 170, 210, 211, 215, 388, 390, 391.

VERKHOVSKI, Alexandre Ivanovitch, 1886-1938. Général. SR. De juillet à septembre 1917 : commandant en chef de Moscou. En octobre : ministre de la Guerre, est arrêté pour peu de temps. Armée rouge; 1921-1930 : professeur à l'Académie de guerre de Moscou; 1930-1932 : à l'état-major : 150.

VYNNITCHENKO, Wlodomyr (Vladimir), 1880-1951. Écrivain ukrainien. SR. Président de la première Rada centrale. En 1918, président de la Rada de Petlioura. Émigre en France : 206, 230.

WALEWSKI. Propriétaire terrien en Podolie : 188, 324, 347.

WASSILTCHIKOFF, Maria Alexandrovna, 1859-1934. En 1915 transmet une lettre du grand-duc de Hesse sur une paix séparée avec l'Allemagne. En 1918 dame de compagnie chez le général Skoropadsky à Kiev. Émigre en Autriche : 192 et note.

WIED, prince Wilhelm Friedrich Ferdinand, duc d'Albanie, 1876-1945? Accepte la couronne d'Albanie le 6.2.1914, monte sur le trône le 7.3. et quitte l'Albanie en septembre 1914 : 242.

WRANGEL, Peter Nicolaïevitch, baron, 1878-1928. Officier de carrière dans le régiment des gardes à cheval; à l'état-major; lieutenant-général en 1917. Se rallie en 1918 aux armées blanches du sud de la Russie. En 1920 : commandant en chef des forces armées du sud de la Russie. Émigre en France : 16, 40 note, 380, 382, 387, 392.

ZAMYSLOWSKI, Gueorgui Gueorguïevitch, 1872-?. Politicien de droite. 1905-1907 : accusateur dans les procès politiques. Membre des Troisième et Quatrième Doumas : 195.

ZINOVIEV, Grigori Yevseïevitch, 1883-1936. Bolchevik. Rencontre Lénine en 1903. Rôle important dans la révolution de 1905. Dut quitter la Russie de 1908 à 1917. Rentre avec Lénine en avril 1917. S'oppose au soulèvement armé préparé par Lénine. 1919 : à la tête du KOMINTERN. 1927 : expulsé du Parti comme trotskiste. Victime du premier procès de Moscou, exécuté le 26.8.1936 : 127, 215.

ZOUBOFF, Nicolas Pavlovitch (Oncle Kolia), né vers 1860. Oncle de l'auteur. Directeur de l'orphelinat «Institut Nicolas» à Moscou. Membre du Conseil d'État. On ne sait rien de son sort après 1917 : 83 note.

TABLE

Avant-propos de Maria Razumovsky *11*

Préface à l'édition française *15*

1914 *19*

1915 *63*

1916 *95*

1917 *113*

1918 *185*

1919 *357*

Remarque finale *379*

Index des personnes citées *381*

Cet ouvrage
réalisé pour le compte des Éditions Phébus
a été mis en pages par In Folio,
reproduit et achevé d'imprimer
en septembre 2007
dans les ateliers de Normandie Roto Impression S.A.S
61250 Lonrai
N° d'imprimeur : 07-2835

Dépôt légal : octobre 2007
I.S.B.N. : 978-2-75-290295-5
I.S.S.N. : 1285-6002